U0511052

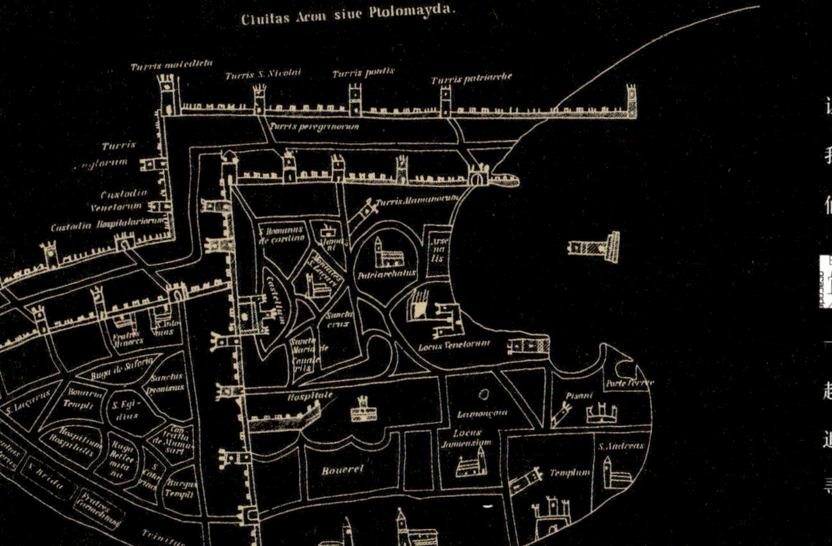
Ciuitas Acon siue Ptolomayda.
Turris maledicta
Turris S. Nicolai
Turris pontis
Turris patriarche
Turris peregrinorum
Custodia Venetorum
Custodia Hospitalariorum
Turris Alamanorum
Patriarchatus
Castellum
Sancta crux
Locus Venetorum
Fratres Minores
Ruga de Saforia
Sanctus Dyonisius
S. Lazarus
Bourc
Templi
S. Egidius
Hospitium Hospitalis
Hospitale
Lamonçoia
Pisani
Porte ferree
Locus Januensium
S. Andreas
Templum
Bouerel
Burgus Templi
Trinitas
S. Michael
Fratres predicatores

让我们

一起追寻

Accursed Tower: The Crusaders' Last Battle for the Holy Land (US Title:The Accursed Tower: The Fall of Acre and the End of the Crusades) by Roger Crowley

This edition arranged with Andrew Lownie Literary Agent through Big Apple Agency,Labuan, Malaysia.

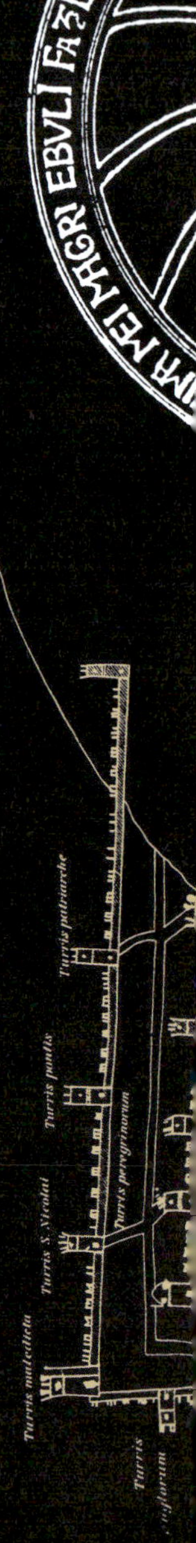

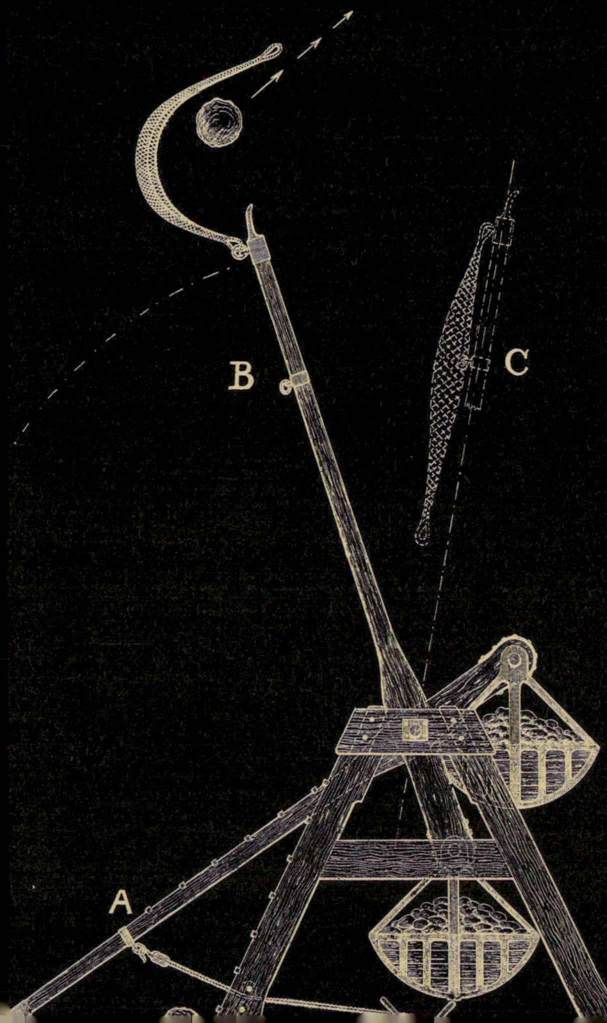

〔英〕罗杰·克劳利 著

谭琦 译

ROGER CROWLEY

ACCURSED TOWER

诅咒之塔

阿卡之战与十字军运动的终结

THE CRUSADERS' LAST BATTLE FOR THE HOLY LAND

社会科学文献出版社
SOCIAL SCIENCES ACADEMIC PRESS (CHINA)

献给理查德和苏菲

值得一提的是，他们说我们的主，当他行走于叙利亚海滨之时，并没有进入这座城市，而是诅咒了这座城市中的一座塔楼——如今被城里的居民称为诅咒之塔。但我更相信这座塔楼的名字另有出处。当我们的战士围攻此城的时候，它是防守最顽强的地方，由此他们便将其称为诅咒之塔。[1]

维尔布兰特·范·奥尔登堡（Wilbrand van Oldenburg），

1211 年游历阿卡时如是说

目　录

致 谢

在创作《诅咒之塔》这本书的过程中，很多人给予了慷慨 ix
帮助，我对此感激不尽。首先，感谢组织出版这本书的 Julian Loose 和耶鲁大学的团队，他们自始至终的专业水准、工作热情和乐于助人的态度才使这本书变得更好。在他们背后鼎力相助的还有一批顾问和内容贡献者。我非常感谢我的两位出色的翻译：Martin Dow 让我接触到我本无法企及的阿拉伯语史料并提供了建议，Steve Elliott 为我翻译了德语史料。Ron Morton、Stan 和 Tom Ginn 以普通读者的身份评论了我的原稿，而两位匿名的学术读者则尽力纠正我在十字军东征这方面所犯下的一些教义上的错误。在阿卡，我要感谢以色列文物管理局的 Danny Syon，他为我付出了宝贵的时间，给了我很好的建议，让我有机会接触到尚未公开发表的考古学的研究成果和照片。Joseph Gable 和他的家人热情好客，我与他们结下了深厚的友谊，在阿卡一起相处的日子里，他们让我对这个城市生活中最不寻常的一面有了深刻的了解。Andrew Abado 作为向导带我在城里进行了一次有趣的迷宫之旅。Mike Fulton 回答了我关于配重式投石机的问题，并且和缓了我对中世纪弩炮技术的威力最狂热的想象。Denys Pringle 向我解释了关于诅咒之塔所有已知的得名由来。Andrew Lownie 作为我的经纪人，继续大力宣传我的作品。最后，我要一如既往地感谢 Jan 为我提供的睿智见解。

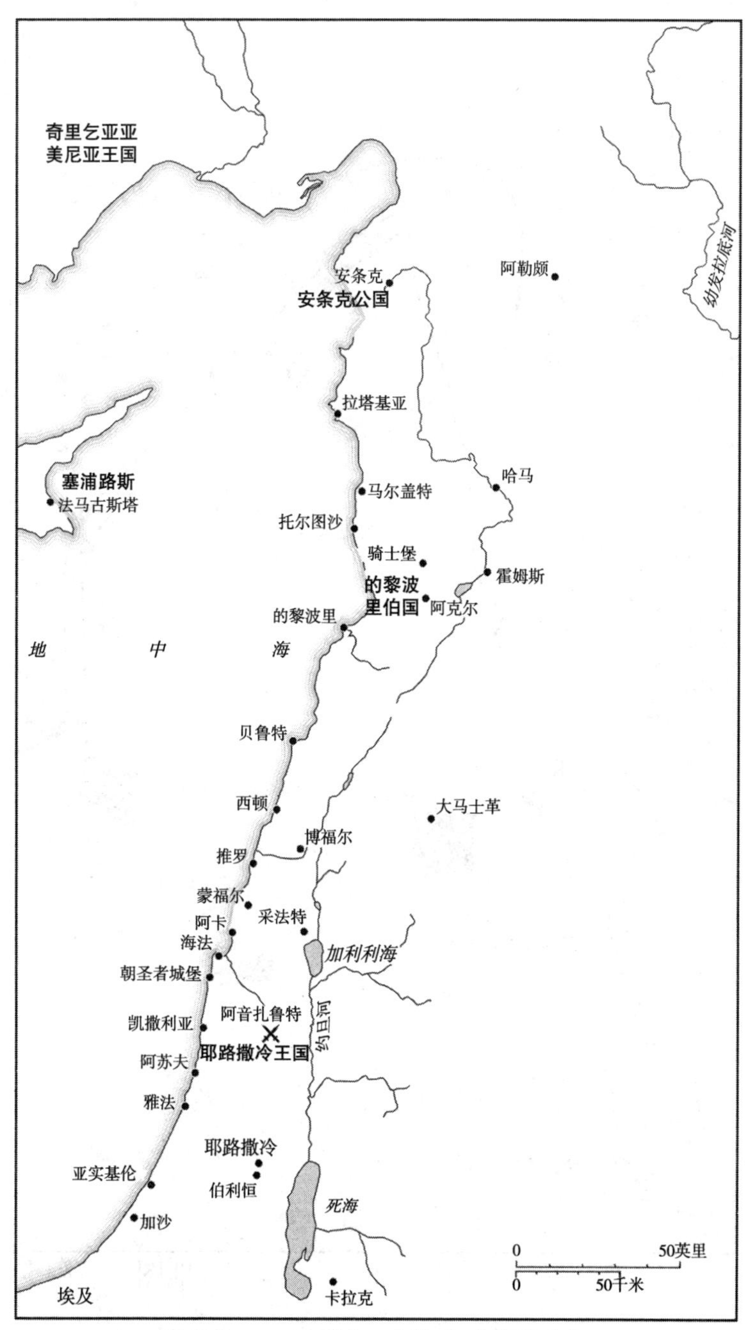

地图一　13世纪时的十字军国家

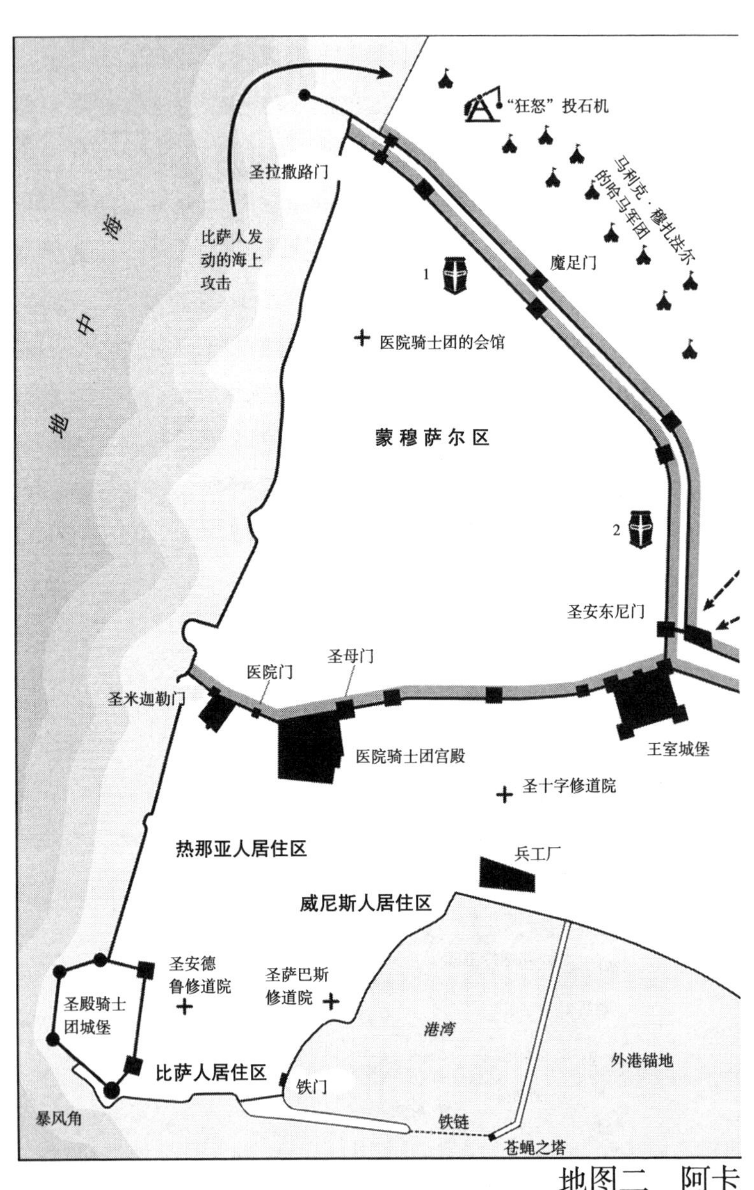
"狂怒"投石机
马利克·穆扎法尔的哈马军团
圣拉撒路门
比萨人发动的海上攻击
地中海
魔足门
1
医院骑士团的会馆
蒙穆萨尔区
2
圣安东尼门
圣母门
医院门
圣米迦勒门
医院骑士团宫殿
王室城堡
圣十字修道院
热那亚人居住区
兵工厂
威尼斯人居住区
圣安德鲁修道院
圣萨巴斯修道院
圣殿骑士团城堡
港湾
外港锚地
比萨人居住区
铁门
暴风角
铁链
苍蝇之塔

地图二　阿卡

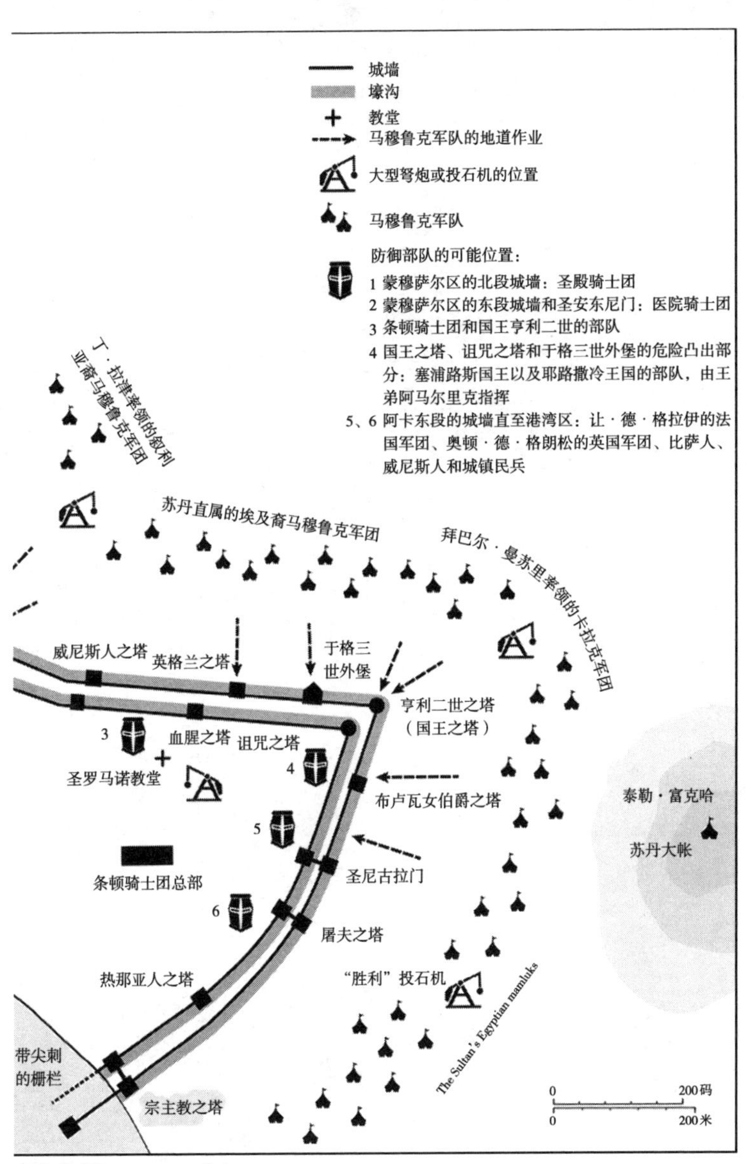
城墙
壕沟
教堂
马穆鲁克军队的地道作业
大型弩炮或投石机的位置
马穆鲁克军队
防御部队的可能位置：
1 蒙穆萨尔区的北段城墙：圣殿骑士团
2 蒙穆萨尔区的东段城墙和圣安东尼门：医院骑士团
3 条顿骑士团和国王亨利二世的部队
4 国王之塔、诅咒之塔和于格三世外堡的危险凸出部分：塞浦路斯国王以及耶路撒冷王国的部队，由王弟阿马尔里克指挥
5、6 阿卡东段的城墙直至港湾区：让·德·格拉伊的法国军团、奥顿·德·格朗松的英国军团、比萨人、威尼斯人和城镇民兵
丁·拉津率领的叙利亚裔马穆鲁克军团
苏丹直属的埃及裔马穆鲁克军团
拜巴尔·曼苏里率领的卡拉克军团
威尼斯人之塔
英格兰之塔
于格三世外堡
亨利二世之塔（国王之塔）
3
血腥之塔
诅咒之塔
4
圣罗马诺教堂
布卢瓦女伯爵之塔
泰勒·富克哈
苏丹大帐
5
圣尼古拉门
条顿骑士团总部
6
屠夫之塔
热那亚人之塔
“胜利”投石机
The Sultan's Egyptian mamluks
带尖刺的栅栏
宗主教之塔
0
200码
0
200米

围攻战，1291年

序曲　诅咒之塔

1291 年的春天，一支浩荡的大军正在向阿卡（Acre）城 1
进发，这是穆斯林势力在圣地（Holy Land）与十字军交手以来所集结起来的最大规模军队。综合所有史料的记载，这支气势如虹、集结起千军万马的雄师，连同他们的帐篷、行李、补给，如一道洪流，冲向基督教势力在圣地最后的立足之处，志在发起全力一击。

各路部队从中东各地前来会合，他们分别来自：南面 500 英里之遥的埃及；从黎巴嫩开始一直延伸到叙利亚北方，远至幼发拉底河之畔，伟大的城市开罗、大马士革和阿勒颇。这些地区的军事资源都齐集一处。其中的精英力量是来自遥远的黑海之滨、讲突厥语的奴隶武士。这支大军不仅包括骑兵、步兵和专门的后勤部队，还有狂热的志愿者、毛拉和托钵僧。这场征战已经激发起一股圣战狂热，以及一股带有不诚之嫌的赏金热。

一派雄壮威武的军容之中，各式各样的服饰装束、机关器
械和戎装护甲引人注目：气派不凡的埃米尔头裹白巾；步卒们
2 头戴锥顶铁盔，身着连环锁甲和皮鳞外套；骑兵们则佩带短
弓，他们的骏马披着彩色的布，鞍座上绣有纹章徽记；骑在
骆驼上的乐手们击鼓奏乐，号角连连。金旗之下，是五花八
门的兵器：钉头锤、标枪、长矛、利剑、攻城弩、石弹、用
于制造希腊火（Greek fire）的石脑油和土罐油掷弹（clay
grenades）[①]。精疲力竭的牛群拖拽着满载木材的货车负重前
行，这些木材来自黎巴嫩的群山之中，在大马士革的作坊里被
制作成弩炮（catapult）的预制构件。弩炮在伊斯兰世界被称
作投石机（manjaniq），而对于欧洲人来说则是配重式投石机
（trebuchet）[②]。轰鸣作响、缓慢前进的大车群所运载的这类武
器，其数量之多前所未有，一些器械的尺寸尤为巨大，专门用
来击碎阿卡的城墙。它们代表着火药时代到来之前最具威力的
炮兵武器。

这支大军将要进攻的城市历史悠久，并且在区域性强权政治中持续扮演着重要角色。它有很多名字：希伯来语里的阿科（Akko），阿拉伯语里的阿卡（Akka）；希腊和罗马时代的托勒迈斯（Ptolemais）；十字军拉丁语里的阿肯（Accon）；法国

---

① 一种内部装满石脑油的黏土罐，在作战时由士兵点燃后掷出，其中的油脂可渗入敌军盔甲猛烈燃烧。——译者注（本书脚注如无特殊说明，均为译者注。）

② 原文中的 catapult、mangonel 和 trebuchet 实际上是在兵器发展史上先后出现的对抛掷石弹的器械的称谓。catapult 和 mangonel 曾专指希腊、罗马时代的扭力式投石机，依靠扭绞绳索产生的力量实现弹射，在中文里又称作石弩或弩炮；trebuchet 则专指中世纪才出现的利用配重物的重力产生投射力的配重式投石机。

人则将其称为圣·让·德·阿卡（St Jean d'Acre）。它在埃及象形文字、亚述（Assyrian）诸王编年史和《圣经》记述中皆有迹可循。青铜时代（Bronze Age）的先民占据了该城附近的山丘，而这座山丘在后来即成为围攻阿卡者的大本营。阿卡曾被数代法老攻占，曾在波斯人征讨希腊的计划中被启用。亚历山大大帝兵不血刃即破城而入，而后尤利乌斯·恺撒（Julius Caesar）又将其选作罗马军团的登陆场；克丽奥帕特拉（Cleopatra）[①] 也曾将此城归于治下。公元636年，阿卡落入穆斯林之手，仅在先知穆罕默德去世四年之后。

阿卡之所以很早便有人类居住且颇具利用价值，原因就在于其坐享地利之便又身处战略要害。这座城市背靠地中海，坐落于一个鱼钩状的海岬之上，其地势造就了一个虽然不大却恰到好处的避风港湾。其南部是沿海平原和绵长海湾，那里的沙土品质上乘，自腓尼基人（Phoenicians）的时代起就因有助于玻璃制造业的发展而备受重视。纳曼河（Naaman）流经此处， 3
滋润着城市的农地。在相隔10英里的下一个海岬上遥遥可见的是另一个同样古老的城市——海法（Haifa）。由于其位于黎凡特海岸沿线的中部，阿卡是理所应当的停泊处——海上贸易的中枢，埃及通往黑海的南北航线和穿越地中海的东西航线都在此经过。阿卡故而一直是商品交换和转运的口岸，陆通海达，与海滨地区和中东核心区域的贸易线路紧密相连。在这一过程中，在战争的表象之下，它成为一扇门，各种作物、货物、工业生产、语言、宗教和民族得以通过它丰富了经贸往

① 历史上著名的“埃及艳后”，古埃及托勒密王朝最后一位（女）法老。

来，促进了文明发展。

对于十字军来说，控制阿卡一直以来都是头等大事。1095年11月，教皇乌尔班二世（Urban Ⅱ）在法兰西克莱芒（Clermont）附近的一片田野上进行的煽动性布道中，号召信徒们拯救基督曾居住与死亡之地——圣城耶路撒冷，激发起西方基督教徒的想象力，效果惊人。第一次十字军东征（十字军东侵）中，大批平民自发地组织起来前往东方，并悲惨地死去。随后，在欧洲各大贵族的领导下，一支更为职业化的远征军被组织起来，数以千计的士兵长途跋涉2000英里，绕过欧洲，深入中东。他们出乎意料地于1099年7月占领耶路撒冷，踏着穆斯林和犹太人的尸体一路杀向圣殿山（Temple Mount）。尽管取得了这一成就，通往圣地的第一次长征却伤亡巨大。在离开欧洲的3.5万人大军中，很可能只有1.2万人看到了耶路撒冷。这一惨痛现实很快就教会了军事行动计划者们用船只运输军队，以及使用阿卡这样的港口接收军队的必要性。阿卡在一开始是由布洛涅的鲍德温（Baldwin of Boulogne），也就是耶路撒冷王国的第一位十字军国王①率军攻占的，它随即成为朝圣者和保护他们的军队登陆的主要地点。这座城市是如此宝贵，以至于十字军即使付出惨重代价也要加以守护。当十字军高级领主、加利利（Galilee）亲王热尔韦·德·巴佐什（Gervais de Bazoches）在四年后的一次袭击中被俘时，大马士革的统治者企图以这位战俘交换该城及海岸线上的另外两座城市——海法

① 耶路撒冷王国的第一位统治者布永的戈弗雷并未称王，而是采用了“圣墓守护者”的称号。

和太巴列（Tiberias）①。而鲍德温选择了牺牲这位贵族。于是 4
热尔韦的头皮被缝到一个旗杆上作为穆斯林的旗帜，而他的头骨则成了埃米尔的酒杯。

法兰西人将他们在第一次十字军东征中于巴勒斯坦、黎巴嫩和叙利亚的海滨建立起来的一系列公国称为海外之地（Outremer），而守住阿卡对维系这些国家的存续至关重要。但是将近一个世纪之后，伊斯兰世界夺回了这座城市：1187 年 7 月，在一支十字军部队于哈丁（Hattin）战役被摧毁的余波中，阿卡迅速投降，其基督教居民被允许毫发无伤地离开。

以阿卡的陷落为前奏，圣地十字军运动中最为艰苦卓绝的一场军事对抗就此拉开序幕。1189—1191 年，一支基督教军队浴血奋战了 683 天以图收复阿卡。当世人杰们在这座城市的争夺战中相会：阿尤布（Ayyubid）王朝的君主萨拉丁（Saladin），以及与他一较高下的欧洲君主法兰西国王腓力·奥古斯都（Philip Augustus）和英格兰国王理查一世（Richard I）；此外还有耶路撒冷国王居伊·德·吕西尼昂（Guy de Lusignan）和第三次十字军东征的部队。这是一场大规模战争，围城的十字军亦不时陷入敌方包围，海战、野战、突围战和遭遇战交错其中。城墙饱受投石机和攻城槌重创，攻城塔迭遇猛击，地道屡遭破坏，守卫者则用石块、箭矢和燃烧弹予以回敬。士兵们被利剑、铁锤和长矛砍为肉泥，被希腊火活活烧死。参战各方都因饥饿、疾病和绝望而濒临崩溃。

这场鏖战最终缩小到一个特定的点上。中世纪的旅游者往

① 以色列国东北部城市，位于加利利海西岸，始建于公元前 20 年，后成为犹太教的圣城之一。

往采用生动的比喻来形容阿卡的城市布局。他们将其刻画成各种形状：一柄斧头或一名十字军战士的盾牌；或者更粗糙地将其描绘为一个以大海为底边的三角形，另外两边则是城市北侧和东侧的单层城墙，城墙上有城门和塔楼，在其前方还有低矮的前护墙和壕沟。两道城墙在三角形的顶点会合，此处最为脆弱，戒备也最森严。正是在此处，争夺阿卡的战斗最为激烈。顶点处由一座令人望而生畏的塔楼拱卫着，这座塔楼是整座城市防御体系的关键之处，被十字军战士们称为诅咒之塔（Turris maledicta）。

对于这一名字的起源，目前尚无任何明确解释。围绕着这一不祥之塔丛生出各种传说：有一种说法是基督在走过圣地时诅咒了这座塔楼，于是其从未进入过这座城市。还有一种说法是它在背叛基督的勾当中难辞其咎：犹大（Judas Iscariot）出卖基督而获得的三十枚银币，据说就是于塔楼所在之处铸造的。这个名字可能在围城之前就存在，但是在围城结束后不久到访此城的教士维尔布兰特·范·奥尔登堡，则对这些凭空杜撰的解释提出了合理的质疑。他的看法很简单：“当我们的战士围攻此城的时候，这座塔楼是防守最顽强的地方，由此他们便将其称为诅咒之塔。”[1]

争夺这座防御工事的战斗变得血腥残忍。整个 1191 年的春夏，火力强大的投石弩炮对城墙进行狂轰滥炸。守卫者也还以颜色。这座塔的根基被破坏了，他们又利用地道反击；士兵们在乌漆墨黑的坑道里短兵相接，随后又达成了地下停火协议。当与塔楼相邻的一段城墙坍塌时，追求荣耀的法国人跃过碎瓦砾堆发起正面突击，结果惨遭屠戮；一位名门显贵，即勒梅兹（Le Mez）的领主，同时也是第一位法国元帅（Marshal of France)[1] 的阿尔贝里克·克莱芒（Albéric Clément）在这次尝试中丧生。也正是在这里，当工兵们最终于 1191 年 7 月 11 日将塔楼放倒时，这座城市的穆斯林守军才向在所难免的城陷命运屈服并投降。

十字军以巨大的代价重新夺回了阿卡。这座塔楼可能代表了整个过程所经历的严峻考验，单其名字就表达出这支军队在阿卡城墙面前所经受的所有挫折、痛苦以及磨难。阿卡易手确保法兰克人（Franks）与撒拉森人（Saracens）——双方对彼此的称谓——将继续恶斗下去，他们之间的连绵战争将延续另一个百年。

围城的余波留下了一笔苦涩的遗产。1191 年 8 月 20 日， 6
阿卡的穆斯林守军在献城投降后不久，就被英格兰的狮心王理查一世用绳索捆绑起来，驱赶到城外的平原上引颈受戮。被斩首的有大约 3000 人，根据（十字军）与萨拉丁达成的协议，他们原本应该是用于交换俘虏的。在争夺阿卡的针锋相对中，双方都犯过错误，但是萨拉丁错过了一次将异教徒彻底赶入大海的绝佳良机。他最终被迫求和并交出城池。当十字军认为他违反了交出这座城市的和议条款时，理查依照军事会议做出的决定，揭穿了他的虚张声势并采取了残酷的行动。

以围攻阿卡为开端的第三次十字军东征，没能完成收复耶路撒冷的目标。理查在距离终极战利品不足 15 英里时因判断风险太大抽身而去，而萨拉丁此时已经准备弃城而走。两个伟大对手之间的较量就此以僵局告终，上帝之城未被夺回，而十

[1] 法国的一种军事头衔。

字军却顽强扎根于巴勒斯坦海岸。此役过后，阿卡成为后继十字军冒险活动的枢纽和中心。1191 年之后，海外之地的生存在很大程度上仰仗于阿卡。城市的人口很快就重新密集起来，部分是由于十字军的入驻，部分是由于一个言辞虚构——它被赋予了耶路撒冷第二王国（The Second Kingdom of Jerusalem）首都的称号，而耶路撒冷除了一小段时间之外，一直是在穆斯林的控制之下。阿卡的基督教君主因耶路撒冷国王头衔而欣喜，这一头衔也因事关重大而屡被争抢；当地的最高宗教权威因只听命于教皇，也被冠以耶路撒冷宗主教的尊称。

狮心王理查的印章

狮心王理查处决穆斯林降卒的行为成了十字军历史上一段争议不决的插曲，尚无明确解释能自圆其说。“真主洞悉最
7 甚”[2]，萨拉丁的谋臣巴哈·丁（Baha al-din）在当时如是说。
恰好百年之后，被处决守军的命运将被人重新记起。1291 年，这回换成是一支伊斯兰军队炮击阿卡，而基督徒则守卫重建之后的诅咒之塔。本书记述了那年春天在那条通往这座城市大门的路上所发生的一切——二百年生死斗的最后一幕，这场大戏被阿拉伯历史学家称为法兰克战争（Frankish Wars），在欧洲同行的眼里则是圣地十字军运动（Holy Land Crusades）。

第一章 天国复立

1200—1249 年

8 法国教士雅克·德·维特里（Jacques de Vitry）于 1216 年 11 月在阿卡登陆，接任那里的主教职位。抵达伊始，他就惊骇莫名。此行的目的是重振此处基督信众的精神活力，为新的十字军东征做好铺垫。这里毕竟是通向耶稣曾经行走和逝去之地的门户，圣洁之城的形象在西方神职人员中深入人心。然而，现实与他的想象大相径庭，他发现阿卡“就像一只怪物或一头野兽，九头攒动，内斗不休”。[1]各类标榜基督名号的旁门左道都寄生在这里，他们离经叛教、信仰各异。讲阿拉伯语的雅各教派（Jacobites，指西叙利亚人），他们“以犹太人的方式”对儿童施行割礼，在做十字圣号①时只用一根手指；而东叙利亚人，维特里认为他们是“一群叛徒，腐化已深”，其中

① 一种礼仪手势，就是通俗意义上的“画十字”。

一些人只要略施贿赂就会“将基督教的秘密泄露给撒拉森人”，
而那些已婚牧师的“发型竟效法粗鄙之辈”。同时还有那些意大
利商人群体——热那亚人（Genoese）、比萨人（Pisans）和威尼
斯人（Venetians），维特里试图将他们逐出教会，而这些人却
无所畏忌，不仅平日里极少聆听上帝的福音，“甚至拒绝出席
我的布道”。然后还有聂斯托利派（Nestorians）教徒[①]，格鲁 9
吉亚人（Georgians）和亚美尼亚人（Armenians），以及“完
全沉溺于肉欲之欢”的普拉尼人（Pullani，指叙利亚出生的东
方化欧洲人）。毫无疑问，东方基督徒的异国风貌——男子像
穆斯林一样蓄须且身着长袍，女子则以面纱示人——使维特里
的不安又加深了一层；当他试图纠正他们教义上的错误时，却
不得不借助一位阿拉伯语翻译。维特里正在经历到达中东后的
种种迷失——还身处一个教堂、房屋、塔楼和宫殿都莫名其妙
带有欧洲风格的城市。

使维特里陷入文化冲击中而心烦意乱的不只是千差万别的基督徒风俗，还有这个地方本身：“当我进入这座可怕的城市时，发现遍地都是不计其数的可耻行径和邪恶勾当，让我困惑不已。”浮现于他脑海的是恐怖的邪恶巢穴，充斥着“因为犯下各种各样骇人听闻的罪行而成为不法之徒，从家乡逃到这里来的外国人”；这里邪法滥行、谋杀成风；这里丈夫勒死他们的妻子而妻子又毒杀她们的丈夫；这里“不仅普通信徒，甚至教士还有一些修道士都将他们的住所租给全城的公娼。这就是第二个巴比伦（Babylon）[②]，罪恶累累，谁

① 与主流基督教派存在理念冲突的东方教派，持耶稣的神性与人性分开的观点，因而被认定为异端。

② 在《圣经》传说中，巴比伦是一座淫恶之城，被先知预言必将遭受毁灭。

人能书？”

维特里对阿卡的恶名昭彰可能多有夸张，但它确实有负他的期望而使他迷惑。这种迷茫感在带着圣战抱负而又初来乍到的基督徒中屡见不鲜——在七十年之后阿卡的最终危机中，这种困惑将产生悲剧性的后果。

在耶路撒冷落入萨拉丁之手而狮心王理查又未能收复之后，十字军诸国已经缩减为三个相互关联的立锥之地，被逼退到地中海的边缘：北面的安条克公国（Principality of
10 Antioch）、的黎波里伯国（County of Tripoli），以及所谓的耶路撒冷第二王国，形成一条狭窄的沿海地带，南北约 180 英里，从贝鲁特（Beirut）延伸到南面的亚实基伦（Ascalon）和雅法（Jaffa）。阿卡已成为天国王朝（Holy Kingdom）在丢城失地后实际上的首都和政治中心，所有的世俗及宗教行政权力都被授予此城：阿卡是王室宫廷和耶路撒冷王室城堡所在地，后来又成为王国宗主教——教皇钦定代表的居所。强大的十字军军事修会如圣殿骑士团（Templars）和医院骑士团（Hospitallers），也将他们的总部移往阿卡，在那里建造了令人印象深刻而又望而生畏的宫殿和堡垒。富可敌国的军事修会构成了东方拉丁世界最有效的防御力量。13 世纪初，这些骑士团加倍增建他们的城堡以确保道路安全并保护剩余的十字军领土。在阿卡，大批其他的小型军事修会加入他们的事业，包括原旨在于照顾麻风病人而创立的圣拉撒路骑士团（Order of St Lazarus）和新成立的模仿者，有些衍生自第三次十字军东征，包括德意志条顿骑士团（German Teutonic Knights）和英格兰人倡立的坎特伯雷圣托马斯骑士团（Knights of St Thomas of Canterbury）。与此同时，很多宗教团体，或是因被萨拉丁驱逐，或是出于安全考虑，纷纷将他们的教堂、修道院和女修院迁移到阿卡城里。

雅克·德·维特里到达的不是虚构出来的圣城耶路撒冷替代品；他犹如醉汉般踏上海岸后，目眩神摇而又惊恐异常地进入了一个色彩斑斓、种族多元、热闹非凡的地中海港口，这一景象意味着丰富多彩的活动和诱人之处蕴藏其中。阿卡是一片广大地域中进行货物交换的商品中心，也是中世纪世界里最国际化的都市。多种语言的族群和文化在这里百家争鸣，各自都有区域划分和宗教体系。全城 81 座教堂中，有一座献给了基尔代尔（位于爱尔兰）的圣布里奇特（St Bridget of Kildare）；另有一座献给布列塔尼的圣马丁（St Martin of the Bretons）；还有一座献给了伊比利亚半岛的圣雅各（St James）。意大利
航海共和国的商人群体——热那亚人、威尼斯人和比萨人—— 11
出类拔萃，他们与来自马赛（Marseille）和加泰罗尼亚（Catalonia）的商人一道为了地中海的各处市场展开激烈的竞争。这些商人群体中的很多人都从王室当局得到恩准，拥有独立的司法权和经商权。城里还有一个犹太人小社区，来自埃及的科普特人（Copts）①，大马士革、安条克和亚历山大港的穆斯林商人都会定期来这里做生意。他们交流的主要语言是法语，但在大街小巷听得到德语、加泰罗尼亚语、欧西坦语（Occitan）②、意大利语和英语，与黎凡特地区的语言混杂在一

① 埃及的一个少数民族，多信仰基督教。“Copt”一词由阿拉伯语从古希腊语转译而来，即“埃及”（Egypt）的意思。

② 印欧语系的一种语言，主要通行于法国南部、意大利阿尔卑斯山谷以及西班牙部分地区。

起。在春季和秋季，随着商船从西方驶来，海港里挤满了船只，数目高达1万的朝圣者涌入城市，使城市人口数量暴增，他们抱定决心、踏上旅途，志在一睹圣地的风采。小贩和导游还有出租房都受益于这些蜂拥而至的游客。当巴勒斯坦内地的局势不稳使耶路撒冷的朝圣之旅不再畅通时，阿卡尽管与耶稣的生活毫无关联，却还是凭借自身力量成为一个朝圣地点。在当地神职人员的指引下，阿卡提供了一条包含40座教堂的参观线路。每一座教堂都有各自的圣物和神圣纪念品，可以教皇赐予的名义赦免朝圣者的罪过。

通过吸纳来自巴勒斯坦地区各处的避难者，以及吸引欧洲的商人和朝圣者前来，阿卡在13世纪初期欣欣向荣。作为黎凡特拉丁世界的一个重要港口，阿卡不仅与地中海西部保持贸易往来，更是地中海东部所有地区进行商业交流的一个轴心——从黑海和君士坦丁堡向南最远可至埃及。这就涉及与伊斯兰世界调和关系并且无视信仰的障碍：使教廷大为不满的是，阿卡采用了穆斯林邻居的货币体系。当地铸造的金银货币是法蒂玛王朝（Fatimid）① 和阿尤布王朝货币的仿制品，上面刻有阿拉伯文字。当教皇在1250年禁止使用伊斯兰刻文和日期形式时，该城的铸币厂仅仅是将其铸币上的文字替换成基督
12 教文字，但仍然保留阿拉伯字母，并添加了十字架图案。基督教商人与穆斯林商人之间的互相依存使得两方都没有强烈的意愿去干扰这种现状。

① 北非伊斯兰教王朝，中国史籍称之为“绿衣大食”，以伊斯兰先知穆罕默德之女法蒂玛得名。公元909年建国于摩洛哥，信仰伊斯兰教伊斯玛仪什叶派教义，969年征服埃及、叙利亚和巴勒斯坦，973年迁都开罗，1171年亡于阿尤布王朝。

在13世纪的进程中，阿卡在其港口吞吐商品的数量和种类上足以与伟大的港口城市亚历山大港匹敌，甚至超过了后者。康沃尔伯爵（Earl of Cornwall）[①] 曾于13世纪40年代早期来过这里，据他估算，该城当时的收入应有5万英镑，相当于西欧一个君主的王室收入。丝绸、亚麻和棉布等纺织品作为原材料或布料制成品，连同玻璃器皿、糖类和珍稀宝石，从伊斯兰世界经由此处输入欧洲。从欧洲出口过来的商品有羊毛，由拉丁商人载往穆斯林控制之下的大马士革进行交易，连同铁器、食品（香料、盐、鱼），以及战马和支持十字军运动所需的其他各类补给品。购自遥远的中国的瓷器在欧洲商船的货舱中作为压舱物进入阿卡，而每天穿过城门的骆驼和驴子满载供养大量人口的农产品：来自拿撒勒（Nazareth）[②] 的葡萄酒，来自约旦河（Jordan）河谷的海枣，以及由东方基督徒和穆斯林在当地种植的小麦、水果和蔬菜。阿卡还是一个工业中心：圣殿骑士团和医院骑士团在城外建有自己的磨坊和熔炉，他们在那里生产玻璃和精制糖；而在拥挤的盖篷市场中，除了制革厂和肥皂制造商，还有专门制造玻璃、金属和陶瓷器皿以及朝圣者纪念品的作坊。

如果接连几任教皇都因阿卡铸造伊斯兰制式的钱币而心生反感的话，那么另外一个油水丰厚的贸易更令他们颇为困扰：大批战争物资——用于造船、打造兵器和制作军用器械的木材和铁，以及用于制作燃烧类武器的石脑油——经由阿卡的意大

---

① 即本书后文中的康沃尔伯爵理查，英格兰国王“长腿”爱德华一世的叔父。

② 巴勒斯坦地区北部古城，相传为耶稣的故乡。

利商人之手，被卖给了开罗的阿尤布苏丹。对于罗马教廷（Holy See）而言，干系更加重大的是人口买卖。来自黑海北
13 方大草原的突厥军事奴隶搭乘拜占庭帝国或意大利的商船，取道君士坦丁堡，源源而来，而阿卡不仅是奴隶运输的一个中途停留点，本身也是一个奴隶市场。教皇虽反复颁布禁令，但往往遭到无视。1246 年教皇英诺森四世（Innocent Ⅳ）对城里的所有三个意大利商人团体均予以谴责，因为它们将奴隶从君士坦丁堡运输到埃及，使苏丹的军队得到了扩张。自 13 世纪 60 年代起，奴隶贸易日益发达，这给残余的十字军诸国带来意想不到的后果：阿卡注定将被通过自身港口招募的军队包围。

维特里可能夸大了阿卡的罪孽，但这座城市从某种程度上来说确实是一个罪犯流放地：欧洲的法庭有时会将罪人遣送到圣地定居，作为刑事判决中的减刑措施。而他对于此地群龙盘踞、争斗无止的本质可谓判断精准。耶路撒冷国王的王位不仅有名无实，还总是空缺，导致贯穿整个 13 世纪的派系倾轧和自相残杀。在这种统治体制之下，阿卡由一些不同的，而且在很大程度上独立自主的利益群体组成，这些群体为了财产权和进入港口的权利而你争我夺。城市内的各个社群都享有历史悠久的特权、相当程度的自治权，以及自己的法律体系，后者经常妨碍司法管理的有效运行。互相竞争的军事修会只听命于教皇，是当地社会中最富有和军事效率最高的组成部分。圣殿骑士团和医院骑士团各自在阿卡占据了大片土地，并且兴建了宏伟的宫殿群和有围墙保护的建筑群，成为这座城市最耀眼的存在。

城市的布局反映出许多迥异的派系和宗教社群彼此联系紧

密。阿卡的城市规划包括一个拥挤的市中心，各大商人团体在那里都拥有自己的密集居住区域。这些居民区俨然小型的设防意大利城镇——通过路障隔栏与他们的邻居划清界限，并由城门和瞭望塔严密保护，镇中有仓库、商店和住宅。蜿蜒曲折的街道网（很可能源于年代更久远的阿拉伯时代的城市布局）
通向一个个小集市广场，这些集市广场也是每个社区的中心所 14
在，而每个社区都有自己的教堂、宗教活动室和公共机构。港口附近的活动最为密集，因为这里是货物卸船的地方。直通港口的路径因而成为激烈竞争的根源。

阿卡可能是一个邪恶巢穴，它也格外肮脏。游客和朝圣者对此地卫生条件之恶劣感到震惊。希腊朝圣者约翰·福卡斯（John Phokas）于1177年来到此处，抱怨道："这里的空气由于大量陌生人的拥入正受到污染，各种疾病滋生导致这些外来人口中时常有人死去，进而散发出恶臭气味并污染了空气。"[2]阿拉伯旅行家伊本·朱巴伊尔（Ibn Jubayr）① 来自摩尔人统治下的西班牙，那里的广大地区属于文明程度更高的世界，所以他
对基督徒自然是嗤之以鼻，认为这个地方不过一个猪圈而已： 15

① 伊本·朱巴伊尔（1145—1217），阿拉伯地理学家，旅行家、探险家和诗人，出生于西班牙的瓦伦西亚，曾在格拉纳达市学习法律和文学，后来成为该市市长的秘书。在这段时间中，他创作了很多诗篇。1182 年，他决定去麦加朝圣，以完成瓦伦西亚总督交给他的使命，经过这次长途跋涉，伊本·朱巴伊尔对旅行着了迷。在从麦加返回的途中，他游历了埃及、伊拉克、叙利亚和西西里，并于 1185 年回到西班牙。1189—1191 年，伊本·朱巴伊尔又回到东方。1217 年，在最后一次返回东方时，他于亚历山大城病逝。他在《游记》一书中，对所去各地的地理人文情况做了详细的描述。这本书还是一部关于朝圣故事的杰出作品，里面有很多真实的描述，比如如何与穆斯林和遵循基督教体统的官员们打交道。

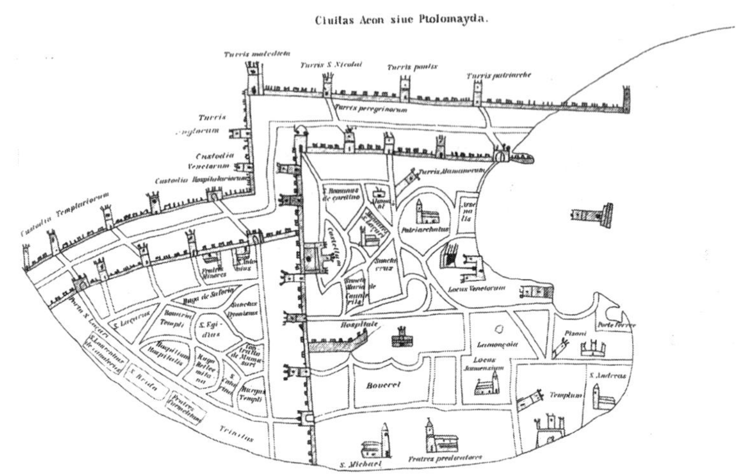

一幅用现代字体重绘的阿卡中世纪地图，展现了这座城市的总体布局、双层城墙、位于左侧的蒙穆萨尔郊区以及港湾。图中标记了主要的教堂和建筑物，紧临海边的圣殿骑士团城堡（Templum），医院骑士团的建筑群（Hospitale），以及威尼斯人、热那亚人和比萨人所占据的区域。这幅地图给人一种这座城市的本质就是迷宫的感觉。奇怪的是，诅咒之塔在这幅地图中仍旧被置于外城墙的右角，尽管当时它的实际位置是在内城墙的同一点

“道路和大街上人满为患……臭气熏天且肮脏不堪，遍地都是垃圾和粪便。”[3]医院骑士团在他们宏伟的总部大院内拥有一个极为高效的公共厕所和排污系统，其流出物与这座城市的很多其他污物（包括鱼市和屠宰场的垃圾）被排放到封闭的港湾里，港湾因而被戏称为“污秽之海”（Lordemer）。为了防止不洁之物被吹到圣坛上，威尼斯人被迫将他们的圣迪米特里厄斯（St Demetrius）教堂面向港口的主窗封死。

城墙以外，那里有花园和更多的开阔地，尽管这些地方的面积在 13 世纪不断缩小。在更远处，肥沃的平原上，葡萄园、

果园和开垦的田地不光为城区提供食物，也为其拥挤且经常令人紧张的环境提供了一个舒缓之处。随着人口增长，又一个名为蒙穆萨尔（Montmusard）区的城郊居民区在老城区以北发展起来，并在后来融合为城市的一部分。

当十字军于 1191 年夺回阿卡时，此城只有一道城墙围护，诅咒之塔已然垮塌，周围的工事也已严重损毁。狮心王理查对其进行了修复，但在 1202 年，由于一次地震，大片城防工事再度被夷为平地。之后阿卡城肯定又进行了有组织、有计划的重建工作，因为不出十年城墙被再度重建，并将蒙穆萨尔区也围护起来。这堵城墙现在成了一道蔚为壮观的防线——总长度超过 1 英里，起止皆与海岸相连，将整座城市围锁其中。诅咒之塔本身则由大量的外围工事加以巩固。维尔布兰特·范·奥尔登堡为准备发动一次新的十字军东征而于 1211 年来此实地考察，他对于这座城市及其防御设施印象颇深：

> 这是一座固若金汤、富甲一方的名城，屹立于海滨，
> 因此，其方形格局的其中一角的两条边由大海构成——它
> 被海约束，又被海保护。其余两边由宽沟深壑和双层城墙
> 包围，护城壕沟砌有护墙，及至根部。城墙由塔楼群强 16
> 化，布法精妙：第一道城墙，其塔楼不超过父墙（parent
> wall）[①] 本身的高度；另一道内墙上的塔楼更高，而且火力
> 强大，俯瞰并保护着第一道城墙……这座城市有一个状况
> 良好且风平浪静的港湾，由一座坚固的塔楼守卫，在那里，

① 指塔楼所依附的墙体。

> 苍蝇之王被离经叛道的异教徒们顶礼膜拜，我们将其称为巴力西卜（Baalzebub）①，而他们却把他叫作阿卡翁（Akaron），于是该城由此得名阿肯或阿克翁（Accaron）。[4]

从阿卡的城门起，各条道路通向十字军王国的剩余领土——沿海路线通往上加利利（Upper Galilee）和采法特（Safed）的圣殿骑士团城堡，以及推罗（Tyre）② 和蒙福尔（Montfort）的条顿骑士团城堡。

带有围墙的建筑群形同蛛网、乱如迷宫，折射出社会黏合力的匮乏和政治统治体系的一盘散沙。政治权力的碎片化使得决策机制无法正常运转。围绕着耶路撒冷国王头衔的纷争无止无休，将军事修会和意大利商人社群撕扯成对立的派系，使得阿卡的王室城堡中足有六十年没有长期在位的国王入住。1250年，市民们临时宣布该城为独立于王国其他地区的行政区。一个潜在的使其团结起来的人是耶路撒冷宗主教，他所主持的圣十字教堂（Holy Cross）实际上是阿卡的城市大教堂和集会场所。

13 世纪上半叶，耶路撒冷王国内部动荡不安，残存的十字军飞地危若累卵，此种情形使得穆斯林势力只要再度发难便可一击致命的可能性大大提升。但进一步的打击从未发生。库尔德人萨拉丁作为一个外来者，于短期之内在伊斯兰世界创立了一种宗教共识，并缔造了一个逊尼派（Sunni）大一统帝国，

---

① 又译作“别西卜”，原为腓尼基人的神，在《圣经》中被称为鬼王，名列七宗罪中的贪食。

② 原为腓尼基古城，在《圣经》中被多次提及。

其疆域从埃及和北非海滨横贯巴勒斯坦和叙利亚，延伸至伊拉 17
克北部和底格里斯河河岸。萨拉丁发行的金币上刻有“伊斯兰国家和穆斯林的苏丹”的传奇字句，在他的统治下，践行圣战（jihad）① 精神的运动如火如荼：穆斯林圣战者们在1187年的哈丁战役中终于有机会得偿所愿，他们将俘获的十字军逐一斩首——尽管这项任务完成得十分拙劣，令人瞠目结舌。但是这种被萨拉丁用以团结其内讧不已的家族的宗教战争，在他于1193年去世后便烟消云散了。中东的穆斯林政权分裂成一群喜好争吵的阿尤布公国，只有埃及尚能保持统一，却全无驱逐法兰克人的意愿。每个统治者都与西方入侵者谈判达成各自的条约，有时甚至与他们结盟以对抗敌对的王公。绥靖主义和对新的十字军冒险的恐惧取代了好斗情绪。耶路撒冷虽然曾以一座圣城的形象使穆斯林团结了起来，但在战略上渐渐变得无足轻重。让人震惊的是，1229年，未经一刀一枪，经协议约定它被还给了基督徒——这是一种对穆斯林尊严不可想象的背叛。尽管穆斯林于1244年又重新夺回该城，但耶路撒冷仍旧是讨价还价的筹码。埃及的阿尤布王朝末代统治者马利克·萨利赫（al-Malik al-Salih），给自己的儿子图兰沙（Turanshah）提出了世俗的建议：“如果他们（法兰克人）向你索取沿海土地和耶路撒冷的话，只要他们同意不在埃及立足的条件，不要犹豫，给他们就是了。”[5]阿尤布王朝在1221年将第五次十字军东征军从埃及逐走之后，便下定决心尽可能让步，以免此事

① 吉哈德（jihad），伊斯兰教宗教学概念，常被宗教极端主义者以偏概全地利用并引申为“圣战”，其法学定义是：以言语、财产和生命为主道奋斗；为捍卫宗教信仰、生命财产、反抗侵略而努力奋斗。译者在本书中根据语境将其译为“圣战”。

重演。

在虔诚的信徒眼中，这种现实政治（realpolitik）[①] 的做法无异于懦夫行径，引得挞伐之声铺天盖地。历史学家伊本·阿西尔（Ibn al-Athir）对于这种现象痛心疾首：“在穆斯林统治者中，我们看不到有谁愿意发起圣战或是护……教。他们都沉溺于声色犬马的生活，并且不公正地对待自己的臣民。对于我来说这种做法比敌人更可怕。”[6]而十字军诸国不过是这种敌我变幻模式中的另一位玩家罢了。耶路撒冷王国甚至在阿尤布王朝的内战中站在了大马士革统治者的一边，结果在 1244 年的拉佛比（La Forbie）战役中遭遇惨败，医院骑士团和圣殿骑士团派出参战的分遣队几乎全军覆没。

18 经贸往来也缓和了敌对关系。十字军国家从经济角度来讲，对伊斯兰世界还是有用的；尤其是阿卡和推罗，在 13 世纪上半叶里从这些交流中获利颇丰，为此，这两座城市受到罗马教皇的严厉批评，就像他们伊斯兰世界的贸易伙伴被虔诚的穆斯林教徒批评一样。然而，对于穆斯林的内部分裂，法兰克人从来没有善加利用，以重新夺回丢失给萨拉丁的大片领土。双方休战期间不时穿插着来自欧洲的小规模十字军冒险。第五次十字军东征在尼罗河三角洲以失败告终。随后的其他一连串毫无章法的行动，也未能改变权力的平衡。神圣罗马帝国皇帝腓特烈二世（Frederick Ⅱ），在被教皇革除教籍的情况下，于 1228 年来到黎凡特，尽管就短期内收复耶路撒冷进行了谈判，

① 德语单词，源自 19 世纪德国，由德意志第二帝国（普鲁士）铁血宰相奥顿·冯·俾斯麦所提出，主张当政者应以国家利益作为从事内政外交的最高考量，而不应该受到当政者的感情、道德伦理观、理想甚至是意识形态的左右，所有的一切都应为国家利益服务。

他却在王国内部激起了更深层次的对立。当他次年乘船离开阿卡时，送他走的是市民们投过来的垃圾废物。香槟伯爵特奥巴尔德（Theobald）在1239—1240年领导了一次无关大局的十字军作战行动，康沃尔伯爵理查随后也效法组织了另外一次。

阿尤布王朝和十字军诸国的功能性不足维持了这种现状。如果穆斯林各势力不能一致对外，驱逐法兰克人的宏愿必定永无实现之日；如果基督徒各派系不能团结一心，重夺耶路撒冷的目标则是白日做梦。在西方，对海外之地的关注也在慢慢消散。欧洲大陆的人们正在见证各个帝国和民族国家的合并与巩固。教廷与腓特烈二世及其继承者在西西里统治权上的长期争斗，正在将力量和资金从东方拉丁国度转移过来。信徒在其他地方——在西西里，或在摩尔人统治的西班牙，又或是在普鲁士的密林里——履行他们的圣战誓言也变得可行，或者甚至通过购买赎罪券来豁免他们的罪过。圣殿骑士团诗人里科·伯诺梅尔（Ricaut Bonomel）抱怨道：

> 他（教皇）为钱宽恕了夺走吾教十字架之人
> 以及任何愿意交换圣地之人。
> 至于意大利的战争，
> 是我们的教廷使者策动使然，
> 他为了钱出售上帝和赎罪券。[7]

然而，在亚洲的中心地区，权力版图开始发生变化。13 19
世纪初期，蒙古人开始踏上横扫西方的征程，而在他们的兵锋抵达之前，其他的游牧民族就被逐出了家园。很快，伊斯兰世界就尝到了苦果。蒙古人摧毁了现存的波斯王朝并将其突厥部族统治者花剌子模人（Khwarazmians）驱赶到了巴勒斯坦境内。（正是这批带有类似中亚血统的好战狂徒在1244年洗劫了耶路撒冷。）

在这群被蒙古西征所冲击的民族中，另一个来自中亚大草原的突厥部族是钦察人（Kipchaks）。同蒙古人一样，钦察人也是居住在帐篷里的游牧民族，依靠放牧和劫掠邻近部落而生，他们笃信万物有灵，以萨满（shamans）为灵媒，崇拜天地。同样的，他们也是马背上的天骄，技艺高超的战士，专长于威力强大的复合弓和骑兵战的流动战术。在被（蒙古人）驱逐到更远的西方直至黑海北面的一个地区后，年轻的钦察人被敌对的部落袭击并俘获，又被运往安纳托利亚和叙利亚的奴隶市场，改宗逊尼派伊斯兰教，然后被卖给看上他们的买家。

游牧民族的战斗素养很快就得到认可。巴格达的哈里发早在9世纪就将游牧战士作为军事奴隶招募进自己的军队。他们因独一无二的骑兵战技巧而受到赞赏："突袭、猎捕、马术、与敌酋小规模冲突、搜刮战利品和入侵其他国家。他们为这些行动倾尽全力，为获取军中职位全力以赴。"钦察族男孩们很可能在4岁就开始学习箭术。"因此，"据说，"他们在战争中的地位可与希腊人在哲学上的地位比肩。"[8]

这些第一代逊尼派穆斯林仍旧保留了不少部落习俗，但他们为自己的新宗教信仰带来了皈依者的热诚。回首14世纪，阿拉伯历史学家伊本·赫勒敦（Ibn Khaldun）将突厥人的出
20 现视作天赐，意在复兴衰颓的伊斯兰世界。"久坐的民族，"他写道，"已经习惯了懒惰和安逸。他们自以为在城墙环绕之中、坚壁保护之下就可以高枕无忧。（游牧民族）没有城门和城墙。他们只能匆忙打盹……当他们身在马鞍之上时。他们留

意每一声轻微的犬叫和杂音。坚忍已成为他们的一种性格品质，而勇气则成为他们的本性。”伊本·赫勒敦将他们视为真主赐予的福音，“来重振奄奄一息的伊斯兰世界并恢复穆斯林的团结”。[9]

萨拉丁，作为一个库尔德人，率领着呈现突厥风貌的军队。在中东那些风雨飘摇的王朝里，招募此类军事奴隶的传统早已有之，他们在阿拉伯语里被称作马穆鲁克（Mamluks），意为“私兵”①。由于与互相竞争的派系没有世袭联系，他们全身心地效忠于自己的主人。正如一位政治家所言：

> 一个忠心耿耿的奴隶
> 要好于三百个儿子，
> 因为后者只会企盼父亲早死，
> 而前者希望主子长寿。[10]

军事奴隶在伊斯兰世界里的概念完全不同于欧洲的奴隶。马穆鲁克更类似于为主子尽忠的精英雇佣军，而非被迫工作的农奴。他们可以通过层层提拔，升迁至埃米尔这样的权力高位；他们领取军饷，职位却不可传承，即他们的子孙不能继承他们在苏丹军队里的位置，因而总是对来自黑海以北草原上的新鲜血液有需求。

当阿尤布君主马利克·萨利赫于1240年在埃及掌权后，他开始购买钦察军事奴隶并将他们进口到埃及。在位期间，萨

① 英文原文为“the owned ones”，意为“被拥有的人”，在此将其意译为“私兵”。

利赫招募了一支拥有大约 1000 名马穆鲁克战士的部队，其中有很多人驻防在尼罗河内的一座岛屿上，这些人因此得名为巴
21 赫利亚（Bahriyya）——“河洲军团”。另外一支较小的部队叫作贾姆达里亚（Jamdariyah），用作萨利赫的私人卫队。马穆鲁克战士被封闭在军营之内，接受高强度训练，习得马术、箭术和白刃战技巧，培养出一种强烈的团队精神，使他们在战斗中无往不利——但也使他们成为愈发依赖他们的主人的潜在威胁。

在 1244 年失去耶路撒冷之后，十字军的号召又在欧洲响起。这次的回应来自法兰西国王路易九世（Louis Ⅸ）。为了重新夺回耶路撒冷，他着手组织起计划最严密、资金最雄厚的军事远征。这一宏伟使命注定带来意想不到的后果。它将见证阿尤布王朝的垮台，而巴赫利亚马穆鲁克将从奴隶变为苏丹。而且这次十字军东征将会开启一系列连锁事件，最终于 1291 年回转到阿卡的城门前。

第二章　尼罗惨案

1249—1250 年

1249 年 6 月 5 日，周六拂晓，一支十字军舰队准备在邻近 22
尼罗河东部支流和达米埃塔（Damietta）城镇的埃及海岸登陆。三十年前，第五次十字军东征的军队在同一地点登陆，所以这一次东征军的动向不难预料。“我们发现苏丹的大军在海岸上严阵以待，”法国骑士让·德·茹安维尔（Jean de Joinville）在审视眼前的场景时写道，“这些人看起来都是些精兵强将，因为盾牌上的苏丹徽章是金色的，所以当阳光照上去的时候他们光彩熠熠。他们的铜鼓和撒拉森号角发出的声音让人听上去不由心生恐惧。”[1]随着朝阳升起，数以千计的士兵乘小船上岸。

在有组织的抵抗下进行滩头登陆作战是极度危险的，但是十字军的纪律水准尤为高超，而且骑士和步兵都有猛烈的弓弩

火力掩护。茹安维尔刚一登陆就迎面撞上一队穆斯林骑兵。“他们一看见我们登陆，就立刻策马朝我们冲了过来。看到他
23 们冲来，我们将长矛斜插在沙土里，矛尖指向敌骑。他们一看长矛阵势已经准备好要将他们开膛破肚，便调转马头四下逃走了。”[2]在他的左侧，这位骑士可以看到一艘巨大的桨帆船，有300 人为其划桨摇橹，上面紧密排列着层层盾牌，盾牌上纹徽鲜明，三角旗在微风中飘扬。

> 当它靠近海岸的时候，桨手们用尽全力划桨，推动其向前，于是这艘桨帆船看起来像是在水面飞驰。旌旗破风、鼓角争鸣，这艘伯爵大人的战船犹如天降霹雳。一待这艘桨帆船接触沙滩，在岸上高企船首，伯爵大人和他麾下的骑士们便从船上一跃而下，他们全副武装、手执精兵利器，赶到这里与我们并肩作战。[3]

在海滩各处，法兰西各大名门望族的旗帜被竖立起来作为各路部队的集结点，以直面对手的骑兵攻击。在这些旗帜中尤为显眼的是法兰西国王的金色火焰军旗（oriflamme）①，也就是王家军旗，据说是被殉道者圣德尼（St Denis）② 的鲜血染红的。当此次远征的领导者、组织者和融资人——国王路易九世从他的巨舰“蒙茹瓦”（Montjoie）③ 号举目望去，发现自己

---

① 金色火焰军旗（拉丁文为 aurea flamma，意为“金色火焰”），是查理曼、圣德尼的军旗。

② 法国的主保圣人，为巴黎首任主教，于公元 3 世纪末殉教。

③ 意为“欣悦之丘”，名称来自赴耶路撒冷朝圣者接近圣城时看到的第一处景物。

的军旗已经被插在海滩上时，就再也按捺不住了。他跳进海里，肩挑盾牌、头戴护盔，不顾海水漫到腋下，一路跋水蹚浪，登上岸头。他血气上涌，平举长枪、竖起盾牌，随时准备冲入敌军阵列，旁边的人不得不拉住他。

路易的准备工作细致而又周密。这次十字军东征以法国
人在精神上和部队组成上为主导，包括大约 2.5 万名士
兵——骑士和骑马军士、步兵和弩兵。国王的三个弟弟以及
法国的骑士精英都在其中，而且这一工作耗时四年才终告完 24
成。这是一支完全职业化的军队：路易将那些自发出现在艾
格莫尔特（Aigues-Mortes）港口的志愿者都留下了。驱动他
的是对自己臣民严苛的责任感和对基督教理想的虔诚感。
1244 年，他曾与死神擦肩而过，那时他便立下誓言并以此激
励。然而，他所发动的战役的初始目标，不是耶路撒冷，而
是开罗。

精明的军事思想家，例如理查一世，已经意识到萨拉丁在巴勒斯坦和叙利亚的胜利靠的是埃及的财富。“通往耶路撒冷的钥匙，”正如理查所说，“将在开罗找到。”[4]这种想法已经流行了半个世纪之久。灾难性的第四次十字军东征最后以君士坦丁堡在 1204 年遭受洗劫而告终，但起初是打算秘密地对尼罗河三角洲发动突袭。十年之后，当雅克·德·维特里到达阿卡着手准备新一轮十字军东征时，目标十分清晰：“我们计划直趋埃及，那里一片沃土，是东方最为富饶之地，也是撒拉森人力量与财富的源泉，他们凭此占据我们的土地。所以当我们占领那片土地之后，就可以轻而易举地复兴整个耶路撒冷王国。”[5]不过第五次十字军东征也不幸以失败告终。十字军花费

十字军进攻达米埃塔。这部中世纪手抄本上所展示的攻防战实际上并未发生。这座城镇已被守军抛弃

了 18 个月才夺下开罗以北 100 英里的滨海城市达米埃塔，然后又在那里犹豫不决地蹉跎了 18 个月，其间两次拒绝阿尤布苏丹（他甚至提议归还耶路撒冷）提出的和约。而后，十字军便在尼罗河复杂的季节性洪流泛滥及其河道网的迷宫中一头扎进敌军埋伏。在历经封锁、陷入绝境、被迫在齐腰深的泥水中艰难跋涉之后，这支军队不得不可耻地投降。

路易发动的十字军东征持有相同的战略目标、更清晰的目的，以及从前辈那里汲取到的知识，这些知识与尼罗河特有的水文地理状况相关。起初的一切都是前景光明的。根据茹安维尔的记载，达米埃塔的守军飞鸽急报开罗，却没有收到回复。
25

苏丹萨利赫正处于垂死状态。“他们都以为苏丹已经死去，于是便放弃了达米埃塔。”[6]这是基督徒阵营中最令人信服的解释。这里曾将他们的先驱者拖住9个月并且经过一场漫长而可怕的围攻才告陷落，而今路易的军队一天之内就已入城，发现指挥官——埃米尔法赫尔·丁（Fakhr al-Din）早已带着守军逃之夭夭。惊惶的居民也随之一并逃离。这看起来是天意——上帝降下吉兆保佑路易的圣战马到功成——却使国王的自信心灾难性地爆棚。战役的规划者们注意到了阿尤布政权的脆弱性，它由于派系倾轧而分化，现在正处于缓慢的衰落之中。这一现实为攻略埃及提供了一定的理由。达米埃塔的补给和防御都足以经受住长期的围攻，所以它的不战而降似乎证实了十字军正在推开一扇虚掩的大门。这一事件在伊斯兰编年史中被描述为“一场可怕的灾难，类似之事以往从未发生过”，[7]而且是埃米尔和他的军团所表现出的不光彩一面。但十字军不知道的是，法赫尔·丁未经交战就弃城而逃，只不过是为了在苏丹去世后争夺权力罢了。

随后发生的事就是缓慢的行军以及第五次十字军东征的重演，而且有过之而无不及。让·德·茹安维尔以生动的细节将这些事件娓娓道来。路易以毫不妥协的纪律约束部队，但是在前期的遭遇战中总是有个别骑士受作战欲驱使而冲向敌军并因此丧生。他本人在滩头登陆战中也成为一个无法克制自己的坏榜样，而标榜在单打独斗中展现个人勇武的骑士准则是一个反复发生的问题：贵族们因蛮勇而产生的鲁莽行为被证明很难克制。

一个更令人沮丧的现实很快就出现了。尽管达米埃塔已被攻下，十字军营地还是屡屡遭受贝都因（Bedouin）马贼和杀

手的夜袭。“他们潜入并杀害了库特奈（Courtenay）领主的哨
26 兵，将他的尸体扔到桌子上，砍下他的头颅并带走。他们之所
以这样做是因为苏丹以一个拜占特（bezant）① 的价格悬赏每
一个基督徒的头颅。”[8]出于同样的原因，据说贝都因人砍下被
吊死之人的头颅而且挖出已下葬的尸体。十字军很快就被迫在
达米埃塔城外掘壕设营并且昼夜不停地守卫。他们为下一步行
动展开激辩：是夺取西面 120 英里远的战略港口亚历山大港以
巩固自己的优势地位，还是进军开罗。路易的弟弟阿图瓦伯爵
（Count of Artois）强硬地要求进攻开罗，他的理由是“欲杀巨
蟒，必先斩首”。[9]但整支军队不得不等到尼罗河的季节性洪水
退去，直到 11 月才出发，循着第五次十字军的路线，沿着河
边向南行进，目标是夺取战略重镇曼苏拉（Mansurah），苏丹
27 的军队也已撤退到那里。受达米埃塔不战而降的鼓舞，全军上
下弥漫着这样一种感觉：如果拿下这座城镇，埃及马上就会
崩溃。

这种可能性诱发了穆斯林之中的广泛警觉：“只要曼苏拉的守军后退一步，整个埃及就会在最短时间内被征服。”[10]开罗陷入一片恐慌。曼苏拉的军队在临终的苏丹的陪伴下，为坚定的立场而战。

向南行军 40 公里是一项联合作战行动，十字军沿着尼罗河东岸行进，桨帆船舰队沿途运送食品给养。远征军相当了解这条大河的水文地理知识，但其关键性的败笔在于未能注意到迈哈莱（Mahallah）运河的重要性。这条运河看上去一潭死

① 西欧国家对于拜占庭货币的指称，在十字军王国内有仿制，集中见于 10—13 世纪的史料。

水，却在距离他们目标的路途中点之处连接着河对岸。敌人可能会封锁这条运河的想法看起来太不值一提了。然而，迈哈莱运河在三十年前击败第五次十字军中曾扮演了重要角色，现在

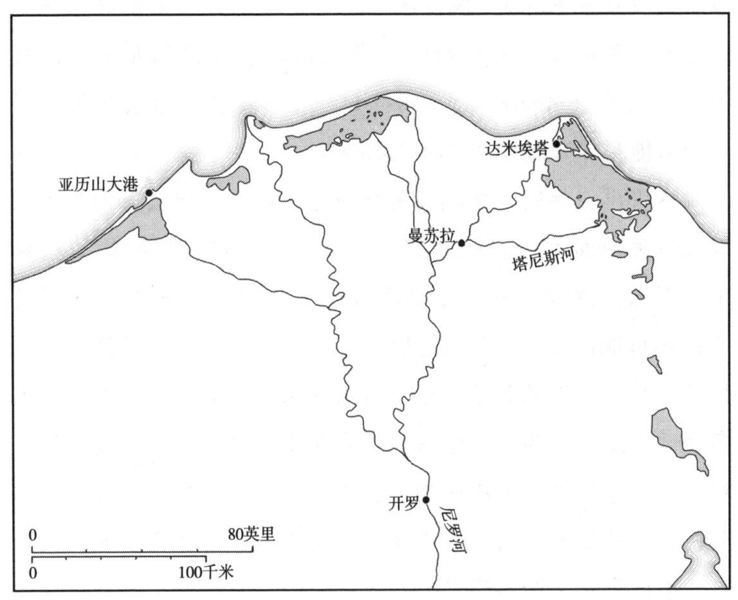

地图三　埃及与尼罗河三角洲

即将再度出场。当路易的人马接近曼苏拉时，他们发现道路被另一条支流阻隔，基督徒称之为塔尼斯（Tanis）；他们的对手在对岸扎营，于是十字军现在停留在了尼罗河和塔尼斯河之间的分岔口上。

11 月 22 日，当路易还在行军中时，苏丹驾崩。萨利赫之前对法赫尔·丁撤出达米埃塔的举动心怀疑虑，已将所有逃跑的守军吊死。现在他的这些担心似乎得到了证实。法赫尔·丁与苏丹遗孀中的一位勾结，向其子民封锁死讯，皇位继承的权

力之战山雨欲来。他在文件上伪造萨利赫的签名，号召人民加入保家卫国的事业中来。在流言蜚语中，他派遣阿克泰（Aqtay）——马穆鲁克巴赫利亚军团的首领——前往遥远的希恩凯法（Hisn Kayfa）执行任务，那是土耳其东南部底格里斯河上的一座城镇。阿克泰的使命是请已故苏丹的儿子穆阿扎姆·图兰沙（Muazzam Turanshah）回来登基，但法赫尔的居心很可能是希望他永远都不要回来。

尽管再三保密，萨利赫的死讯还是泄露了出去，但是人们因太过害怕而不敢表达他们的怀疑。埃米尔们都确信“法赫
28 尔·丁志在独揽大权、专擅朝政，马利克·穆阿扎姆（图兰沙）不可能回来了”。[11]无论如何，图兰沙，这位苏丹最年幼也是唯一存于人世的儿子，也没有激发出人们对他的信心。他更多表现出的是成为一位学者而不是军事领袖的倾向，而据说萨利赫曾对他的继承人满腹担心：“当死神降临吾身的时候，不要将图兰沙从希恩凯法召唤回来，不要将国运寄托于他，因为我知道他肯定不会善终。”[12]

与此同时，塔尼斯河成为十字军的严重障碍。渡过此河事
29 关重要，可是水流湍急，而且河水太深，不利于士兵涉水而过，对面的阿尤布军队则下定决心要挡住任何渡河的尝试。路易九世和他的指挥官们决定建造一座堤道，为了保护受命施工建造这座堤道的工兵，还另外制造了两座“猫堡”——可移动的木质塔楼，并部署了弩炮来轰击埃及的军营。穆斯林军队也用弩炮还以颜色并将希腊火投掷向这两座塔楼。为了解决掉猫堡形成的保护屏障，穆斯林还采取了将他们的箭“射向云端以使这些箭直接落入我们士兵头上”的手段。[13]守卫这些木

质结构的任务变得危险重重，士兵们害怕自己不是被活活烧死就是丧生于埃及军队隔河射出的箭雨之下。面对一片“熊熊烧向我们猫堡的火海”,[14] 茹安维尔和他的战友们被迫从木塔里面跑到开阔地上，试图将火熄灭，“于是撒拉森人从对面河岸投射箭矢，痛击我们所有人”。[15]在他准备接替守卫任务之前，他负责保卫的塔楼就已经起火燃烧，对此，茹安维尔无法掩饰住自己如释重负的心情：“上帝给予了我和我的骑士们莫大的关怀，因为那个晚上我们本来需要执行万分凶险的守卫任务。”[16]

除了进攻本身，建造堤道对于十字军来说也相当棘手。湍急的河流总是将筑堤材料冲走，而他们的对手则在另一边河岸进行挖掘作业，将河道持续拓宽。无论十字军倾倒泥土石块的速度有多快，都没有多大改观。这迫使路易认识到这一策略是在做无用功。十字军的士气也因此低沉。如果他们无法度过塔尼斯河的话，本次十字军东征就只能偃旗息鼓了。这个时候，一个贝都因人来到大营献策，他给十字军指出一处可以渡河的浅滩，以换取合适的报酬。一个新的作战计划就此制订：从浅滩渡河，在对岸集结并整顿好队伍，然后攻击敌军大营。建立桥头堡的任务将由骑兵独自完成，因为让步兵在第一阶段渡河比较困难。

1250 年 2 月 8 日，在忏悔日（Shrove Tuesday）这一天，“我们在破晓时分以各种方式做好了准备”,[17]茹安维尔如此记
述道。浅滩比那个贝都因人所断言的要深上许多。“当万事俱 30
备，我们便开始下河，而我们的马匹不得不游泳……当抵达河流中段的时候，我们发现马蹄能够接触到河底。”一些马匹失足，将骑手掀入河中。他们被 300 名撒拉森骑兵监视着，“但

是当我们完成渡河时这些突厥人就逃跑了”。[17]圣殿骑士团作为先锋部队的成员，目标是在南岸稳住阵脚，不主动介入战斗，以便国王和主力部队在此期间渡河并重整队伍。

就在这个当口，纪律遭到破坏；国王的弟弟罗贝尔·德·阿图瓦（Robert d'Artois），鲁莽地决定向穆斯林营地发起一次冲锋——而圣殿骑士团的指挥官吉尔修士（Brother Giles）无力阻止。罗贝尔和他的手下就这样向毫无戒备的敌军冲去。

> 他们进攻了宿营在那里的撒拉森部队，后者根本没有预料到会被攻击。一些人仍在熟睡，其他人躺在床上。撒拉森哨兵在一开始就被击败，几乎所有人都成了剑下亡魂。我们的人马冲入突厥人的营房，杀尽所有人，不留活口；无论男女老少、贵贱贫富，都被砍杀了……看到尸横遍野、血流成河的场景确实让人难受，可谁让他们是基督信仰的敌人呢。[18]

在这场屠杀中被砍倒的人里就有埃米尔法赫尔·丁本人，他在清晨沐浴的时候被杀了个措手不及。信鸽带着曼苏拉大战的急报飞回开罗。这场大战的重要性备受关注。“这条信息让我们大为震动，正如它使所有穆斯林都感到震惊一样，”一位编年史作家写道，“每个人都想象着伊斯兰教的毁灭。”[19]

如果先锋部队在摧毁敌军营地后就此止步的话，一切都会很美好。吉尔修士再次试图阻止罗贝尔继续深入，却白费力气。受大获全胜的诱惑，而且很可能是想起了攻陷达米埃塔时的轻而易举，罗贝尔反而指责圣殿骑士团畏敌如虎。“我的大
31 人，”吉尔修士回答道，“我和我的弟兄们并不害怕。我们不

会畏缩在后面，将与您并肩作战。但是我要告诉您，不要指望我们中的任何一个会全身而退，无论是您还是我们。”[20]即使是来自国王的明确命令，也无法阻止他的弟弟冲入城镇。在曼苏拉等待着他们的将是可怕的马穆鲁克巴赫利亚军团。

圣殿骑士们早就预料到这是一场灾难。在狭窄的城镇街道里，入侵者们很快便走散了。发生在己方营地的屠杀激起了穆斯林的刻骨仇恨，马穆鲁克“横劈竖砍，将他们五花大绑拖入俘虏营中。一些人逃向河边以逃脱被杀的命运，但是撒拉森人紧随其后，用丹麦斧（Danish axes）①、钉头锤和利剑将他们放倒，即使有人到达了河边，由于河面宽阔，流速很快且河水很深，跳入河里的人都被淹没了”。[21]从穆斯林的角度来看，单单一次对法兰克人的攻击就会“动摇他们的根基，粉碎他们的体系并且颠覆他们的十字架。突厥人加诸他们身上的刀剑锤斧，使他们死亡和受伤，让他们在曼苏拉的狭窄街道里四处横尸”。[22]当消息传到开罗时，人们为真主的仁慈欢欣鼓舞。

这一插曲中有一意义重大之处，程度远远超过此次灾难的规模。这是基督教十字军士兵第一次体验到了马穆鲁克突厥人比他们更为强悍的战斗素养。在回顾这一事件时，阿拉伯编年史承认这是一个具有里程碑意义的时刻——“突厥雄狮大胜多神教走狗的第一场战斗”。[23]对于十字军运动的总体命运来说，这次遭遇战注定将产生始料未及的影响。曼苏拉的胜利保障了阿尤布王朝在埃及的生存，但从更广泛的意义上讲，它开始向世人表明真正的力量在于何处。在那些将落入彀中的十字

---

① 又名维京阔斧，长度由最短的0.9米到最长的2米，是中世纪欧洲最常见的兵器之一。

军砍倒的马穆鲁克中，有一个年轻人叫作鲁克·丁·拜巴尔（Rukn al-Din Baybars）。

对于路易九世来说，直接后果很严重。600 名骑士驰入城
32 中，而活着回来的寥寥无几。罗贝尔和吉尔都在屠杀中倒下。十字军失去了宝贵的有生力量，又助长了敌军的士气。国王的军队还没来得及在河的南岸立稳脚跟便遭到猛烈的反攻，铁骑纵马践踏，箭弩呼啸破空。正如编年史家所载：

> 号角齐鸣，鼓声大作，人喊马嘶……他们完全包围了我们的部队并射出密集的箭雨；遮天蔽日、黯淡无光，此种声势非寻常雹雨可比……国王和我们的战士并无弩手在旁护持；所有跟随国王渡河的弩手已作为先锋部队战死沙场，因为撒拉森人毫不留情地杀掉了他们遇见的每一个弩手。当国王和我们的战士看到己方人马正在被敌军摧毁时，不得不策马向前发起一次密集冲锋以避开突厥人的箭雨。[24]

由于茹安维尔本身处于战斗最激烈的地方，他提供了可能是对十字军东征中激烈战事最发自肺腑的目击证言——尽管可能无法避免对他自己的英勇行为和国王的事迹有添油加醋的倾向。他回忆道，一个穆斯林骑兵“用他的长枪刺向我两个肩膀之间，将我钉在坐骑的马头之处，把我压迫在那里动弹不得，无法拔出腰带上的剑”。在不知何故从这一击中逃脱性命后，他前去营救另外一名被击落到地上的骑士。在返回途中，他又遭到骑马武士的长枪攻击。“我的坐骑由于承受不住重压

而跪倒，将我越过马耳向前抛出。我以最快的速度站了起来，用盾牌护住颈部，把利剑握在手里。” 正当他艰难地站起身时，第二波骑兵又 “将我猛地撞倒在地，从我身上飞驰而过， 33
并将我颈部的盾牌带飞”。晕头转向、不知所措的他被其他骑士领到一栋被毁坏的屋子，并在那里进行抵抗。“在那里，突厥人从四面八方攻击我们，一组人马杀入这栋被毁坏的房屋并用他们的长枪居高临下地攒刺我们。”[25]他看到一名战友先后三次被长枪刺伤了脸部，另外一位被长枪刺穿两肩中间的战友由于伤口太大 “以致血涌如流，就像开塞的酒桶一样”。与此同时，“我的领主大人埃拉尔·德·西弗里（Érard de Siverey）被利剑刺中面部，以致鼻子悬荡在嘴唇上”。当看上去刀枪不入的茹安维尔正在向圣雅各（St James）紧急祷告时，西弗里这时候还有力气说话（尽管他随后就死了），他冷静地建议可以向邻近的其他人求助，但只是 “大人，如果您认为我和我的继承人都不会为此受到指责的话”。[26]骑士们的荣誉准则以及担忧被人指责为懦夫的心理一直持续到死亡的边缘。

路易九世一整天都在奋战以维持他在塔尼斯河南岸的立足点并阻止他的士兵逃跑。穆斯林在某种程度上难以相信，阿图瓦竟如此愚蠢地被诱入曼苏拉的圈套之中。现在他们吼叫着、呐喊着，以紧密的队形发动了一波又一波的攻击，“喇叭声、铜鼓声和撒拉森号角声响声震天”。[27]被塔尼斯河困住的茹安维尔眼睁睁地看着形势恶化下去：“当我们来到下游时，我们看到河里全是长枪盾牌，遍布溺毙和垂死的人与马。”[28]6 名撒拉森骑兵拉住了路易九世坐骑的缰绳，但是国王 “用自己的剑对他们施以重击，单枪匹马地解救了自己”。[29]箭矢如洪流一般破空袭来，希腊火也从弓弩中发射出来。一名战士 “将一罐希腊火挡在了自己的圆盾上，如果任意一点儿火星落到他身上，那么他就会被烧死”。[30]茹安维尔现在已没了自己的盾牌，只好捡起一件穆斯林的棉甲衣作为临时替代品，“这可帮了我大忙，因为我只受了五处箭伤而我的坐骑有十五处伤”。不管怎样，路易终于设法稳住了阵线，鼓舞起己方士兵的斗志并以极大的勇气去战斗。到了下午晚些时候，一支新的弩兵分队被
34 部署到前线，而穆斯林就此撤退。这一天结束时，贝都因人，这些战场上的拾荒者和割喉者都冒了出来，他们洗劫了穆斯林废弃的营地，将其搜刮得一干二净。

对于十字军来说，这场战斗就其自身而言，是一场勇气和耐力的大胜，但仅仅是最短暂的喘息罢了。穆斯林确信他们可以扫除塔尼斯河南岸的营地。在第二天黎明前，茹安维尔再次被要求武装的号令叫醒。由于受伤太重而无法穿上盔甲，他干脆将那件棉甲衣往背上一披就准备战斗了。在随后的几天里，路易的士兵经受住了敌人反复的攻击。他们设法从穆斯林的攻城武器上收集了木材并围绕自己的营地建起一道栅栏和壕沟，还横跨塔尼斯河建起一座舟桥以连接两个营地，但是死亡人数持续上升。

尽管有这种意志坚定的抵抗，形势还是令人绝望。路易九世固执己见，仍然盲目地相信阿尤布苏丹国正处于崩溃的边缘，上帝终将赐予他胜利。然而，证据显示出的则不是这样。在不愿承认十字军东征已经失败的情况下，他不敢从塔尼斯河撤退，但营地里的状况已经开始恶化。在第一场战斗过去九天之后，阵亡者的尸体在河面漂荡，并且堵塞了连接路易九世两个营地的舟桥。“那里这么一大片尸体，以至于整条河从一个

河岸到另外一个河岸都堵满了尸体，绵延的长度有一块小石头能抛出的那么远。”[31]他们雇来苦力，将行过割礼的穆斯林尸体倾倒在桥的另一侧，令其顺水流漂至下游，而基督徒的尸体则被埋在一条长长的壕沟中。此时正值大斋期（Lent）①，幸存者们只能从河里捕淡水鳕鱼来充饥，“而淡水鳕鱼正在吃尸体，因为这些鱼很贪吃”，[32]茹安维尔回忆到此处，不禁作呕。 35
他将开始肆虐的“营地热病”（十有八九是坏血病）归咎于此：“由于我们士兵的牙龈上有很多腐肉，理发师②不得不将这些腐肉刮掉，以让这些士兵可以咀嚼并吞咽食物。”当理发师着手进行这项工作时，营地里到处都是士兵的哀号声：“因为他们尖叫起来就像分娩的娘们一样。”[33]茹安维尔的牧师在做弥撒的中途昏倒。茹安维尔抓住他的手臂并让他清醒过来。牧师到底还是完成了仪式，“但他自此之后再也唱不了圣歌了”。[34]这支军队现在的生存取决于从达米埃塔顺流而下输送的补给，但是十字军的困境即将发生戏剧性的恶化。

在2月25日这一天，已故苏丹唯一在世的儿子、有学者风范的图兰沙从希恩凯法抵达，接管政权。从一开始，他就误判了局势。苏丹之位的变化通常意味着行政体系的改变，但一

① 亦称“封斋节”，是基督教的斋戒节期，指的是从耶稣受难前40天的“圣灰星期三”（Ash Wednesday），到受难日的前一天“圣星期四”（Holy Thursday）这一段时间。

② 原文“baber”原义为“理发师”，但实际上在当时的军营里，理发师还兼任外科医生。1215年举行的第十届拉特兰大公会议裁定“任何从事外科手术的牧师不得担任教会的高级职位”。这个决定推翻了已经实行400年的敕令，该敕令由查理大帝颁布执行，规定所有修道院和教堂的下设医疗机构只能聘用牧师。自此，僧侣们将外科手术和修剪须发等服务都转移给地方上那些帮人们刮胡子的理发师，后者已经掌握使用手术刀和剪刀的技巧。

个明智的统治者通常是循序渐进地完成这一转变。图兰沙并没有这样做。他疏远了主要的埃米尔和军队指挥官。很可能是因为他无法从财政上奖赏那些在曼苏拉奋战的将士；他似乎没能履行之前的承诺，将亚历山大港的税收给予马穆鲁克军团的领导者阿克泰，而且他用自己的人取代了主要的埃米尔。新上任的埃米尔对于一线士兵来说很陌生，因而也得不到他们的支持。各种耸人听闻的段子四处散布图兰沙如何堕落，据说“喝醉的时候，他会将蜡烛收集到一起，用他的剑砍掉（这些蜡烛）的头部并将这些蜡烛都剪断，同时说道，‘这就是我将对那些巴赫利亚采取的措施’，然后他会逐一提及他父亲的马穆鲁克的名字。出身微贱的人被提拔到高位而那些优秀的官员则被免职。他以蔑视的态度对待他父亲手下的马穆鲁克主要军官”。[35]图兰沙没能意识到阿尤布王朝如此对待自己的突厥奴隶是在玩火自焚。

尽管己方阵营暗流涌动，穆斯林还是获得了一股新的助力，迈哈莱运河的重要性曾在十字军到达尼罗河时被他们忽视，此时却凸显出来。十字军在曼苏拉的营地和海岸附近的达
36 米埃塔都有船只，而图兰沙现在却切断了两地之间的联系。他派出 50 艘桨帆船在骆驼的协助下穿越陆地，在迈哈莱运河的上游河段（虽然是死水但水量充足）下水，又返回驶入十字军营地上方的尼罗河段。十字军的补给船队从达米埃塔沿河南下时，遭到埋伏，物资被掠夺，船员要么被杀要么被押到俘虏营。穆斯林耍的花招与三十年前他们对付第五次十字军时设的圈套如出一辙，但路易九世和他的士兵们却被彻底打了一个出其不意。他们对此一无所知，直到一艘十字军小船设法突破封锁，驶入他们的营地。“突厥人着手通过饥饿使我们屈服，这

让很多人大吃一惊。”[36]茹安维尔记载道。严峻的形势使粮食价格上涨到了异常高的水平。绝望笼罩在营地里每一个人的心头。病号成倍增加。每一个人都渴望一死了之。

从那一刻起，路易九世的十字军就在劫难逃，但他仍旧心存犹豫，不情愿放弃自己的圣战迷梦，直至为时已晚。他试图协商出一份合理停战协议的努力也告失败。直到 1250 年 4 月 5 日国王才最终承认失败并下令向达米埃塔撤退。路易坚持将伤员和病号安置在船上，而他本人将留守至最后，然后走 40 英里的陆路回到达米埃塔。此时，他已患上痢疾，但拒绝登船。从南岸秘密撤走的计划在执行时变得一团糟。受命砍断舟桥绳索的人由于惊慌失措而未能完成任务，结果穆斯林部队也跟着渡了河。井然有序的撤退演变成一场噩梦。受了伤的茹安维尔，“由于口腔和腿部都染上了营地热病”[37]而且虚弱得走不动路，与那些伤病号一起上了船。当夜幕降临的时候，他可以看见，在熊熊火光之中，穆斯林将那些踉跄来到或是爬到水边希望被带到船上的病号杀死。一场溃退发生了，穆斯林追击并杀掉那些在陆上行军的士兵。茹安维尔所在的船由于一场逆风而减慢了速度，在一片死水中迷失方向、停滞不前，又受到了岸上弓弩连发和希腊火齐射的轰击。护航船队随后也被苏丹的舰队截击。向前望去，茹安维尔看到其他船只上的战友被杀害后扔进水里。当他们等待命运，将船只抛锚在河道中间时，茹安维尔将自己随身的珠宝和圣物扔进了河里。随着一艘桨帆船 37
的接近，一个水手向茹安维尔乞求道：“除非你让我说你是国王的堂弟，否则他们会把你们杀尽，我们这些水手也会陪着送命。”[38]他答应了。当敌人登上他们的船时，茹安维尔的喉部中了一刀，摔倒在地等死，这时有人喊道：“他是国王的堂弟!”[39]茹安维尔立刻就成了一件可以索要赎金的无价之宝。其他人就不那么走运了。茹安维尔看见自己的牧师被杀掉，尸体被扔进河里，而他的文书早就昏了过去，仍被人拿着石碗猛击头部。“我被告知船上的这些人毫无价值，因为他们的病状使其毫无自理能力。”

成为俘虏使路易九世本人颜面尽失。他所患的痢疾病情是如此严重，以至于他的随从不得不将他臀部上感染的肉割下来。他在一间村屋里被俘时已经半死不活。一切都结束了。十字军一败涂地：“在这里，金色火焰军旗被撕成碎片，包森特旗(bauséant，意为圣殿骑士团黑白相间的旗帜)
38 任人踩踏，这样一番景象还从未有人见过。在那里，世家大族的旗帜——自古以来就令异教徒闻风丧胆的圣物——被人马的鲜血所溅污……被视如草芥，以最卑劣的方式毁弃。”[40]

对于穆斯林来说，这场胜利真是大快人心。“真主赶走了他们，使埃及得到了净化，”[41]一位编年史家记述道，“我们对俘虏进行了统计，人数超过了 2 万；淹死或者被杀的人数达到 7000。我看到了那些死去的人，他们尸横遍野……这是穆斯林闻所未闻、见所未见的一天。”[42]达米埃塔的守军也投降了。在被成群驱赶至战俘营的途中，没有价值的俘虏以每天 300 人的速度被斩首；剩下的则被留着索要赎金。尽管曾跪在斧头前等着被人处决，茹安维尔最终还是幸免于难。路易同意为 1.2 万人支付一笔巨额赎金——80 万拜占特。他先支付了一半赎金作为预付款，然后乘船驶往阿卡（茹安维尔也在船上），去筹措剩余的赎金，以使仍在战俘营的军队成员获得自由。

他在 1250 年 5 月 7 日离开埃及前往阿卡，但在此五天之前他亲眼看见了伊斯兰世界内部王朝权力的一场剧变，这恰是他所发动的十字军于不经意间触发的。图兰沙之前就疏远马穆鲁克部队成员，而且战后对他们既没有晋升官衔也没有分享战利品。5月2日，马穆鲁克的指挥官阿克泰袭击苏丹并且重伤了他。虽被刺中但还一息尚存的图兰沙承诺要将亚历山大港的利益返还给阿克泰，但为时已晚。苏丹没有注意到正在进行中的权力转移。据说他是由鲁克·丁·拜巴尔终结了性命。阿克泰挖出图兰沙的心脏，用血淋淋的双手拿给精疲力竭的路易看。他举起这可怕的战利品并说道："我杀掉了你的敌人，你将会给我什么回报呢？这个本来要杀你的人，他可还活着？"[43] 国王惊骇万分，说不出话。

在欧洲，路易九世惨败的消息使人们备受打击。在教皇写给路易的母亲——法兰西王太后布朗歇（Blanche）① ——的信中"多是忧伤之词，笔调不胜哀痛"。[44]对原因的考问直击灵魂深处。这究竟是怎么一回事？路易的事业，初心如此虔诚，准备如此周密，竟然全军覆没。"我们必须思索原因，"为曼苏拉之殇所做的一场布道沉思如是，"为何主能允许这样一场人间悲剧降临到基督子民的身上……那么，主又是如何能容忍购买奴隶的行为……这些恶魔的奴隶如此污秽不堪，竟能杀死这样高贵的战士，这些上帝的强大伙伴和全体基督子民的捍卫

---

① 又译作"布兰卡"，卡斯蒂利亚国王阿方索八世的第三个女儿，1223年成为法兰西王后。1226年其夫路易八世病逝，由其子路易九世年幼继位，她遂出任法兰西王国摄政10年。法国政局不安，野心的贵族图谋反抗王室，幸赖太后调度有方，撤换不忠诚的贵族，亲自领兵讨伐叛乱，在全国各地建立护国民兵。法国人不仅尊称她为"仁慈的布兰卡太后"，也称她为"贤母布兰卡"。

者?”[45]马穆鲁克奴隶的角色和社会地位尤其让人困惑不解。而得出的原因首先还是人们犯下的罪恶使然，然后就是严厉的教训，再就是上帝神秘的正义与爱的其他表现。

杀死图兰沙的那一刀是否真由拜巴尔刺出，抑或这不过是一段事后虚构的逸事，我们已经不得而知。不管怎样，图兰沙死于马穆鲁克之手这件事在重塑整个中东的过程中发挥了重要作用。它预示着四分五裂、虚弱不堪的阿尤布苏丹国已经到了
39 垂死挣扎的阶段；在其土地上将会诞生一个马穆鲁克的王朝，其将冷酷无情的军事技能带入与基督教世界的战争中。耶路撒冷王国命运的钥匙依然在埃及，并且将在适当的时候被交到雄心勃勃的拜巴尔手中。

第三章　双雄对决

1250—1260 年

随着图兰沙鲜血淋漓的心脏被扔到路易的脚下，尸身被扔 40
进尼罗河中，阿尤布王朝的生命正在流失殆尽。正是图兰沙的父亲马利克·萨利赫一手创建的马穆鲁克军团，在曼苏拉大肆屠戮基督徒并拯救了埃及。这一职业化军事集团成为阿尤布王位背后的力量所在，并且在 13 世纪 50 年代取代了旧王朝。这是一个错综复杂的过程，持续了十年之久，伴随着各色傀儡的粉墨登场以及马穆鲁克各派系之间的钩心斗角。先前的奴隶士兵们在开罗掀起内乱纷争，让市民们开始担心起突厥人在他们中间的存在。巴赫利亚军团的首领阿克泰被竞争对手忽都斯（Qutuz）谋杀，而巴赫利亚军团以及影响力日渐增长的拜巴尔则被迫于 1254 年从埃及出走。在这个十年剩下的时间里，拜巴尔在叙利亚为不同的阿尤布王公效力，锻炼了自己的领导能力和战斗技巧。在埃及，忽都斯控制数位王位继承人登基后，于 1259 年自行加冕为苏丹。

41 对于自己失败的十字军事业所带来的后果，路易九世并没有逃避责任，这一点让他广受世人尊重。他没有回到法国，而是在圣地待了四年，赎回因惨败而滞留埃及的囚犯，强化阿卡、凯撒利亚（Caesarea）①、雅法和西顿这些硕果仅存的十字军立足点，甚至自掏腰包、投入重金。他在阿卡成立了一个永久性的法国军团——一支规模虽小但价值很大的职业军队，并且开始寻找对抗穆斯林势力的潜在盟友。

很长时间以来，蒙古人的锋芒所激起的阵阵回音（尽管有些失真）就传到了西方的基督教世界，一厢情愿的想法也随之而生：他们的王公们没准会成为基督徒，甚至就是基督徒。然而，证据却与此相悖。到了 13 世纪 40 年代，东欧已经被蒙古人的突袭重创。1249 年，当路易还在塞浦路斯准备发动十字军东征时，他接见了波斯的蒙古人派来的使者。作为回应，他派出两位多明我会修士［其中的一位，安德烈·德·隆格瑞莫（André de Longjumeau）能说与蒙古语相关的语言］，鼓励蒙古人皈依基督教信仰并“向鞑靼人（蒙古人）演示和教导他们应当信奉的教义”。[1]这两位传教士对潜在皈依者的游牧生活展现出一定的想象力，他们随身携带着可以四处移动的帐篷式礼拜堂，上面绣着耶稣生平的各个场景，以及圣餐杯、书籍和一切做弥撒所需要的物件。他们的旅行耗时两年之久，其间还踏上了深

① 位于地中海东岸的古城，现属以色列，居特拉维夫和海法之间，毗邻哈代拉。

入中亚心脏地区的旅程，到达了蒙古宫廷。隆格瑞莫回来后在凯撒利亚找到了路易九世，后者于尼罗河惨败之后正在督造这座城市的防御强化工程。隆格瑞莫的报告略有几分含混不清，但简单明了地纠正了盲目乐观的想法。两位修士亲眼看见了毁灭：一座座城市化为残垣破壁，尸骨成堆。他们被遣回是为了传达警告之语，所有胆敢反抗者必丧命于蒙古汗王剑下：“特此申明，诫告汝辈，两国之间，非和即战。故奉劝尔等，岁岁纳贡。缴足金银，方可以友邦待之。如若不从，必遭亡国灭种之 42
祸，亦如他国破灭之往事。”[2]要么投降，要么等死：这是一个中东诸国很快就会面临的抉择。路易九世对此并没有回信。

1253 年，成吉思汗（Genghis）的孙子旭烈兀（Hülegü Khan），也就是蒙古帝国大汗蒙哥汗（Möngke Khan）的弟弟，受命率军西征，“最远要打到埃及的边界”。[3]其目标是以粉碎穆斯林势力作为重要一步，使蒙古成为世界主宰。到了 1256 年，旭烈兀已经驻军波斯。

两年之后，蒙古人就对伊斯兰世界施以沉重打击，带来的影响在其后回荡了数个世纪之久。1258 年 1 月，旭烈兀兵围巴格达。在长达五百年的时间里，巴格达一直是阿拔斯王朝（Abbasid）哈里发的御座所在地，一座学术研究与文化资源的宝库，也是伊斯兰世界的知识中心。在汉人攻城技师的帮助下，蒙古大军于 2 月上旬攻破了城墙。守军的投降毫无用处。这座城市被夷为平地；清真寺、宫殿、图书馆以及医院被尽数摧毁。各方对于死亡人数的估计差别极大，从 9 万到 80 万不等。底格里斯河被不计其数的书册的墨汁浸染，这些书籍的封面竟被撕扯下来用以制作凉鞋。阿拔斯王朝的最后一任哈里发被蒙古人裹在毯子里，在骑兵的马蹄下被践踏至死。巴格达之劫严重动摇了伊斯兰教的根基。

1259 年 9 月，旭烈兀率领一支人数大概 12 万的大军通过浮桥渡过了底格里斯河，他的目光落在了叙利亚。海外之地的基督教诸国陷入了左右为难的困境。海屯一世（Hethoum Ⅰ）是位于土耳其西南部的奇里乞亚亚美尼亚王国（Cilician Armenia）[①] 的基督教国王，他将蒙古人奉为宗主；众所周知，旭烈兀的大将怯的不花（Kitbuqa）已从聂斯托利派改宗基督教，海屯一世因而天真地认为蒙古人打算为基督徒收复耶路撒冷。他试图说服其他的基督教飞地也投靠蒙古人，但只有他的女婿博希蒙德六世（Bohemond Ⅵ），小小的安条克公国和的
43 黎波里伯国的统治者有所回应。当阿勒颇陷落后，那里的穆斯林死于刀剑之下；亚美尼亚基督徒将大清真寺烧成一片白地。在预见到即将发生的事情后，大马士革于 1260 年 3 月直接向蒙古人开城投降。看到穆斯林邻居们羞辱难堪的情形，这座城市里的东方基督徒们按捺不住幸灾乐祸的心情，敲响了他们教堂的大钟，还在斋月（Ramadan）期间把酒相庆——这种羞辱的记忆在穆斯林的心中可不会磨灭。不久，随着众多阿尤布王公纷纷投诚，叙利亚全境几乎都落入蒙古人手中，他们已向南奔袭到埃及边境。伊斯兰世界面临着灭顶之灾。

阿卡也处于一片混乱之中。在 13 世纪 50 年代的后期，这

---

① 奇里乞亚亚美尼亚王国，也称小亚细亚或新亚美尼亚。中世纪中期，塞尔柱突厥人占领了古亚美尼亚王国地区（外高加索地区），部分亚美尼亚人逃亡到奇里乞亚（今土耳其东南部沿海地区）建立了新的亚美尼亚国家。奇里乞亚亚美尼亚王国是欧洲十字军的重要盟友，自视基督教在东方的堡垒，通过与后者的交流，吸收了很多西方元素，包括服饰、法语头衔、若干法语词汇和西欧式的封建制度。

座城市成了热那亚与威尼斯进行商业角力的“风暴中心”，两方的竞争愈演愈烈，最终在城内爆发了一场全面的战争，世人称之为圣萨巴斯之战（War of St Sabas），表面上是争夺以那位圣人命名的修道院（恰好位于这两个意大利人社区的边界上）的所有权，实际上折射出双方在一个更广阔的舞台上对地中海和黑海贸易霸权的争斗。这场战争将这座城市内几乎所有的派系以及周边的十字军国家势力都卷了进来。医院骑士团支持热那亚人，圣殿骑士团和条顿骑士团则为威尼斯人撑腰；比萨人先是与热那亚同仇敌忾，随后又见风使舵倒向威尼斯；海外之地有权有势的贵族们也有样学样地选边站队。这场战争持续了一年之久，穿插着海战、封锁战以及近距离接触的攻城战。在阿卡城里，交战双方在近距离用弩炮互相轰击，将石块抛过设防定居点的围墙，砸在他们邻居的居住区内。编年史有载：

> 在1258年的整整一年里，至少有六十台弩炮被投入战事中，每一台都将炮弹投射入阿卡城里，那些炮弹落到了房屋上、塔楼上和炮台上，它们将接触到的每一栋建筑
> 都打得粉碎、夷成平地……这意味着阿卡除了宗教建筑之 44
> 外，几乎所有的塔楼和坚固房屋都被摧毁了。双方各有2万人在这场战争中丧命……阿卡的城区完全毁于战火，此情此景，仿佛是基督徒与撒拉森人之间的战争。[4]

死亡人数很可能被夸大了，但是这场战争给大部分城区造成了破坏是确定无疑的。虽然热那亚人最终被逐走，他们的居住区也被铲平，但城内的房屋、仓库、船只和防御塔楼也被破坏殆尽。热那亚人沿着海岸搬迁到了推罗。阿卡亟须大规模重建；

它的贸易受损，派系分裂加剧，人力资源也减少了。

与此同时，耶路撒冷王国也开始感受到了蒙古人扩张所带来的压力。旭烈兀的真实意图在他于 1257 年下达给手下将军的一份命令中表露无遗："前进到海岸，越远越好，把沿途的那些国家从法兰西和英格兰的黄口小儿手中抢过来。"[5]阿卡曾拒绝响应海屯一世加入蒙古大军的号召。当年这座城市就收到直截了当的劝降。在此驻扎的军事修会做出了毫不妥协的决定："那就让这些鞑靼人——塔耳塔罗斯（Tartarus）① 的恶魔们——尽管放马过来吧，他们会发现基督的仆人们已经安营扎寨并准备好大战一场了。"[6]1260 年 2 月，旭烈兀的将军怯的不花专横地命令拆除这座城市的城墙。阿卡的领导层对此置之不理并强化了防御设施，为了寻找合适的建筑材料甚至将城外公墓的墓石都掠为己用。蒙古人实在没有理由对阿卡会自愿臣服或结盟感到乐观。亚美尼亚和安条克都被降格到封臣的地位。当西顿的领主没能约束属下发动了一次袭击后，蒙古大军予以报复，洗劫了该城并将其夷为平地。蒙古人对其他势力根本就不屑一顾。求援信立刻发往欧洲，这不仅仅是出于对蒙古人的
45 恐惧，更是出于希望：在穆斯林势力衰退以及蒙古人的注意力被埃及吸引之际，可能会存在着扩张势力的机遇。求援信内容如下：

> 我们充分相信，蒙天主襄助，如果那些自认为是基督徒的人能迅速而有力地支援我们，耶路撒冷以及耶路撒冷王国全境将会轻易被收复，因为大部分撒拉森人现在已不

---

① 在希腊神话里是地狱的代名词。

> 复存在。至于鞑靼人，如果他们遇到拉丁人的抵抗，我们相信，只要他们担忧自己遇到的抵抗越多一分，那么他们就会越早地将自己浸满鲜血的利剑入鞘。[7]

但是没有任何十字军冒险行动因此发动，阿卡将自身置于一场充满怀疑和等待的游戏中。

当蒙古人的打击降临时，十字军诸国不过一群围观者罢了。1260 年初，蒙古使者们带着一个令人熟知的消息来到了开罗：

> 东方与西方诸国的万王之王、蒙古大汗，致函东躲西藏、逃吾剑芒的马穆鲁克首领，忽都斯。
>
> 你应当考虑一下其他国家的遭遇……然后归顺我们。你已经听说我们是如何征服了一个幅员辽阔的帝国，如何使那片乱象丛生的大陆焕然一新。我们开疆辟土，杀人无数。军威恐怖，让你无处可逃。你能逃往何处？何路堪使，助你窜逃？我们的骏马轻灵迅捷，我们的弓箭无坚不摧，我们的刀剑快如雷电破空，我们的心志坚如巍峨群山，我们的士兵多如漫天黄沙。兵戈难挡、城堡无阻，纵使祷告真主，也奈何不了我们。泪水打动不了我们，哀歌也感染不了我们。只有摇尾乞怜，才能饶你性命。
>
> 速速回信，免得战火烧身……胆敢抵抗，那就等着大
> 祸临头。我们将会把你们的清真寺夷为平地并将你们真主 46
> 的羸弱不堪公之于世，然后将杀光你们男女老少。
>
> 目前，你是我们唯一需要讨伐的敌人。[8]

此时，忽都斯掌权才三个月。虽然他的政权还不稳定，但是他的回应却毫无转圜余地。他将蒙古使者们砍成两半，悬首城门。他准备寻敌决战而非坐守待围。巴格达的教训记忆犹新。

即便忽都斯尽其所能地招兵买马，他的军队在人数上也处于一比十的劣势，但是运气却站在他这一边。在前一年的8月，蒙古大汗蒙哥的驾崩，昭显了蒙古帝国的一处结构性缺陷。每一次大汗位继承的争夺战都不可避免地需要为首的汗王们返回中亚。当死讯传到身在叙利亚的旭烈兀那里时，他决定将为数大约10万的主力部队撤回，大将怯的不花率领1.1万人左右的部队留守。在写给路易九世的一封信中，旭烈兀宣称自己将主力部队以及数以万计的马匹撤回是出于后勤需要。叙利亚北部的饲料已经用尽，而蒙古人的习惯就是在夏天撤往气候更温和的地区。蒙古人一旦越过幼发拉底河就处于用兵的极限，这种可能性是马穆鲁克日后将善加利用的弱点。

蒙古大军在深入叙利亚的时候迫使很多穆斯林难民和阿尤布王朝的士兵背井离乡，他们现在集结到忽都斯的帐下听命。这其中就包括拜巴尔和巴赫利亚马穆鲁克军团，十年来他们在群雄割据的叙利亚不停地转换阵营，身经百战、久经沙场。他们的冒险经历中不乏奔袭入侵埃及本土之举。巴赫利亚军团因为他们的首领阿克泰被刺一事与忽都斯积怨已久，但大敌当
47 前，两方的分歧暂时被搁置一边。蒙古人的威胁使这些往日的对手结盟。忽都斯对拜巴尔的安全通行予以保证，后者率领手下的马穆鲁克来到开罗，面对即将到来的狂风暴雨。他的部队成为深受欢迎的增援。

1260年7月，兵力约为1.2万人的埃及军队出征，其规模可能要比怯的不花的军队稍微大一些。埃及军队的组成包括

马穆鲁克小队、埃及本土士兵和难民征召兵。忽都斯在沿海平原上朝阿卡方向进军时，决定寻求基督徒的合作。阿卡城内，何去何从引发了激烈的讨论。很多人都倾向于支持忽都斯。蒙古人对西顿的洗劫及其不知餍足的威胁让基督徒们忧心忡忡。忽都斯是六年里埃及的第三个苏丹，没有理由认为他能成为一个持久的威胁。此时，基督徒还很难将这个最近才冒出来的统治者与那些容易相处的阿尤布王公加以区分，而后者曾是有价值的贸易伙伴。与忽都斯联手也可能会缓解蒙古人带来的压力。然而，条顿骑士团的大团长汉诺·冯·桑格豪森（Hanno von Sangershausen）却言辞激烈地反对任何形式的合作，并最终说服当局拒绝了此事。用基督徒的生命去冒险是不明智的，而且，在穆斯林取胜之后，忽都斯可能会将目光转向他们；更好的策略就是保存实力，坐山观虎斗。

基督徒可能选择了中立，但为了防止有所损失他们两面下注，允许忽都斯安全通过他们的领土。这使他在经过基督徒领地时不必担心受到攻击。一连三天，埃及军队在城墙外的果园宿营，并得到了补给。城里的气氛紧张不安。一些身居显位的埃米尔进入了阿卡城并达成了某种协议。根据基督徒方面的史料，这些高官之中有“一位叫本多卡（Bendocar）的伟大的埃米尔，后来成了苏丹”。[9]阿拉伯方面的史料则宣称拜巴尔伪装成一名间谍，获取信息以图将来有机可乘。在阿卡城墙外扎营期间，忽都斯向他手下日渐踌躇的各个分队（现在他们对蒙
古人的力量愈发恐惧）发表了慷慨激昂的演讲，以激起他们 48
的勇气：伊斯兰教的未来在微妙的平衡中命悬一线。拜巴尔被派去打头阵，与先锋部队一起去侦察敌军的部署。

1260 年 9 月 3 日，忽都斯和他的军队在阿卡东南方 30 英

里处与蒙古人相遇，此处名为阿音扎鲁特（Ayn Jalut，“歌利亚之泉”），据说大卫就是在这里手刃了那位巨人，这一地名对于一场在世界历史上被断言为具有划时代意义的大战来说恰如其分。两军布阵情况相似，中军都是由盟友军队以及不可靠的仆从军支持。这是一场突厥 - 蒙古骑兵弓箭手分队之间的对决，双方都是来自欧亚大草原，采用的战术也大体相同：马队突击、佯装撤退、机动包围。拜巴尔率领前锋直冲蒙古大军，时而前进，时而后退。蒙古人有两次机会差点儿击败忽都斯的军队。当战斗进行到最高潮时，形势变得极为险恶，忽都斯脱下头盔，让手下的士兵看到自己的面容并大喊道：“啊伊斯兰，啊真主，请助你的仆人忽都斯反抗蒙古人吧！”[10]随着马穆鲁克分队的红黄战旗集结起士兵，他得以止住己方溃退，重整阵容，并重创敌军。怯的不花在战斗最激烈的时候被杀，蒙古人惨遭屠戮。那些侥幸逃脱的人被拜巴尔紧追不舍并再次被击败。

这不是蒙古人遭受的第一次失败，他们在叙利亚的野心也并没有终结。他们的失败在于一支规模相对较小的军队很不明智地低估了与自身相似的对手。旭烈兀认为这不过是一场地区性挫败，打算挽回局面。马穆鲁克还不曾面对过蒙古军事力量的全力一击，但蒙古人下一步的还击不可避免。然而，这场胜利自有其不可预料的结果。忽都斯的集结呐喊预示了这群来自亚洲大草原、讲着突厥语的游牧民族有能力统一伊斯兰世界。阿音扎鲁特之战赋予这群外来户以声望及合法性。

但忽都斯注定不会品尝到胜利的果实。大概是他对手下的
49 高级埃米尔们做出了过于慷慨的承诺——包括将阿勒颇的总督

权许给拜巴尔——却无法履行。阿音扎鲁特一战过后，忽都斯所代表的马穆鲁克派系与巴赫利亚军团之间的信任危机再次出现，后者从未忘记忽都斯刺杀阿克泰的宿仇。现在很可能是谁先出手的问题。在穿越沙漠返回开罗的路上，忽都斯下旨让大军停下，并进行他最喜爱的猎兔运动。他在手下埃米尔们的陪同下转入另一条道路。当野兔被抓到时，巴赫利亚军团看似开始行动了。关于这一事件，最贴近真相的版本是这样描述的：拜巴尔接近苏丹，好像有事相求的样子，并上前去亲他的手。这是一个信号。拜巴尔牢牢地抓住忽都斯不让他拔出武器来，另一位埃米尔用利剑刺中了他。忽都斯最后死于乱箭之下。拜巴尔并非单独行动，也不是最有可能先下手的那一个。正如图兰沙的刺杀案一样，史学家很可能出于对拜巴尔的偏袒而改写历史。在随后于埃米尔之间开始的选举过程中，拜巴尔宣称他应当排在首位，因为是他打倒了忽都斯。尽管马穆鲁克苏丹的地位取决于首要埃米尔们组成的支持者同盟，但拜巴尔即将开始建立起不受束缚的个人统治。

从阿卡的角度来看，忽都斯的遇刺看起来不过是伊斯兰世界内部紊乱（他们乐于看到这种状况）的又一表征罢了——一个又一个统治者倒在血泊中，留下四分五裂的小王国。基督徒由此大感欣慰：蒙古人大败，伊斯兰世界又依然保持分裂状态。他们所不知道的是，随着拜巴尔的崛起，一个新的突厥王朝将会一统中东的伊斯兰世界，并毫不妥协地承诺要进行萨拉丁时代之后就再也没有发动过的圣战；他们也不知道，蒙古人尽管又发动了数次侵袭，却永远不会有足够的意愿重返叙利亚、制衡拜巴尔，或是为阿卡创造出可以挑拨两虎相争、从中

50 渔利的局面。对阿卡尤为不利的是，蒙古人引起的混乱以及马穆鲁克的崛起都带来了严重的经济影响。随着巴格达化为一片废墟，过去曾经以阿卡和的黎波里为终点的远程贸易线向北移动。经济繁荣的光辉时代一去不复返，海外之地的领主们也不再富有。越来越多的领主将自己的城堡及领主权或是出租，或是卖给军事修会，后者将成为基督教在圣地唯一可行的守卫者。而拜巴尔将会慢慢挤压他们的生存空间，直到令其窒息。他潜入阿卡侦察的秘密行动将会派上用场。

拜巴尔本人永远不会忘记一些基督徒曾向蒙古人效忠，也不会忘记阿勒颇的大清真寺被烧成焦土。剩余的十字军国家很快就将发现他们要面对一个稳定团结的伊斯兰王朝，以及拜巴尔这个不屈不挠的敌人，后者将会统治十七年之久。新苏丹据说身材矮小、胸部宽阔且声音洪亮。在他那一对蓝眼睛中，有一只眼中有一个不寻常的白斑。他第一次被变卖为奴时只卖出了一个低价——一位买家立刻就将他作为变质物品退货给卖家。据说他的眼中带有一丝邪恶。他也很少眨眼。

第四章　埃及狮王

1260—1269 年

一百五十年以来，中东的伊斯兰世界在面对蛮不讲理闯入巴勒斯坦海岸的法兰克人时，由于内部的四分五裂而无法团结一致，除了萨拉丁统治的时期算是少见的例外。阿尤布王朝的统治者可能谈论过圣战，但只是嘴上说说，少有实践，而与欧洲进行长途贸易所带来的物质利益却凌驾于任何想要结成统一战线进行圣战的号召之上。更有甚者，十字军国家早已在大体上被吸纳进联盟与调停模式之内，这种模式在巴勒斯坦和叙利亚大行其道。随着拜巴尔及其所属的来自亚洲大草原上的突厥民族的横空出世，世道也随之改变。

拜巴尔属于皈依伊斯兰教的第一代突厥人，他曾在曼苏拉浴血奋战，救埃及于水火。在 1260 年 10 月返回这个国家时，他带来了更强硬的意识形态：恪守他对一位正统逊尼派哈里发的承诺，将埃及与叙利亚统一在战争的大旗之下。随着蒙古人

52 带来的毁灭，伊斯兰世界被逼到了崩溃的边缘。他现在开始团结穆斯林民众，力抗东方与西方的劲敌——蒙古人和法兰克人。他心无旁骛、独断专行且又如同苦行僧一般打造出一个新的伊斯兰帝国。

他抵达开罗后所遭遇的是一片惊恐不安。这座城市的人民原本期待看到忽都斯在一场高奏凯歌的队列中入城，不想却面对了又一轮腥风血雨，不到一年的时间里苏丹之位再次易手。对于正统的伊斯兰世界来说，突厥人是外来者——潜在的篡位者——而拜巴尔正是通过暗箭伤人和操纵选举而上位的。这里的人民胆战心惊，唯恐一切又回到13世纪50年代，马穆鲁克在那时给开罗街头带来了混乱、暴力和恐惧。拜巴尔迅速行动起来以平复他们的疑惧。他减税降费，并着手把自己塑造为一个合法的逊尼派统治者形象——萨拉丁和阿尤布王朝的继承人。他上马虔诚的宗教工程——兴建清真寺、创造就业机会，并且在饥荒的时候赈济灾民。他修复了耶路撒冷的岩石圆顶（Dome of the Rock）清真寺和阿克萨（al-Aqsa）清真寺，以及开罗荒废已久的大阿扎尔（al-Azhar）清真寺，并认真地培养宗教阶层。他目光远大，同时又冷酷无情。他采取手段使自己在刺杀事件中的同谋被边缘化，拆除了忽都斯的陵墓以防那里成为圣地。他通过文字和图像向世人的心中投射自己的个人崇拜。他的纹章符号即狮子，出现在硬币上和公共建筑——大门、堡垒和桥梁——的正面。这头狮子举起右爪，作势欲扑，或者是做出用爪子碾碎一只受困老鼠的举动，而老鼠喻示伊斯兰教的敌人。

拜巴尔扮演起一位虔诚的逊尼派穆斯林领导者的角色，恢复了逊尼派哈里发的世代相传；末代哈里发已经在巴格达被

杀，但拜巴尔轻而易举地就找到了他的一位后代，并向其宣誓
效忠。这位哈里发也投桃报李，在庄严的仪式上册封拜巴尔为
普世苏丹。头戴阿拔斯王朝哈里发的黑色头巾，身着紫罗兰色
长袍，被受赠旗帜、宝剑和盾牌，拜巴尔承诺要征收公正的税
负，重塑哈里发的古老荣耀，并发起圣战。在当时阿拉伯历史 53
学家的笔下被称为突厥苏丹国的政权也因此被赋予了合法性。
不久之后，这位哈里发便受到怂恿，带上一支小部队开始了收
复巴格达的自杀性使命，结果很快就被蒙古人不费吹灰之力地
消灭。接任的哈里发实际上是一个傀儡，而后哈里发的延续便
将渐渐与马穆鲁克王朝的苏丹传承融为一体。

建设一个军事化强国是拜巴尔的头等要务，他雷厉风行地进行着这项工作。第一步是加强埃及的防卫。此前路易九世发动的十字军东征令人刻骨铭心，沿海要塞、瞭望塔楼以及疏浚体系都破土动工，以确保尼罗河有充足的防御工事，而下一步就是将大马士革以及其他城市被蒙古人夷平的城墙重新修建好。充实马穆鲁克军团少不了军事奴隶的输入，这就需要来自黑海那边的定期船运；从 13 世纪 60 年代起，身为基督徒的热那亚人承担起这项任务，他们所提供的这些人力资源将注定在今后岁月里与他们的教友为敌。

与此同时，拜巴尔着手对军队进行结构性改革。奴隶身份的马穆鲁克说的是突厥语，主要在他们的军官指挥下行动，以本族语言交流。拜巴尔建立起一支由大约 4000 名马穆鲁克武士组成的核心部队，其中的一些是他直接管辖的精英部队，其他的则由他手下的埃米尔统领。另外还有一支出身自由民的骑兵部队。与这些部队并肩作战的就是步兵，主要来自叙利亚，除此之外还有一些训练不足的志愿兵。尽管他的敌人经常高估

马穆鲁克军队的总体规模，拜巴尔还是能够为特定的战役行动召集起多达 4 万名作战人员的部队。

此外，他还悉心培育军事训练机构，新建了两座练兵场（maydans）①，用作士兵们练习军事技能和增强身体素质的竞技训练场地。马穆鲁克在这里练习射箭、击剑以及使用狼牙棒和骑兵长矛进行战斗等科目，还有格斗和模拟骑兵决斗训练——尤其是对短轴距、弯曲性好的复合弓的运用——无论是下马还是在马背上。训练有素的弓箭手应该具备在 1.5 秒的时
54 间内射出 3 箭，并在 70 米远处射中 1 米宽的目标的能力。马穆鲁克还使用了数目繁多的燃烧类武器，并且在射击比赛中训练他们的骑兵。在训练过程中，马背上的机动动作将这些武器的运用包括在内，以提高骑手的技能并使他们的坐骑养成不受噪音和火焰惊扰的性情。

为了统一埃及和叙利亚，拜巴尔开始系统性地削弱或摧毁独立的阿尤布小诸侯，并通过一个非凡的通信网络将他的苏丹国最远处连接在一起。他建立了一个高效的邮政系统，包括快马骑手、中继驿站、配套服务和烽火信号塔，并架设桥梁为部队调遣和信使往来提速。情报搜集工作是他进行国家建设的重中之重——他总是以快速反应的能力让对手大吃一惊。他的驿使直接向他报告，待遇优厚。他们从大马士革向开罗传递信
55 息，信使能够在四天之内走完 600 英里的行程。只有他本人才能开启并阅读这些信件，无论白天黑夜他会第一时间予以回复。有一次，旁人观察到“当他还在帐篷里沐浴的时候，从

① 原文为 maydan，但查无此词，疑为 maidan（广场、空地的意思）的误写，在此根据语境将其译为“练兵场”。

马穆鲁克骑兵训练：一名骑兵挥舞着狼牙棒，另一名骑兵在策马狂奔中瞄准一个目标

大马士革来的信使刚好抵达。苏丹没作片刻等待，也没有给自己寻找衣物来遮蔽裸露身体的时间，就已将这封信读完”。[1]四天之后他的回信便已传递回大马士革。

拜巴尔既是苏丹又是军事统帅，他夙兴夜寐，朝乾夕惕。纵观其十七年的统治生涯，他从马鞍上治天下，驰骋 7 万英里，历经大小 38 场战役，其中 21 场是与法兰克人对决。甚至在严冬时节，他也能兴兵作战。他行事诡秘，就连麾下最忠诚的埃米尔也因其变幻莫测的行踪而烦恼不安；他隐姓埋名，在自己治下的城市街头微服私访；他守口如瓶，出师讨伐从不提前泄露目标。出奇用诈是他作战的制胜法宝。如果说作为一个突厥血统的篡位者，他要与本土民众保持距离、高高在上的话，他手下的埃米尔也感觉到他们被时刻监视，他的敌人们也会一直猜测。停火协议从来都只能暂行一时，一旦形势需要，立刻就变为一张废纸。这样一位躁动难安、精力充沛、控制欲极强的人物，对忠勇虔诚之士不吝赏赐，同时又大兴酷刑、杀一儆百——刺瞎双目、钉尸十字架以及腰斩——营造恐怖气氛，驯服官吏平民。

外部威胁是独裁统治的正当性理由；拜巴尔的政策全部都是以与蒙古人和法兰克人发生战争的可能性作为架构而制定的。安条克和亚美尼亚帮助蒙古人的举动引导他认定所有基督教王国都是敌人，而且他对西方发动新一轮十字军东征的可能性保持警惕。蒙古人入侵的威胁在 1260 年后迫在眉睫、令人忧虑，但是由旭烈兀发起的大规模入侵从未发生。蒙古帝国已经扩张到其地理极限，开始分化离散。旭烈兀作为美索不达米亚（Mesopotamia）地区的大汗，与其邻近的蒙古汗国，也就是金帐汗国（Golden Horde）的大汗别儿哥（Berke）一直不
56 和，后者作为一位伊斯兰教皈依者，因为巴格达毁于蒙古人之手而大发雷霆。到了 1263 年，两个汗国正式开战。拜巴尔得以与别儿哥汗建立良好的外交关系，从而将中东伊斯兰世界的一大威胁消弭于无形。拜巴尔放眼西方，他注意到罗马教廷正在向蒙古人提出外交建议，于是他也与教皇的对头——西西里的统治者霍亨施陶芬家族（the Hohenstaufens）——殷勤往来，随后又与霍亨施陶芬的敌人拜占庭皇帝建立联系，因为运载来自黑海的军事奴隶的货船不得不经过后者控制的水域。

到 1263 年为止，拜巴尔已经巩固了他作为埃及和叙利亚苏丹的地位，并且让军队做好了对法兰克人采取行动的准备。

训练、士气和纪律至关重要。他命令士兵们必须确保自己的装备齐全：每个人都负责自备盔甲。大马士革的武器市场空前繁荣。为了确认自己的命令得到服从，拜巴尔举行了一场检阅，让麾下军队的各团组在自己面前鱼贯而过，以确保士兵们没有交换装备。在这些军事动员中，圣战精神尤为突出，话语口号毫不妥协：这些部队收到命令，“要消除所有回避圣战的借口”。[2]他禁止酿造和饮用啤酒，并且威胁要将那些胆敢酗酒的作奸犯科之徒吊死。

然后拜巴尔开始了一系列打打停停的作战行动，震慑敌对势力并削弱十字军在萨拉丁统治时期幸存下来的零星领土（雅法、凯撒利亚、阿卡和的黎波里），但是他的怒火直指安条克和的黎波里的统治者博希蒙德六世，以及亚美尼亚国王海屯一世，因为他们曾经支持蒙古人。拜巴尔发起的是非对称战争——一种围城战与袭扰战的奇怪结合体。他的军队会突然出现，在城郊乡间大肆破坏，在城堡墙外举旗炫耀一番然后又迅速消失。他运用这些战术来施加政治压力，胁迫敌人同意有利于己方的条约和妥协条件，以及给敌方造成经济损失。目标总是被隐藏起来，动机也秘而不宣。蒙古人提供了一个方便的正 57
当理由。几乎每年都有他们越过幼发拉底河入侵的传言，造成一片风声鹤唳，不过传言却很少成为现实。但为了安全无虞，叙利亚北部的牧场被定期焚烧，不给蒙古骑兵留下因粮于敌的机会。蒙古人将一无所得。他们的威胁使得攻击十字军国家既合情理，又势在必行。

拜巴尔对黎凡特地区贸易的优势不屑一顾，尽管正是这些好处诱使阿尤布王朝与法兰克人合作。他采取鼓励措施将贸易路线重新导向埃及。在此期间，尽管穆斯林在加沙以北的地中海海岸上没有任何港口，但他想方设法使一些法兰克人控制的港口为自己所用。当法兰克势力沿岸港市中最靠南的雅法向他屈服时，他利用这座港口进口谷物以救济饥荒。当其不再被需要时，雅法就被摧毁了。在一些地区，阿尤布王朝曾明确地将当地基督徒视作受保护的少数群体，如今较大程度上的排斥心理却普遍存在。拜巴尔没有忘记大马士革陷落于蒙古人之手时基督徒们的庆祝活动。他采取了带有惩罚性质的行动，封锁了去往耶路撒冷的朝圣之路。拿撒勒的圣玛丽（St Mary）教堂被认为是天使报喜（Annunciation）① 的原址，地位尊崇，拜巴尔命令他的部队将其夷为平地。

他施诸阿卡的压力使得十字军诸王国愈发惊恐，他在前往阿音扎鲁特的途中曾秘密进城侦察，如今这座城市频繁受到他的光顾。1263 年 4 月，他的军队突然于城外出现并攻击了该城的一些外围防御工事。激烈的战斗迫使守军回撤。一位阿拉伯编年史家留下了一段生动却可能有所偏袒的描述：

> 法兰克人溃不成军地撤向阿卡，穆斯林将周围的塔楼和城墙焚毁，砍倒树木并将其果实烧尽，除了烟雾滚滚、尘土灰云、刀光剑影和矛尖闪耀之外，什么都看不到。穆斯林大军纵马驰向阿卡城门，追杀掳俘……剩余的法兰克
> 58 人在那时匆忙赶往城墙各处的城门并守卫它们。他们所有人都在一起大喊进攻“关上城门！关上城门！”，生怕下一波进攻降临在自己身上。与此同时，苏丹正站在泰尔山（Tell，附近的一座山丘）的最高点面向阿卡一侧，分赐

① 在基督教典籍中指天使加百列奉告圣母玛利亚她将诞下圣子耶稣一事。

礼品、封官许愿。[3]

然后，正如来得突然一样，拜巴尔撤得也突然。这并不是一种以占领城市来发动联合攻击的企图，而更像是一种弱化策略，扰乱农业作业，使对手处于紧张状态。每当他的军队有所移动，焦虑便开始在海外之地扩散。阿卡几乎年年都受到这种方式的袭击，它的果园产业被连根拔起，粮食作物也被焚烧殆尽。拜巴尔 1265 年重返阿卡，1266 年再一次出现在附近。1267 年 5 月，他的军队悬挂着圣殿骑士团和医院骑士团的旗帜，通过骗术一路直驱城门。他将还在田地里耕作的农民打了个措手不及，捕捉并杀害了其中的 500 余人。1269 年他又来了一次。

这类袭击往往是转移注意力的插曲，旨在分散敌军兵力，为更重要的针对十字军城堡的大规模作战行动服务。1266 年奔袭阿卡只不过是那一年为数不少的佯攻之一。拜巴尔拥有的军事资源使他有能力同时派出突击部队，对推罗、西顿和条顿骑士团位于蒙福尔的城堡发动攻击，在基督徒守军的眼中布下迷阵，而他的主力军队则在此期间围攻采法特的圣殿骑士团城堡。类似这种袭扰，的黎波里和安条克在 13 世纪 60 年代都各自经历了三次。1270 年，医院骑士团的要塞骑士堡（Krak des Chevaliers）①，即十字军时代以来所修建的最强大的城堡，由于其外围农业经济区域被毁弃而大为弱化。拜巴尔正在烧掉最后的十字军国家的经济基础。阿卡的农业用地所遭受的破坏是

① 当今世界上现存的最重要的中世纪城堡之一，被评为联合国世界文化遗产，2013 年在叙利亚战争中虽被多枚炮弹、炸弹直接命中，但主结构并未遭受严重破坏。

如此严重，以至于穆斯林作家被迫为这种破坏寻找宗教方面的
正当理由。在的黎波里的周边地区，他摧毁了历史可以上溯至
罗马帝国时代的灌溉管道和引水渠。这种毁坏良田沃土的焦土
59 战略抑制了敌国发展，使其士气低落、经济凋敝，给巴勒斯坦
和黎巴嫩沿海地带留下的创伤持续了数百年之久。

法兰克人无法自救。由于没有能力投入足够的兵力，他们不敢冒险进行野战，于是便诉诸以牙还牙的反击战——既缺乏战略前瞻，又不能协同一致。在 1263 年的袭击战过后，双方勉强达成停火协议。这并没有阻止圣殿骑士团和医院骑士团作为独立自主的实体在两个月后发起又一轮突袭。随后不久，一小队急于有所作为的法国部队抵达阿卡。他们立刻就袭击了附近的穆斯林村落，抢掠平民家畜，火烧民居。拜巴尔是带着战略意图执行这些战术的，而基督徒这些互不协调的盲动除了释放压抑已久的挫败感之外，毫无清晰目的可言，只会疏远当地的穆斯林民众并激怒拜巴尔。

十字军诸国根本没有能力采取联合行动。每个国家都与马穆鲁克签订零散的协议，以求喘息片刻，往往还得接受不利条款。当阿卡试图与拜巴尔安排交换俘虏时，医院骑士团和圣殿骑士团再次双双拒绝参与其中，因为他们持有的俘虏都是熟练的工匠，如若交换则代价太过高昂。这种行为使他们招致基督教同袍越来越多的非议，被认为是自私自利的表现，“他们本应当执行这次交换，看在上帝的分上，理应拯救那些可怜的基督徒奴隶”[4]——这对他们来说是一种严厉的批评意见。但是如果事关己方内陆城堡的周边领土控制权，骑士团与拜巴尔达成各自协议的现象也屡见不鲜，而法兰克贵族们却也有能力做出破坏这种协议的鲁莽之举。所有这一切使得突厥苏丹国获得了

更广泛的支持，并且进一步强化了拜巴尔自命为逊尼派苏丹和解放者的合法性。

然而，基于实力的话语要比外交上的巧舌如簧更为响亮。拜巴尔对于自己开出的条件可以随意挑选。1267 年他拒绝了阿卡的停战提议，而此时医院骑士团的大团长却签订了一份含羞忍辱的协议，以十年为期，换取对方不再进犯他们在黎巴嫩 60
的城堡，而苏丹则有权在他乐意的时候废止这项协议。拜巴尔经常以微小的技术性违约或仅仅是未经证实的指控为由，取消与法兰克诸国签订的停战协议。

对于拜巴尔来说，地中海沿岸的法兰克人定居点在战略上意义重大。它们威胁着从开罗到大马士革的直接路线并且占据了最好的农业用地。一连串的城堡坐落在巴勒斯坦、黎巴嫩和叙利亚北部的群山之上，居高临下地主宰着这片地区。从那里它们控制着周边领土，然而现在它们再也无法构成一套连贯的防御体系；相反，它们不过是由各自为政的封地拼凑在一起的大杂烩，而这些封地又归属于各大军事修会和法兰克贵族。随着十字军对领土的控制力因萨拉丁发起的一系列战役而减弱，这些城堡的重要性与日俱增。哈丁发生的灾难使法兰克人的热情骤减，他们不愿与穆斯林军队在大规模野战中较量。在 13 世纪，军事修会日渐成为唯一拥有资源进行大规模兴建或改造城堡的实体。它们投入重金、煞费苦心，以营造出精密复杂的同心圆式堡垒群，其防御特点是将进攻一方暴露在密集的反击火力之下，减缓工兵和攻城武器的运作速度。在阿卡的南面，圣殿骑士团在高耸于海面的一处海岬上建造了坚不可摧的多面堡群——朝圣者城堡（Chateau Pèlerin）；在山谷上方 180 米处一个难以接近的断崖之上，条顿骑士团的总部——蒙福尔城堡拔地而起；在叙利亚北部，医院骑士团在一次地震后将骑士堡改造成海外之地最难以对付的城堡。这些要塞群弥补了人手的不足，并允许小股守军支配周边地域，震慑当地居民和可能的攻击者。

这些城堡的弱点在于拜巴尔的消耗战使它们日益孤立。现在，随着埃及与叙利亚的重新统一，以及拜巴尔的军队较高的战备程度，苏丹感觉可以腾出手来认真对付这些分离的封地以
61 及它们的城堡。马穆鲁克的传统战斗技巧是以骑兵战术起家，但是从 1265 年起，他们有效利用了攻坚战的技术，并最终借助这些技术将法兰克人驱逐出圣地。他们继承了早期伊斯兰王朝的攻城技术，但是在拜巴尔的领导下，他们培养出运用复杂技术和满足后勤需求的能力，能够包围并且攻取要塞，而这种能力远远超过了他们的前辈。从 1265 年秋季开始一直持续到 1271 年的一系列攻城战，摧毁了十字军国家大部分的军事实力。

开战的借口源于蒙古人扬言要进攻叙利亚北部。随着拜巴尔紧急召集军队去拦截并袭扰蒙古侵略者——这一过程因其便捷的信使网络而加快——他认为法兰克人现在已从他当初进军阿音扎鲁特时的中立立场转变，向蒙古人通风报信，泄露了马穆鲁克骑兵因季节缘故而分散各处的情报。快速动员阻止了蒙古人的大规模进犯，但是这件事给一直密切观察对手动向的拜巴尔敲响了警钟，使他注意到了（法兰克人与蒙古人）结盟的危险。他给雅法的司厩长（Constable）① 写信，抱怨法兰克

---

① 司厩长的官职起源于罗马帝国，最初是管理马匹的官员，后来在中世纪欧洲演变成负责国王的军械保管及维护的官员，再后来变为军队的重要指挥官甚至总司令。这与中国古代的官职“司马”演变历程类似。

领导者们“犯下了诸多错误，有负于我，例如他们写信唆使蒙古人进攻我的领土”。[5]

拜巴尔的第一批目标是巴勒斯坦南部海岸线上的两座城市：凯撒利亚和阿苏夫。马穆鲁克将诸多资源和手段引入与十字军的战争之中，这些资源和手段在他的运用下大显身手：布设骗局、罔顾条约、专精技术、深谋远虑、鼓吹圣战以及压倒性的人力资源。他以举办猎狮活动为幌子，侦察了这两座城市的防御工事。与此同时，他开始就地砍伐树木以提供制作攻城武器所需的木料，下令让一支由熟练的石匠、地道挖掘工和工程师组成的工兵部队开赴前线。石弹已准备齐全，之前集结好 62
的部队也投入制作云梯的工作中。由预制构件组成的攻城器械也在大马士革赶工，这些器械在完工后可以被拆解并由驼队运输或人员携带。

2 月 27 日，拜巴尔的军队毫无征兆地出现在凯撒利亚的城门前，将其团团围住并发起进攻。历史记载对苏丹本人亲自参加战斗的行为不吝溢美之词：军队的士气需要苏丹出现在能被看得到的地方。凯撒利亚的居民完全被打了个措手不及，外部城墙的占领显然是巧妙的即兴之作，而云梯则没派上用场。如同登山者将岩钉敲入山体的岩壁一样，“通过使用铁质的马掌钉、拴链和缰绳攀附在城墙上，他们从四面八方爬上城墙并在那里竖起他们的旗帜。城门被焚毁，这座城市的防御工事也被破坏殆尽”。[6]凯撒利亚在一周后投降，幸存者乘船驶向阿卡。拜巴尔随即着手将这座城市彻底摧毁；同时，他派出突袭部队不断袭扰阿卡（以及其他各处），以分散基督徒的兵力并阻止可能的救援。当一个基督徒代表团被派来质询这次攻击的原因时，他们受到的热情接待打消了他们的疑虑，而苏丹却静悄悄地准备着下一步行动。

3 月 19 日，拜巴尔离开了凯撒利亚。两天后他的军队再次出人意料地出现在南面 25 英里海岸处的设防城市阿苏夫附近。对于拜巴尔来说，一纸协定只不过在他想使之成为协定的时候才有效。1263 年，他曾向医院骑士团抱怨对方强化阿苏夫防御力量的行为破坏了双方的协议。为了平息其怒火，医院骑士团遣使向他奉上礼物，从而得到这座城市不会遭到攻击的保证。而现在阿苏夫却遭到了攻击。

阿苏夫固若金汤，守军坚决抵抗，但是继而发生的攻坚战反映出双方在数量上的不对称，以及马穆鲁克所能动用的技术和资源日新月异。熟练的工兵进行了大量的坑道作业和壕沟挖
63 掘工作，尽管医院骑士团采取了同样专业的反制措施——点燃成桶的油脂并借助风箱使火势更旺以摧毁这些地道——但是围攻工程的规模之大使得攻方最终破坏了外部城墙的根基。马穆鲁克在阿苏夫城前部署了各式各样的投射—抛掷类炮兵，弩炮的轰炸强度相当可观。据说拜巴尔也亲自拉下了发射石弹的炮绳。宗教狂热则成为马穆鲁克动员和承诺的特征的另外一个因素。士兵们公开祷告，而拜巴尔本人也有一座随行的帐篷式清真寺。在拜巴尔的请求下，一个“由虔诚信徒、苦行者、法律学者和贫苦苏菲教徒”[7]组成的宗教团队出现在前线，以鼓舞将士们奋勇杀敌，为圣战献身。拜巴尔本人一直身处临近战斗的地方：

他时而……屈尊于战壕，时而冲锋在（敌人防线上）被撕开的缺口处，时而在岸边拉下投石机的炮绳并向法兰克人的船只开火……他会爬上掩体的上端以便从那里射

> 击，向所有人展示他所扮演的角色，命令他们发挥出自身力量，感谢那些值得赞赏的将士，并将象征荣誉的战袍授予那些做出功勋行为的优异人才……[8]

苏丹在阿苏夫城前的身先士卒，他所展现出的精力和个人勇气，在随后进行的战役行动中鼓舞了士气并提供了动力。

准备好最后的总攻——冲击城墙、夺取外城，然后以狂暴的弩炮轰击和漫天箭雨迫使内城城堡屈服——用去了五周时间。4 月 29 日，城堡的外堡场由于地道破坏或是轰击所致而崩塌。拜巴尔提出了保证守军生命的劝降条件，守军接受了。他们无法通过海路逃离：港口太小并且位于拜巴尔炮兵的火力射程之内。与凯撒利亚的遭遇一样，这座历史可追溯至古典时期的城市被拆毁，此后再未有人定居。

5 月 29 日，拜巴尔在一场入城仪式中进入开罗。在他的 64
队列里，阿苏夫的法兰克俘虏们也一同随行，他们脖子上挂着破碎的十字架，他们的旗帜也被倒转过来。而后，拜巴尔不失时机地对这次征服的宣传价值大加利用。对于雅法领主让·德·伊贝林（Jean d'Ibelin）而言，十字军贵族们很快就会熟悉这种气势汹汹的恫吓：

> 我们绝不容忍任何压迫：如果有人侵占了（我们的）一块土地，我们就会占领一座巍峨的城堡来代替这块土地，而如果掳走我们任意一个农民，我们就会抓来一千名全副武装的战士。如果他们毁坏了一座房屋的墙壁，我们就会摧毁数座城市的城墙。仗剑在手，杀伐由我；持辔在握，驭马由缰。一手割敌颈，一手潜门廊（宫阙之内）。

> （与我）妄起边衅者必先有自知之明；贪（我）厚利者终将自食苦果（比如灾祸缠身）。[9]

阿苏夫之战中两方的数量对比极不匹配。守军所能召集的力量不过 270 名训练有素的医院骑士团骑士，再加上一些辅助部队以及市民们的从旁协助；而拜巴尔可以动用成千上万的兵力，除了那些熟练于制造和操作弩炮的专家之外，他的部队里还有工程师、石匠、地道挖掘工、木匠以及所有的后勤支援兵种。然而阿苏夫是一个防守严密的据点，入口处因其临海的位置而受到限制，并且由胸中有数的士兵把守。法兰克人对其高度精密的要塞化防御寄予厚望，以弥补人手短缺的劣势。但这些被证明还是不够的。

阿苏夫一战证明，马穆鲁克已经迅速掌握并完善了攻城技艺的各类要素。这一场围城战是随后海外之地所遭受的连续打击的原型，其中采用的各项策略屡试不爽：隐藏实力、缜密的
65 作战计划和后勤部署、宗教动员、鼓舞人心以及令敌人闻风丧胆的领导力，集中优势兵力，坑道作业与炮兵轰炸的有机结合，以及狂风暴雨般的快速猛击。在不可避免的形势下，这些围城战通常以守军投降告终，而很少会发生全方位进攻和大屠杀。拆除可能为新的十字军东征计划提供滩头堡的海岸设施已成为标准做法。迷惑性突袭和经济战是拜巴尔在其一系列战役中祭出的一大利器。孤立并分割出防守牢固的城堡，将其一个接一个地拔除则是另一大利器。在随后几年，拜巴尔步步紧逼，将法兰克诸国逼上绝路，而这两大撒手锏将一直发挥作用，直到 1291 年阿卡城墙前的决战。

大概就是在这一时期，拜巴尔在他的一系列尊号中加上了“蒙古人与法兰克人的克星”[10]这一称号。铭文中将他颂扬为当代的亚历山大，“战无不胜的君主，世界与宗教的柱石，伊斯兰教和穆斯林的苏丹，异教徒和多神论教徒的杀手，叛徒与异端的驯服者，两个世界①中正义的复兴者”。[11]

次年，也就是1266年春季，拜巴尔开始了他的下一场战役，大肆蹂躏的黎波里周边地区并出现在阿卡、推罗和西顿的城墙之外。然而这些袭扰不过是意图吓阻和迷惑敌军的次要行动，他的真正目标是圣殿骑士团的采法特城堡。这座城堡是基督徒在巴勒斯坦内陆的最后一个据点，而且其战略位置威胁到大马士革的交通线。在一个通常适用于基督徒要塞和城市的比喻中，它“对于叙利亚来说犹如肿块在喉，对于伊斯兰世界来说更是梗阻在胸”。[12]与此同时，拜巴尔还忙于建造跨越约旦河的桥梁以改善帝国境内的交通状况。这种袭掠模式起到了分散和惊扰敌军的效果，甚至他自己的指挥官们也晕头转向——他们随身携带着密封好的命令，对他的目标一无所知，直到最后一刻——在此期间，准备围城器械的工作也在大马士革紧密 66
进行。当他突然抵达采法特城墙之外时，一大批来自其他被抢劫地方的使节也迅速出现，寻求缔结协议并献上礼品。他们所有人都被打发走。推罗的统治者被指控违反条约，他的代表受到责备：“如果你希望我给予安全保障，那就把我的法兰克敌人从你们中间赶走。因为我们的誓言中有一条，那就是我的敌人就是你的敌人。”[13]

围攻开始的时间被定在斋月禁食结束的开斋节当天。他的

---

① 指的是世俗世界和神圣世界。

部队严格地执行着虔诚的宗教习俗：凡是喝酒庆祝的人都会被绞死。需要全心全意投入的热忱毫无商量余地可言。当第一次正面进攻在守军的坚决抵抗下失败后，拜巴尔以未竟全力的罪名将手下的四十名埃米尔关了临时禁闭。攻陷阿苏夫的围城技术渐渐发挥出威力，然后，他的军队突破外墙，守军撤入内城城堡并试图交涉投降条件。结局以带有争议的不同版本呈现——或是拜巴尔再次凭借自己的优势地位毁约，或是基督徒打破了自己的誓言。

守军原以为他们已经协商好了安全通行的协议，然而他们却被关押起来，原因是拜巴尔宣称他们因试图携带藏匿的武器离开而违反了协议。很明显，在十字军时代，穆斯林对各大军事修会深恶痛绝。圣殿骑士团的士兵们被押往附近的一座小山，那里是他们之前处决穆斯林囚徒的地方，然后全部 1500 人都被斩首。根据基督徒编年史家的记载，他们的遗体被留在那里作为一个冷酷的警告："他在这些遗体周围建起一道围墙，他们的遗骨和头颅也许仍然能被看见。"[14] 只有两个人幸存：一个会说阿拉伯语的亚美尼亚人，正是他参与谈判达成了协议（也有可能是他与敌人串通导致了圣殿骑士们的悲惨命运）；另一个被送往阿卡作为人证，告诉那里的人们已经发生的和将要发生的事情。拜巴尔进行的是你死我活的战争。如果对方不肯无条件投降，就不留活口。与之前那些失陷后即被摧
67 毁的沿海要塞的命运不同，拜巴尔分兵驻守采法特城堡并且对其加以改建，以守护通往叙利亚的道路。

1268 年，拜巴尔的战役再度打响，使用的是同样的战术和动员方式。3 月，他攻击了雅法，这座城市在其城主于 1266 年去世后变得脆弱不堪，陷入了灰飞烟灭的命运。4 月，这回

轮到了圣殿骑士团位于博福尔（Beaufort）的城堡，这座城堡位于黎巴嫩南部的一个悬崖之上。两场战斗之间还穿插着对的黎波里和阿卡的袭扰。这些战役中的每一场不仅扫除了大量的防御建筑，还诱使其他的小堡垒自愿投降，随之而来的还有妥协让步、绥靖进贡以及包含对其居民或守军日益不利的条款中的新条约。

但是拜巴尔最猛烈的怒火还是倾泻在了安条克，其统治者博希蒙德六世与蒙古人结盟的旧账仍旧让他耿耿于怀。苏 68
丹包围了这座人口密集的大城，其宽阔的外围大部分都有城

令人望而生畏的拜巴尔在他的帐篷里接见一位访客。从背景里，可以看得到他的军队长矛如林，军旗招展

墙保护。他要求全体居民每年都要上缴一个第纳尔（dinar）[1]的人头税——这是一笔巨款，但还没有超出他们当年上缴给蒙古人的金额。考虑到其防守面极为宽广而守军人数却不充裕的劣势，安条克对这一要求的拒绝显得很不明智。拜巴尔下达了最后通牒。守军没有回应。1268 年 5 月 15 日，他的军队突破城墙，攻占了这座城市。苏丹下令关闭所有城门以确保无人逃脱，然后便纵兵屠城并将其洗劫一空。成千上万的人被困在城里。没有被杀的人沦为奴隶，而这座城市的财富为他的战士们带来了丰厚的战利品。军队里的每个士兵都被赐予了一个奴隶；奴隶数量如此之多以至于市场上出现了供过于求的现象，奴隶价格也大幅下降。然后，大部分城区被付之一炬。

安条克，一座在《圣经》中具有重要意义的城市，在十字军的记忆中具有标志性的地位。它曾是第一次十字军东征通向圣地的门户。在历时八个月的岁月里浴血奋战，在胜算概率很小的情况下苦守初心，十字军最终近乎奇迹般地占领了安条克，为夺取耶路撒冷铺平了道路。但它仅仅支撑了一天就失陷于拜巴尔之手。这次沦陷之后，安条克再未恢复过往日的荣光。随着它的失守，圣殿骑士团的前哨据点也被一一抛弃，只留下了位于拉塔基亚（Latakia）的一个沿海小港。法兰克人在叙利亚的势力土崩瓦解。

博希蒙德六世在洗劫之日恰好离开了自己的首都，他后来收到拜巴尔的一封来信，祝贺他苟全性命。信中极尽嘲讽之能

---

① 源于罗马帝国的一种被称为 Denarius 的银币，随后其演变为金币的含义。

事，夹杂着恐吓与炫耀之词，勾勒出一幅幅末世劫难降临在异教徒身上的图像：

> 我们在斋月的第四个星期六（5 月 19 日）的第四个
> 时辰，用刀剑夺取了这座城市。所有你精心挑选用来守卫
> 和保护这座城市的人都被我们杀死了……你可以看见你的
> 骑兵被扔在马的两腿之间（遭受胯下之辱），房屋在烧杀
> 抢掠的淫威下呻吟……你的财产以百公斤（qintar）[①] 计， 69
> 你的女人们以四人一组被卖到市场，然后从你自己的财产
> 里出钱，以一个第纳尔的价格就可以买到手。
>
> 如果看到你的教堂里十字架被破坏得支离破碎，伪经被撕剥得书页尽散，宗主教们的坟墓被盗抢得惨不忍睹，圣殿被你的穆斯林敌人践踏蹂躏；如果看到圣坛上被宰杀献祭的修士、牧师和执事……如果看到火海在你的城堡中燃烧蔓延，死者的躯壳被尘世的烈焰吞噬，你的宫殿楼宇在变换形状，……教堂……摇摇欲坠，最终坍缩成一片废墟——如果你把这些一一收入眼中，你应该会说：“我要是一抔尘土就好了。”……
>
> 那么，这封信是来告诉你一个好消息，上帝恩赐给你的性命苟全了，你的阳寿也得以延长了，因为此时你不在安条克……苟且偷生之徒看到死者时会庆幸自己的性命得以保全。也许你对过去亏欠上苍的顺服和奉献有所弥补，上帝可能是看在这个分上准许你晚点儿上路……既然没有人逃出来告诉你发生了什么，我们只好代劳。[15]

---

① 原文 qintar 疑为 quintal（公担，公制重量单位，相当于 100 公斤）的变体。

到了 13 世纪 60 年代末，拜巴尔可以暂停一下他的战役行动了。马穆鲁克的黄色旗帜在一座又一座被攻占的城堡上空升起，但是这些胜利也来之不易。无论是冰冷雨天还是夏日酷暑，苏丹仍然一往无前，将自己的战役进行到底。1268 年，在初春的大雪中翻越黎巴嫩群山时，据记载，他的军队“除了雪之外再也找不到别的（食物），他们不光自己吃雪，喂给自己坐骑的也是雪”。[16]拜巴尔后来向其恨之入骨的博希蒙德六世吹嘘说，没有一处十字军堡垒能让他无法部署围城炮兵，没有一个季节能让他无法进行作战。他描述了 1271 年为进攻黎巴嫩北部由十字军把守的阿克尔（Akkar）城堡时是如何作战的：

> 我们将投石机运过高山，那里的地势险峻到飞鸟都认
> 为难以筑巢；我们在拖拽这些器械时是如此小心，在一片
> 泥泞中艰难行进，在大雨滂沱中奋力跋涉；我们将投石机
> 70 设立在连蚂蚁路过都要打滑的位置；我们深入峡谷，如果
> 阳光能够穿透出层层积云散射出一线光芒的话，那么视野
> 之内除了悬崖峭壁之外无路可走。[17]

尽管有所夸张，但围城战绝非易与之事，而是一个漫长而又可怕的过程，即便是埃及狮王对此也小心翼翼——他从来没有尝试过将攻城部队拖到阿卡城墙下。在伊斯兰世界几近崩溃之后，他的战役在很大程度上是防御性的。一次只挑拣出一个敌人捶打是有必要的，最重要的是避免引起蒙古人与基督徒之间形成协调一致的同盟，或刺激欧洲发起一次新的大规模十字军东征。

1269 年 7 月，拜巴尔前往麦加朝圣，他对此行严格保密，确保埃米尔中的异己分子不会发生叛乱。精心策划的行程安排隐瞒了他的离开，对外放出的风声是他去狩猎了。他的机密信使继续送信；他的回信也正常送出，如同他从来没有离开过一样。当他在 8 月底从麦加返回时，他毫无预兆地出现在大马士革，然后是阿勒颇。他的目的是让他的省区总督们时刻处于一种忐忑不安的恭顺状态中，意识到他一直在监视着他们，并且随时会出人意料地下令要他们汇报政务。

第五章　小犬吠獒

1270—1288 年

71 待到拜巴尔于 1269 年启程前去朝圣（Hajj）的时候，他已经沉重打击了十字军国家，把它们的城堡一个接一个地拔掉，剥夺它们的财政收入和作物收成，破坏它们的农业腹地，使它们愈发依赖来自西方的资源。海外之地的贵族世家派系间的纷争以及意大利商人群体间的不和依然无止无休。很多人对最终崩溃的可能性视而不见，但对于那些意识到政治和军事现实的人来说，他们有一种大难临头的感觉。那些富有的军事修会因为要守护基督教的立足点而承受着日益沉重的负担，他们对于这种前景至少是持比较现实的态度。早在 1261 年，“如果王国沦陷”[1]这种不吉利的限定语已经开始出现在他们关于财产和土地的契约中。

热那亚人在圣萨巴斯之战后被驱逐出阿卡，这进一步削弱了这座城市作为贸易中心的地位，而蒙古人的闯入使得商队路线改道至更远的北方。它作为地中海世界里最富庶城市的光辉日子似乎就要到头了。阿卡城内官方权威的解体以及耶路撒冷王国内部的派系争斗，阻碍了这座城市对不断恶化的局势采取任何步调一致的应对措施。到了 13 世纪 60 年代中期，阿卡城内唯一拥有真正领导力的人是有着耶路撒冷宗主教头衔的阿卡主教，他不仅是这座城市的精神领袖，实际上也是它的临时领主。教皇授予宗主教管辖王国事务的无限权力——只要所有公民和派系都服从教皇权威的话。作为实际上的国家元首，他被授权去处理争辩不休的各个军事修会，拨款给部队并支出资金去修复要塞，制造用于战争的器械和交换俘虏。正是宗主教注定要在阿卡的终极危机中成为领导人物。 72

人们对拜巴尔终将带来灭顶之灾的警觉也开始渗透回欧洲。尽管教廷与霍亨施陶芬家族斗得难解难分，圣地日益严重的危机却不可避免，但内政足够稳定、能响应新的十字军号召的国家只有英格兰和法兰西。教皇的积极性断断续续，但全盘皆输的可能性还是促使克雷芒四世（Clement Ⅳ）筹集资金并发出了组建新十字军的号召。法兰西的国王们与他们讲法语的邻居——英格兰的历代国王（他们在法兰西也有土地）——之间的角力，形成了不断延续的十字军冒险的背景故事。双方都深受起源于法兰西的十字军传统的熏陶，但是狮心王理查与法兰西国王腓力·奥古斯都之间的相互猜忌，使得十字军在 1191 年对阿卡的围攻战受到不利影响。当路易九世在 1249 年向尼罗河发起命途多舛的十字军东征时，英格兰国王亨利三世本已发誓前去参战，却未能成行，结果大失脸面；更严重的是，他违背了自己的神圣誓言。现在，本就对曼苏拉之败耿耿于怀并沉迷于耶路撒冷的金色梦想之中而无法自拔的亨利三世再次响应了号召。如果英格兰王室第二次未能履行承诺的话，其尴尬必将加倍。

73 响应号召的是亨利三世的长子——爱德华。这位英格兰王子已年近三十，金发碧眼，风度翩翩。他的绰号是“长腿”：以 6 英尺 2 英寸的身高笑傲当世，因为在那个时代大多数男人的身高还不到 5 英尺 6 英寸。而且他作为一名战士深谙骑士的侠义之道，并且在各类骑士比武大赛和模拟战斗中磨炼了自己的作战技巧。他的血液里沸腾着在圣地成就一番英雄事业的渴望——自从孩提时起他就对十字军的故事耳熟能详。狮心王理查是他的叔祖父；另外一位十字军战士康沃尔伯爵理查，是他的叔叔。他还将曾追随路易在曼苏拉作战的老一辈法国骑士们招纳到自己的侍从队伍。

爱德华也很早就积累了第一手的战争经验。他曾率领父王的军队在 1265 年的伊夫舍姆（Evesham）之战中与叛军头子西蒙·德·蒙福尔（Simon de Montfort）交手，在这场战斗中交战双方都将十字架标识缝到他们的外衣上。爱德华胜出，但他没有向企图投降的叛军贵族们索要赎金，而是在战场上将他们就地正法。在修道院和教堂里寻求庇护的人都被砍倒在祭坛上。此事被称作“伊夫舍姆谋杀案”[2]——史无前例地违反了侠义之道。爱德华和他的骑士们可能感觉他们的手上沾满了鲜血。参加十字军东征不仅是一场骑士的行侠仗义，更是对已有罪过的自我救赎。

1268 年 6 月，在一场精心安排的仪式上，教皇派出的红衣主教在北安普敦（Northampton）的圣墓（Holy Sepulchre）大教堂布道，号召仁人志士参加十字军东征，引起在场听众的共鸣。这座教堂是由一位参加过第一次十字军东征的骑士仿照耶路撒冷的圣墓大教堂建成的。当日，爱德华和他的弟弟埃德蒙（Edmund）一同宣誓参加十字军，与他们一道起誓的还有数百位其他贵族及其追随者。在人群里有两位骑士注定将会在阿卡的命运中发挥领导作用。奥顿·德·格朗松（Othon de Grandson）时年 30 岁，仅比爱德华年长一岁，而且是他最亲密的朋友。格朗松出身于瑞士萨伏伊（Savoy）的一个古老的贵族家庭，而且他同样与十字军渊源颇深：他的祖父就是在圣地离世的。他为人可靠、英勇无畏且多才多艺，既是一名战士又是一位技巧娴熟的外交家，注定要为英格兰王室长年效力。 74
他参加了爱德华在内战中的各大战役并且因功受封骑士爵位和土地。另外一位骑士让·德·格拉伊（Jean de Grailly）也来自萨伏依，更为年长一些，是爱德华的谋臣之一；他也因可靠的服务受到了王子的封赏。

路易九世为他的第二次十字军所做的融资和组织工作的效率堪比第一次——他再一次展现出组织一次井然有序的战役行动所需要的官僚管理、情感激发和金融理财技巧。十字军运动耗费巨大。当爱德华发现组织起一支英格兰军团十分困难时，路易借给他 1.7 万英镑。很明显的是，忠诚的茹安维尔拒绝了这次邀请，不打算再与死神打交道。

即便准备工作仍旧是无可挑剔的，结果却还是不尽如人意。出于政治原因和错误的战略考虑，路易并未启程前往圣地，也没有重蹈尼罗河的覆辙，而是转向了突尼斯，因为他认为一旦占领了那里，就能打开通往埃及的门户。不过事与愿违的是，国王和他的军队被痢疾击倒了。这次十字军东征陷入了僵局，不得不与对手签订和约，就此昙花一现。

1270 年 8 月，路易在迦太基附近去世，据说他在临死前还低声说着“耶路撒冷！耶路撒冷！”[3]尽管他的大多数士兵都返回了法兰西，部分远征军服从了他的这一命令并坐船驶向东方，但是舰队的大部分船只还是在西西里岛的一场风暴中沉没。只有英格兰王子爱德华的分队成功到达了圣地。

“长腿”于 1271 年 5 月率领一支小部队抵达阿卡，他的部队总人数大约 1000 人，其中有 250 名骑士。教士特奥巴尔多·维斯孔蒂（Teobaldo Visconti）也在他的部队里，在阿卡停留期间收到了他被选为教皇的消息。如果说有谁能对法兰克诸国的严峻形势有所了解的话，则非维斯孔蒂莫属；他在乘船离开前所做的最后一场布道里这样说道：“如果我忘记了你，啊耶路撒冷，那就让我的右手忘掉自己的技能！如果我记不起来你，那就让我的舌头粘在我的上颚。”[4]从来没有教皇对海外之地的困境做出比这更深切的承诺。

75 十字军国家的政治和商业现实让爱德华大感震惊。他用自己的双眼就能看到：意大利商业共和国在阿卡港口的船只满载着武器、食品供给和马穆鲁克军队所需的奴隶资源，启程前往亚历山大港。连续好几任教皇反复宣布这些贸易属于非法行为并威胁要施以绝罚；1202 年，英诺森三世十分多疑，以至于他就此事向威尼斯人发出了无条件的威胁，即使他们正准备加入第四次十字军东征：“（我们）严禁你们，在革除教籍的严厉警告下顶风作案，以售卖、赠予或以物易物的方式向撒拉森人提供铁、麻、锋利器具、易燃物、武器、桨帆船、货运帆船或木材。”[5]这些措辞仔细的禁令在整个 13 世纪以不同版本反复出现，定期宣贯，但到头来还是收效甚微。甚至当共和国的国家机构迫于压力重申教廷的禁令时，非法贸易——走私、通过外国商船寄运货物——仍然屡禁不绝。

阿卡作为一个跨地中海贸易的大型枢纽的地位可能已经下降，但它仍是一个重要的运输和中转的地区性中心，一个将黑海的奴隶，土耳其的生铁、木材和沥青，从欧洲到亚历山大港的小麦和武器，以及开罗的国家兵工厂连接到一起的供应链上的一环。木材用作制造战争器械、弓弩、舰船和矛杆；沥青用来制作希腊火；小麦用来补充埃及的食品短缺并安抚开罗不满的民众；生铁用来打造刀刃，有时还会用于武器的精加工；奴隶负责挥舞或操作攻击阿卡自身城墙的武器。

从爱德华的角度来看，阿卡在反噬自身的过程中难辞其咎，然而就在这座城市内部，上述贸易活动还引起了某种程度上的自鸣得意。人们认为这座城市的价值如此之大，不可能被轻易摧毁。十字军国家内互不相让的贵族们，一心追求自身的特权和利益，却看不出彼此之间的分歧已经为走向灾难铺平了道路。

爱德华未能及时赶到予以阻止，或者也未必能有机会阻止日后被证明是拜巴尔最辉煌的围城战役。在摆脱了蒙古人的威
胁之后，拜巴尔可以将他的注意力重新集中到拔除十字军的军 76
事要塞上。1271 年 3 月，他率军向医院骑士团的壮观城堡——骑士堡开拔。这座位于叙利亚北部的城堡战略意义重大。它俯瞰着霍姆斯峡谷（Homs Gap），这是一条穿越山脉的重要通道，医院骑士团的骑士们由此便能掌控周边领土并征收税赋。匈牙利国王安德拉什二世（Andrew Ⅱ）[1] 曾于 1218 年来到此处，将其称为“通往基督领土的钥匙”。在巅峰时期，

---

① 安德拉什二世（1175—1235），匈牙利阿尔帕德王朝的国王，曾参加第五次十字军东征。

它曾拥有 2000 人的守军并可作为攻势作战的基地，但是到了 13 世纪下半叶，医院骑士团的财力和人力都处于衰减状态。他们的英格兰裔大团长休·雷维尔（Hugh Revel）曾在 1268 年抱怨，整个海外之地只有 300 名医院骑士团骑士。拜巴尔发起的经济消耗战已经夺去了其有价值的收入并且摧毁了农地。到 1271 年时，这座城堡已经处于孤立的境地，而且防守力量薄弱。

尽管如此，这座城堡仍然举世无双——十字军有史以来所建造的最强大的城防要塞。它位于一个海拔 650 米高的陡峭悬崖上，只能由南侧水平方向上的一条通道进入，堪称巧夺天工之作。坚硬的玄武岩地基之上，高质量的石灰岩块层层堆砌，彼此之间的契合如此完美，以至于砂浆几乎毫无用武之地，内城堡主楼高达 50 米，外墙也高达 9 米。这座城堡因而得到了“山堡”的绰号。包括护城河（水源来自南侧两面城墙之间的泉水）在内，城堡的防御体系严密而又复杂：墙壁上悬伸出的石质盒状堞口，允许防御良好的守军向陡峭城墙底部的攻城部队头顶投掷炮弹，箭垛错开以限制射击死角的面积，以及一条包含着数个隐藏拐角的长达 140 米的曲折甬道，将迫使任何来犯者都不得不在来自上方的火力覆盖下发动总攻。倘若守军意志坚决，攻占这座城堡简直是不可能的事。

拜巴尔一马当先，率领 1.2 万名士兵在料峭春雨中将围城装备拖上崇山峻岭。巨型投石机的木质组件由于受潮引发的膨
77 胀而无法组装，弓箭手的弓弦也无法使用。这支军队等待了足足 18 天，天气才有所好转。一俟气候条件平稳，拜巴尔便施展出他在过去十年里所练就的全部攻城技艺。在城堡的南侧，他的部队迅速占领了以木质栏杆为主的外围工事。他随后下令

山堡：骑士堡的复原图

架设好投石机并发动地道工兵开始作业。当投石机将重达 100 公斤的石弹投掷向城墙，使得守军弓箭手自顾不暇时，工兵们终于将外城墙西南角的一座塔楼摧毁了。此时，拜巴尔仍然面临着护城河这道阻碍，地道无法突破这道防线，而山堡本身也高耸其上，虎视眈眈；与摧毁城堡的惯常做法不同，这次他想不经战斗便拿下完好无损的城堡。

兵行诡道是他作战的一大法宝。1268 年，他成功截获一封送给处于围困之中的博福尔守军的信件，并用一封伪造的文书调包，以之破坏守军士气。现在，在骑士堡，他很可能 78
故伎重施，伪造了身在的黎波里的医院骑士团大团长的一封信件，告诉守军没有任何增援并允许他们投降。城堡守将于是寻求缔结条款，守军于 4 月 7 日停止抵抗，将大体上没有受到损坏的骑士堡交给了拜巴尔。无论伪造信件之事到底发生与否，抑或这一事件只不过给了城堡守将一个方便投降的理由，很显然，十字军堡垒的孤立以及人力的缺乏，使得即使是他们最坚不可摧的要塞，在马穆鲁克全面战争的战术下也成为明日黄花。

拜巴尔信守了让他们安全离开的诺言，并以时人熟知的口吻给阿卡的医院骑士团大团长写了一封充满嘲弄奚落的信：

> 致休修士——愿上帝使他成为那些不违背命运、不悖逆那为他的军队存留得胜之力的主的人之一……告诉他，蒙受上帝恩宠的（骑士堡）就这么被我们征服了，虽然经过了你们的加固改造和精雕细琢……虽然守卫它的是备受你们信赖的同袍。可他们还是辜负了你们的厚望；你让他们生活在那里就是毁了他们，因为他们失去城堡的同时也失去了你（的信任）。我的这些部队有能力攻下任何堡垒，并且守卫它们抵挡住你的这些同袍发起的反攻。[6]

虽说他有自吹自擂之嫌，却也离事实不远。骑士堡是对拜巴尔的终极考验，而这座城堡的失陷使得任何要塞抵挡马穆鲁克攻城技艺的能力都受到了质疑。在骑士堡典雅廊道里的一根柱子上，医院骑士们曾刻下了一首拉丁文短诗，这首诗可能是作为一种警告：“这里富可敌国，这里智慧充盈，这里美轮美奂。但一定要时刻警惕骄傲自满，因为它一旦溢出就会破坏所有美好事物。”[7]而拜巴尔则是在毫不留情地打击着十字军剩余的骄傲。他继而挥兵攻打霍姆斯峡谷北端的阿克尔城堡，将他的攻城机器通过马车运输到那里，据说他亲自在队伍中驾驶着马车。马穆鲁克大军在外城墙打开的一个缺口很快就迫使阿克尔守军求降。

从那里起，拜巴尔决心将的黎波里伯国从地图上抹去。博 79
希蒙德六世逃过了吞噬安条克的地狱烈火，但苏丹仍然有一笔旧账要与的黎波里的伯爵们清算，那就是他们与蒙古人结盟的事。博希蒙德六世又收到了拜巴尔的来信，警告他即将发生的事并且建议他这回通过海路逃跑，因为监狱的枷锁等着他。然而，爱德华王子抵达阿卡的消息使苏丹暂时中止了行动。他唯恐还会有由王室指挥官率领的新十字军接踵而来，而且也无法确认英格兰王子带来的威胁有多大，于是便同意与的黎波里伯国讲和，签订了为期十年的停战协议。

爱德华的出现提升了士气，但是他麾下的士兵过少，不足以对阿卡的战略态势做出实质性的改变。拜巴尔迅速移师，出现在阿卡附近，给英格兰王子来了一个下马威。然后他又掉头向北，去对付条顿骑士团的蒙福尔城堡，这座易守难攻的城堡位于向东 12 英里处的一个峡谷边缘。尽管地形不利于投石机和工兵的运作，他还是在一个月之内就迫使守军在得到安全离开的保证后投降。他有意使爱德华目睹了这些守军在阿卡城墙前被释放那令人沮丧的情景，以及一支马穆鲁克军队的规模之庞大。圣地的严酷现实让爱德华猛然觉醒。

但是爱德华也看到了其他的可能性。他刚到达阿卡，便立刻派遣使者向伊朗的蒙古汗王阿八哈（Abaqa）提议对马穆鲁克采取联合行动。在等待回信期间，他满腔热情地开始了袭扰敌方腹地的行动，并与医院骑士团和圣殿骑士团一道对附近的一个马穆鲁克据点展开攻击。他的作战行动给敌方造成了损失，但也给英格兰骑士们提供了一个令人警醒的教训，即在夏季的高温期进行军事行动的风险——由于穿着沉重的链甲，他手下的许多士兵都死于口渴和中暑。这种武装巡游行业已成为耶路撒冷王国的一个屡见不鲜且不时恶化的问题。新近抵达的十字军——渴望采取行动，但通常都不会停留足够长的时间去做出实质性的改变——惹下了麻烦，却没有对双方达成和解做
80 出任何妥协，而海外之地正是依靠微妙的折中才生存下来的。这种趋势将会加剧阿卡的最终危机。

蒙古人给爱德华的回信在数月之后才姗姗而至，但还是鼓舞人心的。他们发起了一次新的战役，将马穆鲁克驱逐出阿勒颇，迫使拜巴尔率军向北方转移。在这段时间里，爱德华开辟了第二战场，试图夺取马穆鲁克的卡昆（Qaqun）城堡。这座位于阿卡以南 40 英里处的城堡拱卫着通向耶路撒冷的道路。他的小部队再一次蹂躏了周边地域，但是城堡得以坚守下来，“非常坚固，四周环绕着灌满了水的沟渠”。任何取得实质性进展的希望，都因蒙古人在拜巴尔兵锋所指下撤出阿勒颇的消息而受到了挫伤。至于卡昆之战，苏丹轻蔑地评论道：“如果这么多人马连一栋小屋都拿不下，那么他们似乎不太可能会征服耶路撒冷王国的故土。”[8]让这些圣地的初来乍到者更加困惑难解的是，他们是带着基督教与伊斯兰教势不两立的先见之明来到此地的，却发现卡昆的居民竟然习惯了在阿卡的市场上定期售卖他们的农产品。

1271—1272 年的冬天，爱德华筹借资金来加强阿卡的防御，在外城墙的一个关键地段建起一座新的塔楼，并在这座塔楼前方建起一座低墙以保护其底部。此外他还成立了一个小型

军事修会：忏悔者圣爱德华（Edward the Confessor）[1] 兄弟会，专门用来守卫这座“英格兰之塔”。与此同时，拜巴尔也在仔细思虑爱德华的存在所带来的持久威胁。1271 年 12 月，他再次佯攻这座城市，这是一次有预谋的实施扰乱和破坏的尝试。

诡计多端的拜巴尔对付英格兰的王位继承人还有第二种策略，而这有赖于狡诈和耐心。关于这一事件的准确细节众说纷纭，但最有可能的是，他的计划里包括派遣一位忠诚的埃米尔带领一批随行人员去往阿卡的城门。这位埃米尔携重礼而来， 81
并且准备好了一套说辞：他特地来背主求荣，转换门庭。人们小心翼翼地接待了这位埃米尔和他的手下。爱德华本人虽然对于用诈之道并不陌生，但在较大可能性的鼓舞下也不由接受了。随着时日渐长，他放松了警惕。6 月 17 日，这位埃米尔的一位随从以提供重要情报为由，争取到了与王子和其翻译私下会见的机会。当接近王子时，他拔出匕首便刺了过去。爱德华在反击中杀死了刺客，但已经受了重伤，而且伤他的武器被认定涂上了毒药。虽然在传说中，不是他的妻子卡斯蒂利亚的埃莉诺（Eleanor of Castile），就是他的朋友奥顿·德·格朗松将毒液从伤口中吸出，但次日，感染的扩散还是使爱德华写下遗嘱并为最坏的情况做准备。最后，他因彻底而痛苦的外科手术——医生将受到感染的肉割掉——而得救。

爱德华的十字军东征就这样黯然收场，他随后不久就启程前往英格兰，心中满是挫败感的他决心有朝一日重返圣地，却从未实现。但是，他的两个亲密伙伴，奥顿·德·格朗松和

---

① 英国的盎格鲁 - 撒克逊王朝君主（1041—1066 年在位），征服者威廉一世的表亲，因为对基督教信仰有无比的虔诚，而被称作“忏悔者”，其死后无嗣的问题引发威廉征服英格兰。

让·德·格拉伊却做到了。二十年后，他们俩与纪尧姆·德·博热（Guillaume de Beaujeu）一道组成了一个战时委员会，后者曾于 13 世纪 70 年代初在附近的的黎波里担任圣殿骑士团指挥官，三人携手指挥了阿卡的最后一次保卫战。

爱德华的短暂介入至少为这座城市争取了一些时间。13 世纪 70 年代初期，拜巴尔本已准备好对的黎波里和阿卡发起最后的攻击，但是由于爱德华的策动，蒙古人发起了攻势，这让苏丹忧心不已，转而寻求其他的方法来平息十字军的压力，以便腾出手来解决更大的问题。1272 年 4 月，在刺杀事件发生前不久，他与阿卡签订了停战协议，期限按照伊斯兰教的表述方式被定为十年十个月十日十小时。爱德华再次因黎凡特的现实政治形势而大失所望，拒绝出席签字仪式，但停战协议已经从根本上破坏了他的计划。当纪尧姆·德·博热在 1275 年作为圣殿骑士团大团长重返阿卡时，他写信给当时已继位成为英格兰国王的爱德华，描述了海外之地的态势，言辞间尽显悲观沮丧。他担心拜巴尔将会发动更多的攻击，而后者之前已经
82 把海外之地的资源剥夺得一干二净。他们曾经拥有的土地收入难以为继：耶路撒冷王国已经一贫如洗，而圣殿骑士团面临着城堡维护成本的不断攀升。

看起来只有蒙古人带来的反向压力才能维持住十字军国家的一线生机。联盟包围圈的幽灵让拜巴尔寝食难安。如果这种担忧使他想要消灭法兰克人的愿望变得更加强烈的话，这种考虑也始终居于次位。在 1272 年之后的时间里，这位苏丹转而将战火带到了蒙古人的领土。1277 年，他率领一支大军穿过叙利亚进入安纳托利亚——土耳其南部——他在那里重创了一支蒙古军队，但得知第二支蒙古军队正在前来的消息后，他认

为撤退才是明智之举。

在欧洲，十字军冒险的热情正在消失。曾经陪伴爱德华前往阿卡然后成为教皇格列高利十世的特奥巴尔多·维斯孔蒂开始意气风发地争取多方支持。1274 年，他召集会议，讨论组建一支新的十字军。会上只有一位加冕君主出席，而且对于这项议题，会场里弥漫着意兴阑珊的气氛。埃拉尔·德·瓦莱里（Érard de Valéry）作为参加过路易九世两次十字军征战的资深老兵也参加了这次会议。他对抵抗马穆鲁克所面临的现实了然于胸，做出如下评论：仅凭现在所能聚集起来的微不足道的资源去对抗异教徒的话，基督徒无异于一只正在向獒犬咆哮的小狗。

这是对十字军冒险所面临的困难直言不讳的评价。随着教皇格列高利十世在 1276 年去世，他的这项十字军计划也胎死腹中。第二年，拜巴尔本人在大马士革观看一场马球比赛时喝了发酵的马奶后死去。有人认为他死于毒杀，但是，任何一位苏丹死后通常都会传出死因是谋杀的谣言。

尽管马穆鲁克王朝的帝位继承从传统上来说，是一场在领头的埃米尔中进行部落选举的过程，并无世袭罔替的说法，拜
巴尔还是试图确保自己的儿子能在自己死后成为苏丹，然而事 83
与愿违。取得苏丹之位需要组建起一个支持者同盟，而这经常是一个血腥的过程。经过若干年的混乱之后，拜巴尔最信赖和最成功的将军们中的一位，曼苏尔·嘉拉温（al-Mansur Qalawun）在 1280 年成为苏丹。嘉拉温时年 60 岁左右，并且在拜巴尔的数次战役中担任首席指挥官。他与拜巴尔出身同一个钦察部落，由于被贩卖为奴时年岁已长，所以阿拉伯语说得不是很

流利。与拜巴尔登基时一样，他最开始在开罗也不受欢迎。起初他连续几个月不敢走到大街上，而一旦他在那里露面，人们就会通过向他投掷动物内脏这种传统方式表达对他的蔑视。不过，他精明地效仿拜巴尔的先例，实施了公共工程的建设并向正统逊尼派伊斯兰教表示出虔诚的态度，即便他从来都没有甩掉根深蒂固的突厥风俗。据说他保留了一些源于草原的萨满式习俗，比如通过羊的肩胛骨来预测未来之事。

然而，嘉拉温是一位机敏的常胜将军，在充分注意到蒙古人是更大的威胁的同时，对于他们可能会与基督徒结为同盟一事也十分警觉。1276—1291 年，蒙古人前后派出六批使节前往西方的宫廷却一无所获。遥远的距离、耗费时日的通信以及西方民众对于大规模十字军冒险的希望幻灭，使得这些合作方案都成了天方夜谭。而拜巴尔的去世（无论多么短暂）业已缓解了阿卡的压力。

在黎凡特海岸的各块飞地之内，内讧有增无减。的黎波里伯爵博希蒙德七世[1]与圣殿骑士团开战；安茹的查理（Charles of Anjou）与塞浦路斯王国的几代国王为了争夺耶路撒冷国王的头衔而在 1277—1285 年互相较量，热那亚与其竞争对手之间的摩擦也导致双方龃龉不断。这些裂痕在阿卡的大街小巷随处可见。塞浦路斯国王于格三世（Hugh Ⅲ）是名义上的耶路撒冷国王，他于 1276 年离开这座城市返回塞浦路斯，认为这个地方难以控制。1286 年，阿卡的法国军团拒绝承认他
84 的儿子亨利二世拥有成为管辖阿卡的国王的权力，并且短暂

① 博希蒙德六世之子，因为继承问题遭遇的黎波里伯国内实力派贵族抵制，圣殿骑士团则支持他的反对派。

地封锁了王室城堡，拒绝他进入。第二年，随着形势再次紧张起来，热那亚人封锁了港口并与比萨人在城市街道上大打出手。

解决蒙古人的威胁成为嘉拉温的当务之急，这使得他热衷于让法兰克人在他的后方保持中立。他与医院骑士团在位于黎巴嫩的马尔盖特（Margat）城堡达成停战协议，同时与的黎波里伯爵博希蒙德七世在1281年握手言和，目的就是专心应对蒙古人的威胁。他在那一年追击蒙古人并在叙利亚的霍姆斯与对方展开决战——这是一次有名无实的胜利，他损失的人马跟对手一样多。为巩固自己的地位，他对内镇压贝都因人和持不同政见的派系所发起的叛乱，因而无暇顾及海外之地，遑论威胁。

1283年，嘉拉温与阿卡签订了另一份为期十年的停战协议，他在其中还特意添加了约束医院骑士团和圣殿骑士团的条款。作为无须对阿卡的市民公社负责的独立实体和这座城市中最有效率的军事力量，对于没有亲身参与签订的协议，这两个军事修会都有着推诿抵赖的历史。这项协议的一个签字方是纪尧姆·德·博热，圣殿骑士团的现任大团长，他将在仅仅几年之后就寻找借口重新审议这份协议的措辞准确性。

嘉拉温若想在多重威胁下保持还击能力，关键在于要建立起一支马穆鲁克的核心队伍，并将其发展成一个可靠的军事干部团队，忠心于苏丹和他的埃米尔群体。奴隶贸易在13世纪下半叶蓬勃发展，从黑海海滨引入被绑架的或是无家可归的部落民，通过君士坦丁堡的热那亚船只或是土耳其南部的港口进行交易。他在黑海有自己的代理人，肩负着推进这项贸易的重要使命。由此他比拜巴尔招募了更多的马穆鲁克武士，总数在

6000～12000 人，而且兵源地分布在更偏远的地方。一些被奴隶贩子抓走而进入他麾下军队服役的奴隶甚至还有希腊人或普鲁士原住民的血统。他在霍姆斯对蒙古人的胜利可能只是一次皮洛士式（pyrrhic）的胜利①，但稳定了叙利亚边界的局势。
85 而且，嘉拉温及时地将注意力重新转向了法兰克人。尽管伊斯兰圣战自有尚武精神蕴含其中，但让伊斯兰世界摆脱欧洲人的侵略的愿望在总体上而言还是防御性的。从西方而来的新一轮侵略的可能性从未消失，受到钳形攻势的恐惧也一直存在——伊斯兰世界可能在基督徒和蒙古人的夹攻下无路可退。1285 年，嘉拉温包围并占领了医院骑士团重兵把守的马尔盖特城堡，这进一步动摇了基督徒的士气。1287 年，他占领了沿海港口拉塔基亚。现在，留在基督徒手中的全部领土就只有的黎波里、阿卡，以及像推罗和西顿这样的要塞化海岸飞地。

尽管马穆鲁克步步进逼，但基督徒治下的阿卡却在其生命的最后几年里绽放出璀璨光芒，然后才逐渐凋零。随着安茹的查理于 1285 年 1 月去世，漫长的耶路撒冷王位（尽管王国本身的领土一直在缩减）争夺战终于告一段落。1286 年 8 月，查理的对手，塞浦路斯王国 16 岁的亨利二世在推罗举行了加冕仪式。亨利随后来到阿卡，在医院骑士团大院内的大礼堂参加了长达两周的欢庆活动。据编年史所载：

① 皮洛士式的胜利或惨胜，指付出极大代价而获得的胜利。皮洛士（Pyrrhus）是古希腊伊庇鲁斯国王，曾率兵至意大利与罗马交战，付出惨重代价，打败罗马军队，由此即以“皮洛士式的胜利”一词来借喻以惨重的代价而取得的得不偿失的惨胜。

> 这是一百年来人们所看到的最美好的节日盛宴，主办方安排了娱乐节目和使用钝头长矛进行的骑马比武大赛。戏团再次重现了圆桌骑士的故事……骑士们打扮得如同群芳斗艳一般。然后是打扮有如苦行僧一般的修士谈经论道，之后演员们又扮演了兰斯洛特（Lancelot）、特里斯坦（Tristan）和帕拉墨得斯（Pilamedes）的角色，此外还有很多其他可爱好玩又有趣的场景。[9]

这是一种面对已知事实却仍然贪图享乐的幻想，但是在争吵、打斗、纷争和炮火之下，阿卡仍旧维持了一段时间的中世纪文化的繁荣。

路易九世在其灾难性的十字军东征失败后，他暂居阿卡的 86
时日促进了这座城市的发展。尽管从来没有成为一个主要的学术中心①——更主要的是作为一个行政中心、一块十字军行动的跳板和一个坐贾行商的仓储基地——这座城市依然活力四射，生机勃勃。随着各行各业的人流往来，它吸引了有文化的游客、杰出的教士以及王公贵族慕名前来。阿西西的方济各（Francis of Assisi）② 曾经在此布道，而且阿卡在其最后五十年里，见证了一个集书籍制作、绘画作图和书稿画饰之大成的流派的发展，其涉及的范围从《圣经》的复制品到各种版本的古典文学以及十字军时代的历史著作无所不包。在这些书卷的空白之处，插画师们描绘出他们所知的世界：披坚执锐的十字军战士、武器、船只和城堡、丝绸帐篷和各位国王。一种源于

---

① 原文 leaning，但根据上下文语境猜测是 learning 的误写。

② 天主教方济各会和方济女修会的创始人，也是动物、商人、天主教教会运动以及自然环境的守护圣人。

东方的精细化元素使这个十字军的世界变得柔性了许多。房屋窗户中普遍采用的玻璃，精美的地毯和纺织物，新奇的口味和烹调风格——橄榄油、柑橘类水果、方糖和香料——所有这些都营造出一种异国情调的感觉。

在其陷落近半个世纪后，德国旅行家鲁道夫·冯·苏德海姆（Ludolf von Suchem）构想出一幅伤感而又浪漫的图像，描绘了阿卡的壮丽景色，不过这其中可能仍存在一定程度上的真实性。他是如此描述这座城市的，尽管看到的只有废墟：

> （阿卡）屹立于海滨之处，由超出寻常尺寸的方形石块雕凿堆砌而成。巍峨的塔楼高耸入云，环绕城墙，彼此之间相距不远。每两座塔楼之间都有一座城门，城墙是如此宽阔以至于在其上对向而行的两辆马车可以同时通过，甚至在今日依然如此。在面向陆地的另外一侧，这座城市也被引人注目的城墙和极深的壕沟围住，配置了各种各样的外围工事和防御设施，而且便于瞭望哨观察。

他想象着宫殿里“装饰着玻璃窗和画作”，房屋“不光是为了
87 满足住户需求，更是为了顾及奢华与享乐……城市的大街上覆盖着丝绸缎子或者其他的上等遮阳物，以遮挡太阳的照射。每一条街道的角落里都矗立着非常坚固的塔楼，用铁门和链条防护起来”。他描绘了一场宫廷仪式的场景，其中“各位君主、公爵、伯爵、贵族和男爵们以皇家仪态在街道上款款而行，头戴金色冠冕，仿佛每一个人都是国王，带着自己的骑士、随从、商人和仆人，每一个人的服装和战马上都令人称奇地装饰着花花绿绿的金银之物”，此外还有军事修会的总部和卫戍部

队，许许多多的教堂，还有“天下最富有的商人，他们从世界各地汇聚到此处”，而且“世上所有能找到的玲珑奇巧之物都曾被买到这里”。[10]显然，这样奢侈铺张的场面曾经发生过。当霍姆斯的苏丹于 1252 年来到阿卡时，他们“在阿卡就用这样的荣耀来招待他：他走到哪里，金线绸缎就铺到哪里”。[11]

一代又一代的石匠——其中很多人是穆斯林奴隶——建造了这座兼具壮丽与污秽的城市，以及罗马式与哥特式教堂、修道院与礼拜堂、双层城墙与恶臭难闻的港口，还有香料巴扎。

一座献给阿卡的某石匠的纪念碑：“噢，经过这条街的人们，请您大发慈悲，为我的灵魂祈祷——埃布勒·法兹勒（Ebule Fazle）大师，这座教堂的建造者。”

那里毫无疑问美轮美奂。一位穆斯林作家如此形容其中一座教 88
堂的大门：“这是出自人类之手最绝妙的事物之一，因为它由白色大理石制成，造型精美、工艺上佳……底座、柱身和柱顶出自同一石块。”[12]圣殿骑士团的壮观城堡栖于海边，是到达船只的地标。靠近城墙的是医院骑士团同样富丽堂皇的庭院，占地广阔，内有柱厅地堡、庭院楼塔，集宫殿、要塞、医院和教堂的功能于一身。阿卡在其如日中天之时作为一个伟大的商业中心可与亚历山大港和君士坦丁堡媲美。在这里生活就是为了探知更大世界的可能性。在安德烈·隆格瑞莫的中亚之旅结束后，法王路易九世又派出了另外一位大使——佛兰芒籍方济各会传教士威廉·范·卢斯布鲁克（Willem van Ruysbroeck）[卢布鲁克的威廉（William of Rubruck）]。他作为马可·波罗的先行者，历经两年旅程来到了蒙古大汗在哈拉和林（Karakorum）的宫廷，然后带着自己的笔记回到阿卡。尼科洛·波罗和马菲奥·波罗（Niccolò and Maffeo Polo），马可的父亲和叔叔，曾在这座城市买卖交易，并追随了他的足迹。他们在为期九年的第一次中国之旅后于 1269 年返回这里。1271 年，他们再次从阿卡出发，这回是带着马可一道。

贵族们在用钝矛比武的同时，也在尽其所能地加固这所城市的防御。13 世纪下半叶，城墙经历了多方联合的强化工作，并按个人意愿，出资增添了新的塔楼，这一工作由于马穆鲁克的逼近而加大了力度。路易九世在尼罗河惨败之后，于 1250 年完成了新郊区——蒙穆萨尔区一带的防御工事的修建；爱德华于 1271—1272 年建造了英格兰之塔，塞浦路斯国王于格三世又在附近兴建了一座外堡——通过一段甬道与主城墙连接起
89 来的外围防御结构。1286 年，他的儿子亨利二世，耶路撒冷王国的新国王在外城墙的东北角修建了一座坚固的圆形塔楼。这座塔楼的非正式名字叫国王之塔，其设计目的是用来加强关键地点——诅咒之塔的防御。这座塔楼的前方又建起一道防御性的护墙。第二年，布卢瓦女伯爵（Countess of Blois）艾丽丝出资在邻近之处修建了一座以她名字命名的塔楼，同时还向保护蒙穆萨尔区的城墙加固工程捐钱。一年后，1288 年，教皇

推动商人向新任宗主教兼教廷使者尼古拉·德·阿纳普（Nicolas de Hanapes）贷款，实施护城河及城墙的修复工程，并重建了一座门楼——宗主教之塔，用以监视东段城墙靠海的一端。这场防御建筑的井喷式发展有一位见证者，那就是威尼斯政治家和地理学者马里诺·萨努多·托尔塞洛（Marino Sanudo Torsello）。萨努多在地中海世界以及伊斯兰教与基督教对峙的前线广泛地旅行和观察。在1286年末，他在阿卡驻留了数月之久，为这座城市的城墙和塔楼制作了一份极有价值的现代平面图，以及这座城市内部规划的一份示意图。

除去萨拉丁曾经占据此城两年并将圣十字大教堂改建成一座清真寺之外，阿卡是一座有着将近200年历史的基督教城市。城市人口大约为4万，其中的很多家庭已经深深扎根于圣地，并且数代人都在那里生活。拜巴尔尽管对阿卡屡有袭扰，并大肆破坏其乡村农地，却从来没有将攻城器械和工兵团队带来，真刀实枪地威胁到它的防御设施。它的意志和城墙等待着最终的考验。

第六章　征讨敌国

1288 年冬至 1290 年秋

90　1288 年末，两个人来到亚历山大港请求觐见嘉拉温，他们来自的黎波里伯国。到现在为止，这个十字军王国的领土已经缩减到黎巴嫩海岸边的一块狭小飞地，除了这座城市本身别无所有，不过其仍然作为一座有价值的港口被威尼斯人和热那亚人使用着。在其统治者博希蒙德六世死后，各大派系为了统治权力激烈争吵，导致这个国家的机能受阻，几乎陷于无政府状态。在这种形势之下，热那亚人看上去将会占上风。这将有可能让热那亚人同时控制利润丰厚的黑海奴隶贸易和北部叙利亚的商业往来。

这两位访客力陈己见：热那亚人在的黎波里策划的一场政变将会使他们支配这一地区的贸易，而这将会损害苏丹的利益。没有热那亚人的话，的黎波里只有武装起十到十五只桨帆船的能力；

> 但是现在，既然热那亚人将其收入囊中，他们就有能 91
> 力武装起三十艘桨帆船，因为他们会从四面八方聚集到的黎波里；而如果他们拥有了的黎波里，他们就会成为海上霸主，结果是那些打算来到亚历山大港的人不得不看他们的眼色行事，港口内外往来人士皆是如此，这对那些在您的王国做生意的人来说可不是个好兆头。[1]

这些话语是由阿卡一位消息极为灵通的人士记录的，他的真实身份从未得到令人满意的证实。他可能是一位名叫杰拉德·德·蒙特利尔（Gérard de Montréal）的骑士，也可能不是这个身份，但他在历史上更多地是以其化名——“推罗的圣殿骑士”（Templar of Tyre）出现。他看起来是耶路撒冷王国处于主导位置的家族里的一个小贵族，而在为圣殿骑士团服务时，他本人的身份却不是圣殿骑士。由于会说阿拉伯语，他曾担任圣殿骑士团大团长纪尧姆·德·博热的翻译、谋士，且很可能是他的情报官员。这位圣殿骑士团编年史作家大约 35 岁，一直近距离地接触着耶路撒冷王国的各种事件——而且他将会留下 1291 年春季阿卡围攻战的目击者记述。这是基督徒一方关于此事最生动的记录，即使他的价值判定很可能倾向于他所服务的圣殿骑士团。

他显然知道嘉拉温的这两位访客的国籍——“如果我想的话我可以告诉你他们是谁”[2]——但是他没有说。他们十有八九是威尼斯人：如果热那亚人在的黎波里发动政变的话，受到不利影响尤为严重的就是他们本国的商人群体。三个意大利城邦国家之间的敌意在圣萨巴斯之战后并没有减少，威尼斯人与比萨人大体上是同一阵营，而热那亚人则奋力重建他们在海岸上失去的地位。这两个人很可能是去亚历山大港将威尼斯与马穆鲁克的贸易特权协议最终敲定，这些特权在当年的 11 月被授予了他们，但诋毁热那亚人的机会也不能错过。这就为嘉拉温提供了向的黎波里进军的动机，因为与的黎波里的停火协议
92 只是他与博希蒙德个人之间的协议，在博希蒙德死后自然失效。持续不断的派系纷争也有助于分裂海外之地。

1289 年 1 月，马穆鲁克军队开始在开罗附近集结，而战役的后勤准备工作也在有条不紊地进行。拜巴尔的做法被保留了下来：苏丹并没有公布战役目标。但在阿卡，纪尧姆·德·博热很快就得知的黎波里将是兵锋所指。所有从马穆鲁克宫廷泄漏出来的情报来源都指向嘉拉温麾下的一位埃米尔——巴德尔·丁·别克塔什·法赫里（Badr al-Din Bektash al-Fakhri），操着一口流利阿拉伯语的“推罗的圣殿骑士”对这些安排毫不讳言：“这位埃米尔就是武备官（Emir Silah①，意为负责武器的埃米尔），他已经习惯于在苏丹妄图做出伤害基督教利益的事时，将对基督徒有利的事情通报给圣殿骑士团的团长，而团长每年都向他送去价值不菲的礼物。”[3]敌我双方都在玩这种间谍游戏。嘉拉温在阿卡内部也有自己的线人，包括一个名叫贾万·坎达克（Jawan Khandaq）的男人，他将十字军的动态汇报回埃及方面。

但当纪尧姆·德·博热向的黎波里发出警告时，他的话无人采信。这位大团长因擅于玩弄政治上的阴谋诡计而臭名昭著。他的预警被认定是一个花招。与此同时，马穆鲁克以其惯

---

① 原文 Silah 在阿拉伯语里的意思为“武器”。

常的决然气势向前推进；军需品补给点已经沿着进军路线设立完毕，攻城器械和防护掩体所需木材也已采伐，志愿者们踊跃参军。博热派出了第二名信使，但是的黎波里内部派系的尔虞我诈仍未消停，直到 1289 年 3 月下旬，苏丹的军队几乎快进入了这座城市。

阿卡直到最后一刻才决定派出援军沿着海岸前去增援。圣殿骑士团和医院骑士团分别派出由己方元帅若弗鲁瓦·德·旺达尔（Geoffroi de Vendac）和马修·德·克莱蒙（Matthieu de Clermont）率领的支队，由让·德·格拉伊指挥的一支法国分队加入其中。耶路撒冷与塞浦路斯国王亨利二世也派出自己的弟弟，当时只有 17 岁的阿马尔里克（Amalric）率领骑士和 4 93
艘桨帆船驰援。

如果没有一支舰队的话，的黎波里很难被完全包围，可是嘉拉温就是没有舰队。根据当时身在围城现场的叙利亚贵族阿布·菲达（Abu al-Fida）的描述，“这座城市的大部分城区都被大海包围，除了东侧之外再没有其他适合地面进攻之处，而那里（可供施展）的空间很小”。[4]然而，马穆鲁克熟练的攻城技术势不可当，而且苏丹召集了一支规模可观的军队。据圣殿骑士团编年史所载，“苏丹准备好他的攻城器械，大小型号都有，并且在城前架设起他的木障（buches，意为木制的防护掩体）和卡拉巴哈斯（carabohas，意为较小的攻城器械），他摧毁了周边的乡村地区，并通过挖掘地道突破了第一道防线的战壕”。[5]

尽管的黎波里的守军顽强抵抗，马穆鲁克的技艺和资源却无可匹敌，他们很快就抓住了这座城市防守最为薄弱的一处——年代久远的主教之塔（Bishop’s Tower）。“攻城器械打击它的火力是如此猛烈以至于这座塔楼被轰得粉碎，”“推罗的圣殿骑士”如此记载道，“同样地，医院骑士团的塔楼，虽然是刚刚建成而且十分坚固，还是被轰击得分崩离析，以至于一匹马都可以从中穿过。苏丹手下的士兵非常之多，他在每一个地点都部署了二十名撒拉森弓箭手进行射击，使我们的弩手们无一敢冒头发射弓弩。如果他们试图这样做的话，很快就会被击中。”[6]

随着这座城市的形势不断恶化，很大程度上要为这场惨剧负责的威尼斯人率先逃跑了。他们将物资装载上船，然后迅速驶离，他们的对手热那亚人紧随其后。城内士气因而一落千丈。4 月 26 日，嘉拉温下令发起总攻并且击垮了的黎波里的抵抗，“因为它缺少足够的守卫者，他们一个又一个地放弃了防守岗位”。[7]守军溃败并奔向港口。贵族们都逃走了——圣殿骑士团和医院骑士团的军官们，的黎波里名义上的统治者露西娅女伯爵（Countess Lucia），让·德·格拉伊和阿马尔里克王子。穷苦大众成了首当其冲的受害者。大多数人惨遭屠杀，妇
94 女和儿童沦为俘虏。很多无路可退的人划着小船或者游泳至离岸小岛圣托马斯（St Thomas）以寻求避难，他们躲在岛上的教堂里，却仍然没有逃脱。“我是这场围城战的一位见证者，”阿布·菲达写道，“当的黎波里被攻陷的时候，一大批法兰克男女逃往那座小岛并躲进岛上的教堂。穆斯林军队冲入海中，骑马游到岛上。他们杀死了所有男人并将妇女儿童当作战利品据为己有。在他们结束掠夺之后，我乘船渡海来到岛上，发现岛上尸横遍野，因为尸体散发出阵阵恶臭，以致无人能在岛上停留。”[8]

嘉拉温将的黎波里夷为平地并在内陆的几英里处重建了一座新城市。他的意图很明确：将巴勒斯坦海岸的异教徒彻底消

灭，让他们永无归期。同时，城陷后的劫掠也刺激了穆斯林对新的征服的欲望。阿布·菲达虔诚而又仔细地记录了占领者们对的黎波里的统治时间，尽管有些并不准确。“法兰克人于伊斯兰历的 12 月（Dhu'l-Hijjah）[①] 11 日（1110 年 7 月 1 日）占领了的黎波里，这座城市一直保留在他们手中，直到 688 年（1289 年）的年初。据此，法兰克人占据这座城市的时间间隔为 185 年零几个月。”[9] 1200 人沦为苦力并被押往亚历山大港，在那里建造苏丹的新兵工厂。

无论基督徒还是穆斯林都意识到的黎波里陷落的意义所在。它是法兰克人在巴勒斯坦保有时间最长的领地。它的失陷看起来像是一场游戏终局的前兆，这一消息在欧洲大地上往复震荡。现在只剩下耶路撒冷王国的海岸狭地留存下来，阿卡为其中的一处据点。1283 年，嘉拉温与这个王国签订了停火协议，期限为“十个整年，十个月，十天加十小时，从希腊人腓力之子亚历山大的纪元第 1594 年 6 月（Haziran）3 日的这个星期四开始”。[10]穆斯林总体上会虔诚地遵守这种法律协议，
并以真主的名义起誓，但是这些协议的持续时间总是有限的， 95
而且总是有漏洞存在。停战协议可能常有，但永久和平绝对没有。秉承着伊斯兰教终将“普世大同”的神学信仰，与异教徒民族处于潜在战争状态是穆斯林法学家的基本信条。

然而，在 1283 年的谈判过程中，嘉拉温私下里承认了与耶路撒冷王国维持和平关系所能带来的持续经济利好：“因为

---

① 都尔黑哲月（Dul Hijjah）意为“朝圣月”，是伊斯兰历中的第四个圣月，向麦加朝圣的月份。

阿卡是一个我们的商人得以落脚的地方，一个为我们提供了更广泛选择的地方”[11]；这种想法在阿卡也很盛行，人们沾沾自喜地认为穆斯林将会容忍法兰克人在阿卡的存在，因为它为伊斯兰世界带来的商业利益使其价值太过于宝贵而不能被消灭。而现在，的黎波里的命运表明情况并非如此。在马穆鲁克的军队里，进攻阿卡的热情高涨。圣战精神与赏金诱惑为这一主张注入了无穷动力，而雅克·德·维特里笔下这座腐化堕落、穷奢极侈的城市里自满的商人则被幸存者讲述的悲惨故事所震撼。对于那些愿意看清事实的人来说，大难就要临头了。

的黎波里失陷三天之后，国王亨利二世亲自从塞浦路斯来到阿卡，嘉拉温的一名使节早已在那里等候多时，抗议他从这座城市向的黎波里派出援军的行为破坏了1283年的停战协定。他在一项技术性细则上被击溃了：停战协定只适用于耶路撒冷王国。如果其适用范围将的黎波里也包含在内的话，那就会是嘉拉温首先破坏了协定。亨利的例证逻辑是无可非议的。他将使者派回了身在大马士革的嘉拉温身边，请求为这项停战协定再延期十年，苏丹同意了。此时的苏丹正在平息此前因处理努比亚的棘手问题所引发的质疑声浪。嘉拉温为了发起最后的攻击需要更好的正当性理由。在这一年里，他的秘书将会获得一
96 个更有利的机会来仔细审查停战协定的各项条款，穆斯林商人的商业利益将再次濒临险境。

亨利二世在9月乘船返回塞浦路斯，留下他17岁的弟弟——推罗领主阿马尔里克——作为耶路撒冷王国的司厩长和阿卡的摄政王。与此同时，他委派让·德·格拉伊前往欧洲，警告西方统治者当前形势的严重性。格拉伊抵达罗马，面见刚

刚当选的教皇尼古拉四世。尼古拉四世非常热衷于发动一次新的大规模十字军东征，将欧洲各国君主动员起来一同参战，但他面临着巨大的困难。欧洲此时完全陷入了阿拉贡国王海梅二世（James Ⅱ）与意大利南部的安茹王国的战争中，后者在教廷的支持下与前者争夺西西里的统治权。这场所谓的西西里晚祷战争（Wars of the Sicilian Vespers）将欧洲从中间撕裂成两半。人们对爱德华一世寄予厚望，他现在是英格兰的国王，而且是唯一拥有十字军圣战经验的君主，还曾经承诺过要将圣战进行到底。他在 1287 年再次承诺加入十字军，意图向东方进军，结果被征服苏格兰的事务困住了手脚。其他君主都在追求自身的利益。就在尼古拉四世正努力集结起一支十字军的当口，来自阿拉贡的使者们正在开罗宫廷做客，与嘉拉温签订了一份协议。至于阿卡是否应该得到协助这个问题上，一条关键性条款记述道：

> 如果阿卡、推罗、沿海地区或其他地方的法兰克人中的任意一方，在与我主苏丹停战期间，破坏了我主与他们达成的停战协定里的条件，从而废除停战协定的话，阿拉贡国王和他的兄弟们、骑兵们、骑士们以及他领土内的人民将不得以马匹、骑兵、武器、财宝、援助、补给品、船只、桨帆船战舰或其他形式协助他们。[12]

与此同时，热那亚人在气急败坏地对亚历山大港发动一次袭击后，又重新修补了他们与马穆鲁克之间的关系，并与嘉拉温签署了一份新的商业协议。这项协议给双方带来的贸易利益，包括战争原料的供应，都是十分巨大的。

97 热那亚人自从圣萨巴斯之战后已经大体上被驱逐出了阿卡，在这座城市里并没有多少商业利益。然而，威尼斯人却在这里下了血本。他们相当乐意看到热那亚人丢掉的黎波里的基地，而且他们的身影也在导致其失陷的阴谋中浮现。但阿卡就截然不同了。教皇试图劝诱欧洲的王室君主们和意大利航海共和国的海军支援力量加入大规模十字军东征的努力，注定要在短期内付诸东流，但是形势的紧迫性急需一些回应，即使范围有限也聊胜于无。在的黎波里失陷四个月后，教廷在威尼斯、整个意大利北部地区以及亚得里亚海沿岸极力鼓动群众响应十字军的号召。刚刚被任命为阿卡主教的尼古拉·德·阿纳普，被授予监管总体行动的权力，其中包括将阿卡城中冥顽不灵的人革除教籍。教皇交托阿纳普处理的资金被用来修复和强化城墙及外围工事，采购军火和武器，以及制作火力强大的巨型投石机。更多的资金从教堂的税收和银行家的募集里得来。来自蒙古的使者们也再次造访罗马，为教皇发动一次广泛的反马穆鲁克战役增添了希望。然而这些宏大的计划无一开花结果。1290 年 1 月，教皇颁布了一份普遍范围的教宗通谕，劝诫人们参加十字军东征。

这项谕令收效甚微。围绕十字军计划将基督教世界的领导人联合在一起已经没有可能。威尼斯人提供了 20 艘桨帆船，由总督的儿子尼科洛·蒂耶波洛（Niccolò Tiepolo）指挥。仍然希望能够参加十字军的爱德华一世最终派来了深受自己信任的助手奥顿·德·格朗松，此人既是一个颇具才干的组织者又是一个技艺精湛的斗士，但他随行只带了 60 名骑士——英王的意图是格朗松将会负责起指挥阿卡的圣托马斯英格兰骑士团的重任。在当时占有西西里的阿拉贡国王海梅二世曾经提出要提供 30 艘桨帆船和 1 万名步兵，但是与教廷在政治上的争吵最终使他将这个数字削减为只有 5 艘桨帆船和一小支西班牙部队——海梅二世本人则留在了国内。

民众对于十字军号召的反应同样不乐观。意大利北部地区 98
是唯一参与此次行动的地区，而那些可能会贡献出职业士兵并鼓舞平民参与的大贵族无一报名。新兵的主力大多数来自托斯卡纳（Tuscany）和伦巴第（Lombardy）地区，由城市民兵、雇佣兵和市民混杂在一起，连同纪律性较差的农民和失业人员组成了援助部队。宗教虔诚与冒险思想以及求财的心态交织在一起。这样一支部队没能激发信心。

教皇对他投入重金的舰队的准备情况非常关心，然而对自己所了解到的信息却不以为然。舰上装备严重不足，武器（尤其是弩）的供应存在很大缺口。尽管上述资源的状况不尽如人意，但这些船只还算可用。1290 年 1 月，教廷认为这支最多可运载 3000 人的舰队已经做好了起航的准备。蒂耶波洛担任舰队司令，而十字军的指挥权则由尼古拉·德·阿纳普、让·德·格拉伊和的黎波里主教伯纳德分担，后者刚从那座城市的灭顶之灾中逃出生天。阿纳普是远征军的核心人物，并在日后被证明是阿卡城内唯一能够号令各方的角色。他的三重职位——主教、宗主教和教廷使者（后者赋予他以教皇名义管理军事修会的权力）——使他在阿卡地位超然。教皇已经给城内的所有派系——阿马尔里克，各大军事修会的大团长，威尼斯和比萨社区的领导人，以及阿卡的市民公社的全体成员——写信，敦促他们要以坚定的立场来保卫圣地，并对阿纳普鼎力支持、建言献策。但是，这位宗主教刚一到达就发现，尽管他手握禁乱除暴的权柄，享有身兼三重职责的威望，控制这座城市的能力却着实有限。他所受到的待遇并没有比八十年前的雅克·德·维特里好到哪儿去；而且他很快就意识到，面对即将到来的战争风暴，这座城市缺乏统一的行动计划和战略。他关于阿卡内部四分五裂的报告让教皇大为震惊，后者在回信中对那里的当局严词斥责。

99 这支远征军与海梅二世国王的 5 艘桨帆船在西西里会合——显然他为这次远征提供的象征性援助没有受到之前协议的禁止，因为阿卡与嘉拉温的停战协定没有正式破裂。这支最终由 13 艘船只组成的舰队在春天抵达阿卡，而且蒂耶波洛和海梅二世的桨帆船队很快就离开了。一些目击者随后记录道："1600 名朝圣者和士兵在阿卡城门前登陆，威风凛凛。"[13]他们很可能是在 1290 年 4 月 2 日复活节那天进入码头的。此时是朝圣者和西方商人来到耶路撒冷王国的传统时节，而穆斯林商人也将从大马士革前来造访，如同参加一场商品交易会一般，连同当地的穆斯林农民将农产品带来售卖。新近到来的朝圣者带着高昂的宗教热忱登上海岸，决意为信仰而战，却发现自己身陷雅克·德·维特里所描绘的错乱喧嚣的都市之中，周围都是身着东方服饰的陌生面孔，而且要面对这一座海港城市的各种诱惑和城镇里的穆斯林异教徒。当他们发现眼下没有来自马穆鲁克的任何进攻时，很多十字军战士选择返航回家，将远征军中那些比较贫困的成员留下，这些人身无分文，漫无目的。这就埋下了麻烦的种子。

在这个交易季节的某个时候，最有可能是 8 月，在情况未明下，纪律散漫的冒险者们，据说是来自意大利北部地区的"平民"[14]，袭击了一些穆斯林商人并将其杀害。"推罗的圣殿骑士"当时很有可能在场，做出了如下记录：

> 当这些人来到阿卡，国王与苏丹达成的停战协议正在
> 两方之间得到有效执行，而且可怜的撒拉森农民也来到阿
> 卡，一如既往地出售他们的货物……不幸之事发生了，来
> 自地狱的恶魔在善人中间挑动恶念，本意是来修行善业、
> 手执武器准备相助阿卡的十字军战士们，却导致这座城市
> 走向毁灭，因为有一天他们在阿卡街头横冲直撞，所有来 100
> 到阿卡卖货（小麦和其他一些农产品）的可怜农民都惨
> 死在他们剑下。这些死者都是来自阿卡周边农村的撒拉森
> 人，狂徒们还杀死了一些希腊（希腊东正教会）教律管
> 辖下的叙利亚人。他们之所以惨遭杀害是由于蓄须而被当
> 成了撒拉森人。[15]

无所事事、落魄失意、醉生梦死、拖欠薪饷、宗教狂热、渴望行动——人们将他们的行为归因于多种动机。其他史料的记述稍显不同，“他们在阿卡城内的交易所附近一个叫作拉方达（Lafunda）的地方砍倒了十九个撒拉森商人”,[16]此处正是穆斯林商队落脚的王室市场。一些阿拉伯的史料暗示这些罪犯是受贪念驱使：这些商人正带着来自黑海的军事奴隶前往开罗，恶人们对他们的货物起了歹意而将其谋杀并偷走了奴隶。城镇的市民和当局试图营救被暴民袭击的受害者，并尽其所能地将他们安置在王室城堡保护起来。然而在另外一个版本里，这些暴民“在清晨动身，市民们无法约束他们，他们本身也不担心会遇到什么危险，就这样全副武装、大张旗鼓地离开城市，直奔山上的农场和村庄而去。他们毫无怜悯之心、不加区分地杀掉路上遇见的每一个撒拉森人——这些人都以为他们的安全得到了保障——然后满载战利品而归，尽情狂欢”。[17]“呜

呼，何其哀恸，”编年史家在结尾写道，“那场狂欢之舞使阿卡城和圣地陷入了悲伤的凶险境地和凄惨的不幸之中。”[18]

无论惨案是如何发生的，阿卡当局与其常住居民们都惊骇
101 不已，他们立刻就意识到潜在的后果。消息马上就通过间谍传到了嘉拉温耳边，肉眼可见的证据随后也纷至沓来。遇害穆斯林的亲属带着血衣来到开罗，并在清真寺里参加公共祷告的人群前将其高高举起。这些令人毛骨悚然的遗物使穆斯林民众群情激愤。嘉拉温怒不可遏。在基督徒的眼里，这正好为他意欲所为之事提供了一个求之不得的借口。“因为苏丹早已计划好要侵犯阿卡，他立即就向阿卡的各位领主派去使者，明确表示他已经与基督徒签订了停战协议，但基督徒还是破坏了协议，杀害了他的撒拉森农民，”“推罗的圣殿骑士”写道，“于是他要求他们做出补偿，并且将那些犯下罪行的人绳之以法。”[19]“推罗的圣殿骑士”的记录暗示了阿卡当局对嘉拉温的用意心知肚明：的黎波里伯国覆灭之后，嘉拉温蓄谋已久、路人皆知。他既有宗教上也有经济上的原因要将十字军国家的最后残余抹杀掉。当 1283 年签署停战协议时，他承认了通过阿卡进行贸易的好处，然而现在他再也不需要它了。马穆鲁克已经占领了安条克和的黎波里，而阿卡是现在唯一一个横亘于巴勒斯坦海岸陆路交通线上的巨大阻碍。嘉拉温早已与热那亚、阿拉贡和威尼斯签订了协议，可以安心地将西方货物输送回亚历山大港，远离那些穆斯林商人无法安全经商的基督教港口。他有充分的理由摧毁阿卡。

在阿卡，年轻的阿马尔里克将城中的头面人物召集到一起，讨论如何应对当前的危机。众人皆知现在这种情况将会演

变成一场灾难。那么，对苏丹做何解释？做何回应？显然，无人愿意移交这批罪犯。纪尧姆·德·博热提出了一种替代方案。“推罗的圣殿骑士”由于不在场，就这场讨论提供了一个道听途说的版本：

> 在众议纷纷之际，我的主人、圣殿骑士团团长献计说他们应该将关押在王国监狱以及圣殿骑士团、医院骑士团、比萨人和威尼斯人的监狱里的所有囚犯提出来，这些 102
> 囚犯因为之前犯下的罪行已被判决死刑，可以将他们指认为破坏停战协议、杀害撒拉森人的罪魁祸首。“所以，把他们明正典刑——既然他们无论如何都难逃一死——既能对苏丹有所安抚也能阻止他做出伤害我们的举动。”有些人同意了这个方案，但也有很多人完全不同意。于是乎他们什么也没有做，只是起草了一封看起来措辞得体的回信给苏丹。根据我所了解到的信息，他们向苏丹传话说做出如此行径的十字军是来自海外的外国人，不在他们的管辖之下，所以他们也无法插手。[20]

博热让基督徒囚犯死在嘉拉温手上的计划是让人无法接受的。其他来源的资料甚至表明还有更不合理的借口被提了出来：死亡事件是基督徒和穆斯林在一次酒后斗殴的结果；或是再次搬出来一位基督徒妇女与一个穆斯林男子有不正当行为时被她的丈夫抓了现行的故事，这位丈夫将二人杀掉的行为引发了一场暴乱；或是老调重弹，是穆斯林们自己引发了打斗。对于嘉拉温来说，所有这些解释都完全不能令其满意。阿卡的统治者无法果断地采取行动或是控制自己领土内的人民，这只不过是凸显出了这座城市的弱点而已。

但是耶路撒冷王国破坏协议了吗？单单是这些微不足道的远征军的存在就可能已经违反了一项技术性细节：相关条款要求在“假如法兰克沿海的国王或其他国王中的一位企图通过海上行动损害我主苏丹的利益”[21]的情况下，阿卡当局有义务提前两个月通知，而他们没能做到这一点。如果有谁对这项条约的规定必然有着精明见解的话，那就是博热本人。他是1283年签署原始文件时的签字人之一。

在开罗，官员们也在忙于审视协议上十分灵活的用词，尽管还不清楚是哪一个版本——1283年的版本，还是近年来重
103 新签订的1289年的版本。但无论哪一个版本，停战协议都构成了一个神圣不可侵犯且牢不可破的契约，嘉拉温曾以最神圣的形式——将真主的名字重复三次，每次重复三遍——对其起誓，

> 安拉、安拉、安拉，以安拉、安拉、安拉之名，蒙安拉、安拉、安拉见证，他超绝万物、舍身求法，他惩治奸佞、赐福万民，他广作善功、消除恶业，他深知何所揭晓、何需封藏，他洞悉奥秘、明察万物，他悲天悯人、宽宏大量。以《古兰经》和受传并宣示《古兰经》的先知阿卜杜拉之子穆罕默德的名义，愿真主保佑并拯救他；以经书要义的名义，一章一节，一字一句；以斋月的名义：我本人与阿卡市民公社和居住在那里的各位骑士团大团长达成停战协议，我承诺要维护这份蒙真主保佑的停战协议。[22]

这些话语将最严厉的正义标准施加于苏丹。同时，嘉拉温似乎也渴望为一个有利于己的答案寻求正当性理由，而他的理由不仅仅是对圣战的追求。阿卡一直以来都是一个重要的奴隶贸易中心，也是购买武器的地方。它位于南北贸易路线上的要津，而正是这条贸易路线将亚历山大港与更北部的港口以及来自黑海的重要奴隶供应联系起来。然而，谋杀商人对贸易的威胁极其严重。嘉拉温也召开了一次会议，与他的埃米尔议事会成员和国务秘书一起讨论要如何应对事态。

令人惊讶的是，很多与会的埃米尔都认为这些条款并未遭到违反——既然这一事件是意外斗殴的结果——而且他们受到神圣的誓言约束要维护这一协议。可能他们也厌倦了战争及其带来的负担。嘉拉温明显不悦。他传召他的通信主管大臣法特赫·丁（Fath al-Din）入内，这位大臣肩负着发言力挺苏丹的重任。马穆鲁克王朝对外协议的起草工作是一项家族事务：等
待出场的是他的父亲穆希·丁（Muhyi al-Din），据说是停战协 104
议原始文本的作者；以及他的侄子沙菲·伊本·阿里（Shafi ibn Ali），此人留下了一份关于此次决策过程的目击者论述。法特赫·丁被问道：

> “停战协议里是否有（行动的）余地?”
>
> 法特赫·丁匆匆浏览了一下协议，并没有找到任何（可以利用的）余地，于是他便找到我以及协议的作者，他的父亲穆希·丁，并将之前的会议经过向我们转述了一遍，然后把停战协议读给我们听。他的父亲说道：“里面没有任何余地，情况就是这样。”
>
> 我没有说话。法特赫·丁转向我说：“你有什么可

说的？”

沙菲小心翼翼地发言，斟酌着自己的言辞，揣摩苏丹的意愿。

然后我说：“我们要支持苏丹。如果他倾向于废除协议，那么协议就得废除。而如果他倾向于让协议存续的话，那么协议就得维持下去。”于是法特赫·丁对我说了些话，大意是：“埃米尔们已经变得既傲慢又懒惰；苏丹倾向于废除协议。”

我对他说：“我们与苏丹一致。”我指着停战协议里的一段话：在这种条件下，当陌生人带着伤害穆斯林的意图抵达时，当局和总督必须尽全力保护他们不受伤害；如果无法做到，应仔细调查并弄清原委。

他们（阿卡的当局）已经承认此次对穆斯林的伤害源自海外的法兰克人。法特赫·丁对我的这一发现非常高兴，并向苏丹汇报此事，而苏丹立刻着手备战工作。他从大帐里走出来，召集部队，准备直捣敌巢。[23]

第七章　求战心切

1290 年秋至 1291 年 3 月

嘉拉温原本打算前往麦加参加一年一度的秋季朝圣之旅， 105
但现在不得不放弃这一打算转而筹划战争。尽管如此，他还是为保护 10 月启程的朝圣者们的安全做了虔诚的安排，其间也启动了攻打阿卡的准备工作：

> 他组织了一支军队前往汉志（Hijaz，位于阿拉伯半岛上的一座城市），保护通往麦加的朝圣之路，还组织了另外一支讨伐军用以解决阿卡的逆民。很多骑手被遣往汉志给每一个需要的人运送饮水和食品，也有很多骑手被派往军营给每一位战士运送武器装备。他制作了一面旗帜准备送往圣旗无数的真主庇佑之城麦加，还制作了一面旗帜

准备带到法兰克人的土地。[1]

与此同时，苏丹的健康状况开始恶化。

尽管如此，他仍在继续动员马穆鲁克的战争机器：收集粮
106 秣和原料，招募兵马，向他的埃米尔和附庸国发号施令。快马信使被派往各地，信鸽也飞向四方。他的要求既有人力方面的也有物资方面的。穆希·丁记载道：

> 他下令所有的部队要在指定的日期集结，并向各位埃米尔支出了不计其数的款项，而这些埃米尔的献金数目也无法估计。他还调拨了大的兵工厂的一大部分物资，规模之大前所未有，有可能超出了以往的任何入侵行动。他命令手下快马加鞭，于是他们马不停蹄。他从铁匠铺和木匠作坊征用了一大批石匠和手工艺者，并给予所有人补贴。他向叙利亚的所有地方官员写信要求生产制造投石机、器械、装备和武器，为（运输）投石机提供牛马，每一座城镇都尽其所能动员民夫携带自己的口粮参战。[2]

储存有食品和饲料的补给站被布设在穿越西奈（Sinai）沙漠逆巴勒斯坦海岸而上的500英里行军路线上，以资来自开罗的军队及其浩浩荡荡的畜群使用。在阿卡以南40英里处的阿特利特（Atlit）海岬，几乎就是在圣殿骑士团的要塞朝圣者城堡的眼皮底下，埃米尔鲁克·丁·塔克苏·曼苏里（Rukn al-Din Taqsu al-Mansuri）发动自己的手下伐林锯木，以备野战工事所需，不过对外则宣称是在为非洲的一场战役做准备。

阿卡的人们本不应该上当受骗。纪尧姆·德·博热安插在

马穆鲁克宫廷的间谍法赫里早就通知了大团长，说嘉拉温正在备战。但阿卡的执政议事会却重蹈的黎波里的覆辙，不肯相信这一情报。博热惯耍政治阴谋的斑斑劣迹，他与马穆鲁克间谍和双面间谍之间的复杂关系，以及阿卡人很可能是过去多次经历了“狼来了”的闹剧——马穆鲁克自己的假情报策略也在作祟——意味着这些可靠的警告将一而再再而三地被忽视。

愈发担心的博热一度派出了自己的非正式代表团前往开 107
罗，试图将这场战争消弭于无形。嘉拉温却漫天要价——阿卡的全体居民每人都要缴纳一西昆（sequin）① 来赎身。这一蛮横要求正如他所料想的一般，被执政议事会愤怒地拒绝了，而博热则在枉费心力之后反而被人指控叛国。

似乎战争威胁的现实需要一再上演，阿卡以西 35 英里处杰宁（Janin）的穆斯林守军很快接到任务，保护通向大马士革的贸易路线并迫使阿卡的人退回到他们的城墙以内。据阿拉伯方面的史料记载，埃米尔桑库尔·马萨（Sunqur al-Massah）受命“每日侦骑四出，率兵监视阿卡要塞的动向并保证海岸的安全，使商人不必担心会受到阿卡暴民的骚扰。每次与阿卡之间的战争或冲突中，他总是胜利者”。[3]

到 10 月末为止，嘉拉温已经万事俱备，“他只需足踏马镫，纵马出城……宛若命运之星，战神天降。”[4]他在开罗举办了一场盛大的出城仪式，“阵势雄壮，盛况空前，千军万马，威震天下。列王的使者们簇拥在其周围，他在胜利之门宿营——他已习惯在此扎营——剩下的只有旅程。”[5]然而，战争的势头却出人意料地停滞不前。嘉拉温的病情加重了。他日渐

① 中世纪威尼斯铸造的著名金币——杜卡特的别称。

衰弱，很可能是被痢疾击倒的。穆希·丁写道：

> 进军的计划一再延期，这是因为我们的主人被一种疾病困扰着，他一直与病魔顽强斗争却还是败下阵来。他的痛苦有增无减，帐篷的绳索已被割断①，《古兰经》谕示他大限已至。他的军队没能护住他，纵有能臣勇将、金戈铁马、雄城要塞，也无济于事。在他的众多杀人机器中，
> 108 只有他被命运带走了。就这样，丛林万物因失去守护的狮王而害怕，伊斯兰世界为失去他的支撑而悚惧。[6]

嘉拉温最终于1290年11月10日去世。他是一位伟大的苏丹，至少在与蒙古人和基督徒作战的胜绩上与拜巴尔不相上下，而且在与他的朋友和敌人打交道时，比他的前任更值得敬佩。

精心设计的战役计划因苏丹之死陷入了一片混乱。“推罗的圣殿骑士”记述道，当这一消息传到阿卡时，人们“喜笑颜开，确信自己得救了”[7]。他们推断，鉴于马穆鲁克王朝在以往的苏丹继位过程中屡屡发生权力斗争的先例，嘉拉温的继承者至少需要一年时间来巩固自己的统治。然而，他们的希望落空了。嘉拉温的儿子马利克·阿什拉夫·哈利勒（al-Malik al-Ashraf Khalil）在父亲病重之际就为其处理政务，十分活跃。嘉拉温去世的第二天，27岁的哈利勒就继位成为苏丹并且公告天下。

嘉拉温的遗体被运回开罗，等待合适的陵墓建成之后再另行下葬。哈利勒发誓将战役继续下去。无论如何，鉴于马穆鲁

---

① 帐篷的绳索如被割断就会倒塌，作者借此喻示苏丹已经病入膏肓。

克王朝狂热的政治本质，以大一统的征服战争推动自己的统治合法化对他而言再合理不过了；除此之外，马穆鲁克的战争机器一旦开启就势难停止，而且一位新继位的苏丹若是就此罢手，会将自己置于危险的境地——马穆鲁克王朝苏丹的继承体制从来就不是世袭制，领导权要通过实力赢取。这取决于有影响力的埃米尔们的支持，而苏丹之位很可能在电光石火间就易手，失败就意味着血腥的下场。

哈利勒是嘉拉温的次子，他并非最受宠爱的那个，而且还有政敌。很多人选择与他的兄长萨利赫·阿里（al-Salih Ali）进行利益捆绑，但萨利赫不幸英年早逝，其支持者们发现自己已然失宠，埃及总督图伦泰（Turuntay）便是其中一位。（一些人将阿里之死归咎于哈利勒下毒，其背后的原因不在于毒杀的可能性有多大，而在于哈利勒相对来说更不受欢迎。）图伦 109
泰本人十分担心哈利勒的判断力，而且不希望其继承苏丹大统。图伦泰曾说过："我不会交给穆斯林一个像哈利勒这样的统治者。"[8]

然而，这位新任苏丹勇猛果敢、富有活力而且冷酷无情。与其父亲不同，他擅长阿拉伯语的会话与写作，而且因熟练掌握骑术和弓术这样的马穆鲁克传统军事技巧且在作战时身先士卒而深得军心。哈利勒也自有开疆拓土的雄心壮志。他精力充沛，从不浪费时间："他每天都从自己的城堡出来，深入军营，了解自始至终的所有事项、整顿人事，直到深夜才返回自己的城堡。"[9]

11 月 18 日，他逮捕了埃及总督图伦泰并判决其死刑。哈利勒还派出快骑，在阿卡城墙外的一场遭遇战中将埃米尔桑库尔·马萨擒获——哈利勒捏造证据，指控这位埃米尔通敌，但后者很可能因为是已被处决的图伦泰的支持者而获罪。哈利勒要想作为苏丹生存下来就必须先发制人。其他一些埃米尔也被关押起来，而另外一些人则被提升到权力极大的职位，并被赐予荣誉战袍。不过，在这位新苏丹的圈子里和军队指挥层内，反对者仍然大有人在，在随后进行的整个战役过程中，这些人窃窃私语，颇有微词。

在修改了战役时间表后，新苏丹勒令军队和叙利亚附庸国在来年 3 月之前为春季战役做好准备，并要提供巨型投石机、石匠、木匠、地道工兵和士兵。阿卡收到了攻打即将降临的警告。“推罗的圣殿骑士”将大团长纪尧姆·德·博热收到的一封信迅速翻译成法语。这封信消除了人们对哈利勒的野心挥之不去的怀疑，内容如下：

> 苏丹至尊，万王之王，天下共主，马利克·阿什拉夫，强大者，可怖者，讨逆者，法兰克人、鞑靼人和亚美尼亚人之猎杀者，从罪大恶极之人手中夺取城堡之征服者，两海①之主，圣地双城②守护者，哈利勒·萨利赫。
> 110 高贵的圣殿骑士团大团长，向正直而又睿智的您致以问候，并传达我们的善意。鉴于您曾是一个真正的男子汉，我们向您致信告知我们的意图，请您务必明白，我等前来贵方领土是为了匡扶正义、惩奸除恶。因此，我们不希望阿卡市民公社向我方递送任何信件或礼物，因为我们绝不会接受。[10]

---

① 指地中海和红海。

② 指麦加和麦地那。

“我翻译了这封信，”“推罗的圣殿骑士”继续写道，“并将这封信呈阅给我的主人大团长和阿卡所有的贵族——宗主教兼教廷使者，医院骑士团大团长让·德·维利耶（Jean de Villiers）修士，以及条顿骑士团的指挥官……我还将此信传阅给比萨的领事官和威尼斯的行政官，他们都很不情愿地接受了苏丹即将来袭的信息，直到他几乎兵临城下的时候。”[11]鉴于过去几个月的明显迹象——砍伐围城工作所需的木材，以及城墙外的遭遇战——如此闭目塞听就是罔顾证据所致。

尽管苏丹已经断然下令不得再有进一步的外交斡旋，阿卡方面还是决定为延缓不可避免的战事做了最后一次尝试。1月，四名勇士被派往开罗陈情：会说阿拉伯语的菲利普·德·门博夫爵士（Sir Philip de Mainboeuf），“阿卡的本地骑士”；[12]巴塞洛缪·比萨（Bartholomew Pisan），圣殿骑士；加泰罗尼亚人洛佩·德·利纳雷斯（Lope de Linares），医院骑士团的修士；以及一位名叫乔治的抄写员。但这么做为时已晚。“他们来到苏丹面前，但苏丹拒绝接收信件和他们带来的礼物，并将这些使者投入大牢。”[13]（“推罗的圣殿骑士”记载道，“他们后来都悲惨地死去”，但是显然他并不清楚他们的命运，因为其中的几个人在若干年后依然活着。利纳雷斯于1306年也就是十五年后被释放。门博夫于1319年重新出现，他做了二十八年俘虏。）

与此同时，嘉拉温之前下令进行的备战和物资采集工作在整个冬季一直持续着。至少从萨拉丁的时代起，穆斯林军队就已经熟练掌握了后勤技能，分配财政资金来提前制造大型投石机的部件并将其按部分运往围城地点，而不是使用产地派发过来的木材在围攻现场就地制造。大马士革作为叙利亚境内的兵 111

工厂和武器制造中心，业已成为投石机原料采集、制造和分配的中心，而拜巴尔又推动这些技术上升到更高的发展层面。然而，收集和运输原材料耗费了巨大的人力物力：马穆鲁克通过后勤工作赢得的大胜代价高昂。在1265年的阿苏夫围攻战中，投石机的组件不得不靠民夫肩扛才得以通过崎岖不平的地方。拜巴尔本人也记述了1271年进攻阿克尔时，运送攻城器械的车队在黎巴嫩北部一路翻山越岭，遭遇到各种艰难险阻的情景。但投石机是攻城部队里的核心组成部分，而马穆鲁克有资源可以在几乎所有的地形上运送大型器械。

埃米尔沙姆斯·丁（Shams al-Din）被嘉拉温派往穆瓦毕卜河谷（Wadi al-Murabbib）收集用于制造攻城器械的长块木材时，正值寒风刺骨的凛冬时节。这条河谷位于阿卡与巴勒贝克（Baalbek）① 之间的黎巴嫩山区，那里的树木高达十米。本就是天寒地冻之时，工作的重担沉甸甸地压在当地被征发的民夫身上，他们不仅要缴纳税金，还要被强制劳动。沙姆斯·丁本人“几乎死在一场突如其来的大雪里。为了救自己一命，他被迫仓皇出逃，将行李和帐篷都抛之身后。一切都被大雪掩埋，这种状态一直延续至夏季，因此很大一部分辎重丢失了”。[14]尽管如此，他的工作队在饱受折磨之后仍然设法将木材运到了巴勒贝克，马穆鲁克所制造过的最大型投石机将在那里诞生。在拆卸之后，这些零部件通过山区在12月底被运到了大马士革。

在跨越遥远距离进行人员和物资的调度上，马穆鲁克的军

① 黎巴嫩东北部城镇。

事筹划能力令人生畏。哈利勒拥有拜巴尔和嘉拉温在过去五十 112
年里不断完善总结出的一整套战争组织方案。部队和战争物资的集合点被设定在大马士革，但是冬季的严寒天气持续妨碍着备战工作的进展。第二年年初，一支分遣队被派往库尔德堡（Hisn al-Akrad）① ——也就是骑士堡——接收在那里制作的一台巨大的投石机，将这个庞然大物被拆解后的零部件装载到马车上。

在那些参加运输工作的人中有一位年轻的叙利亚王公，名叫阿布·菲达，他说道："我们在那里接到了运送一门大型投石机（配重式投石机）的任务，它的名字叫作'曼苏里（al-Mansuri，意为胜利）'，它的零部件足足装满了一百辆马车。这些马车被分流到哈马（Hama）② 军团，其中有一辆马车由我负责，因为当时我是一名十夫长。"[15]他们先是将这些零部件拖运到大马士革，然后是阿卡，全部行程 80 英里，这是一项残酷的工作：

> 我们的马车之旅赶上了严冬时节的末段，从库尔德堡到大马士革，一路上雨雪交加。我们因而遭遇了极大的困难：拖拽陷入泥泞的马车，拉车的牛在严寒下变得虚弱继而死去。拖运这些马车所耗费的工夫，导致我们用了一个月才从库尔德堡走到阿卡——如果骑马的话通常八天就到了。苏丹马利克·阿什拉夫对其他各处要塞下达了同样的命令，将所有地方的投石机运送到那里。[16]

---

① 骑士堡最早由 11 世纪时的库尔德人掌控，因此它被称为 Hisn al-Akrad，意思是"库尔德人的城堡"。

② 叙利亚西部城市。

拖运攻城器械这种使人筋疲力尽的工作在一直继续。2月，哈利勒委派自己的代表埃米尔伊兹·丁·艾伯克·阿夫拉姆（Izz al-Din Aybak al-Afram），前往大马士革监督巨型投石机和其他攻城装备的制造以及运往阿卡的过程。艾伯克是苏丹的高级军事工程师，也是一位拥有二十五年戎马生涯的老臣，他的从军经历可以追溯至拜巴尔的早期战役，从那时起他就负责攻城器械的制造、监管和运输。

与此同时，哈利勒精心策划了一场宣传运动以掀起宗教热
113 潮，将他的战役与人们对自己父亲的虔诚记忆联系起来，并将黎凡特团结在神圣事业的口号下。1291 年 1 月 4 日，伊斯兰历新年的第一天，嘉拉温的遗体由庄严肃穆的队列护送，这支队伍由宗教人士——谢赫（sheikh，即长老）、托钵僧和卡迪（qadi，即法官）组成，先是被送往开罗的阿扎尔大清真寺，然后又被送到他宏伟的陵墓里新修建好的墓室下葬。在哈利勒预定率自己的军队主力出发前的一周，他在父亲的墓前精心组织了一场狂热的仪式和庆祝活动。3 月 2 日晚间至 3 日的凌晨，信徒们整夜诵读《古兰经》。第二天清晨，在总督和维齐尔（vizier）的陪同下，哈利勒慷慨地向穷苦大众、《古兰经》的朗诵者和宗教机构发放钱财和衣物。“所有这一切都发生在苏丹在其父陵墓举行的告别仪式上，因为他已经决定启程，前去围攻阿卡。”[17]

如今席卷伊斯兰世界的宗教狂热与十字军东征运动的整体趋势恰好形成了对称的曲线。两百年前，同样的情绪促使欧洲的基督徒拥入圣地，而彼时的伊斯兰世界则四分五裂、各自为政。现在则是基督教世界对教皇发动十字军的恳请充耳不闻，而穆斯林参加圣战的声浪如火如荼。圣人们纷纷预测出违背正

道的基督徒所将遭受的命运。通过清真寺里的布道，加入圣战的呼吁得以深入人心。志愿者们既受到圣战精神的鼓舞，又被的黎波里战役所带来的丰厚战利品激励，受到了物质回报前景的引诱。

3 月 6 日，哈利勒率军出征，穿越西奈沙漠。在启程时，
担任卡迪的穆希・丁祈求上天向阿卡降下诅咒并警告大祸即将
来临："噢，你们，金发圣人（基督）的子孙们，上帝的复仇
之雨马上就会降临到你们身上，鸡犬不留！马利克・阿什拉夫
已经驾临你们的海岸。准备迎接他所发出的摧枯拉朽般打击
吧！"[18]一位谢赫据说在梦中看见一位陌生人在吟唱："穆斯林
已经攻下阿卡并砍下异教徒的头颅。我们的苏丹率兵将敌军碾
碎在脚下的群山中。突厥人在出发时发誓不留一寸土地给法兰 114
克人。"[19]空气中旋绕着预言和狂热的气息。

拜巴尔・曼苏里（Baybars al-Mansuri）的热情回应体现出了兴奋和热切的期待，他是战略地位重要的卡拉克（Kerak）城堡的城主，萨拉丁于 1188 年从十字军手中夺得了这座城堡。曼苏里受命为战役提供人员和装备。虽然（苏丹）并未期待他亲身参与，但是圣战的熊熊烈火正从上到下燃遍整个社会。正如他本人所记述的：

> 当收到这次进攻的命令时我正在卡拉克，一同传达到
> 我手中的还有苏丹颁布的准备武器和军械的法令，我的灵
> 魂渴求圣战，向往之情有如干渴大地渴求其应尽责任。我 115
> 怀着这样的心情去求见苏丹，询问我是否应当为这次进攻
> 分担一些任务并且随军参战，他允许我参加并赐予我许
> 可。于是我就像一个胜利地得偿所愿的人，眼前的夜色豁

打击即将降临：用一架巨型投石机发射炮弹

然变得如清晨般明朗。我筹措了防护性装备（木质屏障和遮蔽物）、有用的器械，招募有奉献精神的战斗人员、射手、石匠、突袭者和木匠。在苏丹驾临加沙时，我前去觐见并来到他的大营。我受到了热情招待，苏丹向我微笑以示喜悦之情，然后我随他的禁卫骑兵一同前往阿卡。[20]

人员和物资的征集工作正在提速：攻城弩炮、石弹、石脑油、防护掩体所需的木材、挖掘地道用的矿坑支撑木、食品补给、骆驼和马，以及特种部队——地道兵、石匠、燃烧类武器专家、弩炮操作手、突击队、弓箭手和后勤部队。3 月初，一支前卫部队出现在阿卡城外，迫使欧洲定居者们放弃自己的村庄并将果园砍伐清空，以备修建防线和军事营地之用。现在，对于阿卡的民众来说，哈利勒的意图昭然若揭。聚集于此的各个附庸国和省级总督的部队不仅来自开罗和大马士革，更是来自远至北面 250 英里处的阿勒颇；来自从阿勒颇到大马士革之间的路线上的哈马和霍姆斯；来自黎巴嫩山区的阿克尔；来自卡拉克、的黎波里和库尔德堡。之前被派往大马士革去监督攻城器械的运输工作的埃米尔艾伯克·阿夫拉姆，已于 3 月 3 日抵达。在接下来的几周里，哈利勒率军穿越西奈半岛，在加沙收编了由卡拉克城主拜巴尔·曼苏里率领的军团。他们沿海岸一路向北，在其辎重队伍里又增添了一批于开罗预制的巨型投石机组件。1291 年的春天，一支庞大军队正在集结。

大马士革上上下下都沉浸在战争的狂热气氛之中，铁锤敲 116
击和刀锯切割之声响彻全城：木匠们制造巨型投石机；铁匠们锻造刀刃、链甲和马掌；为一场大型战役征集所有相关的物品——食物和饲料、盾牌、帐篷和旗帜、马车和挖掘工具；越来越多的士兵、马匹、骆驼和驴也被集聚在一起。3 月 9 日星期五，在城中雄伟的倭马亚（Umayyad）清真寺举行的祷告中，神职人员向信徒们宣告："那些想在阿卡为信仰而战的人，应当在伊斯兰历三月（Rabi Ⅰ，作为先知诞生的月份而尤为吉祥）的头十天挺身而出，将那些投石机拉出工厂，运过桥梁。"[21]

这一宣告在群众中引起了巨大的反响。在一种情绪高涨的气氛中，巨大的攻城武器被拆成零件，拖出城门，穿过桥梁。志愿者们"在天亮时就动身，直到中午祷告时才回来。甚至连法学专家、教师、宗教学者和虔诚的信徒都在搬运物资并帮助拖运投石机的木质构件”[22]。到了3月15日，巨型投石机的所有零部件均被运出，埃米尔达瓦达里（al-Dawadari）指挥的车队带着第一批物件开始了长达80英里的行程。

几乎在同一时间，大批其他军团也在大马士革集结。23日早晨，这座城市的总督埃米尔胡萨姆·丁·拉津（Husam al-Din Lajin）首先率领自己的部队出城前往阿卡。当天晚上，哈马的领主，埃米尔马利克·穆扎法尔（al-Malik al-Muzaffer）到达大马士革，他的部队和围城装备将于三天后到达。27日星期一，埃米尔塔巴希（al-Tabahi）在的黎波里的部队前方打头，连同库尔德堡、阿克尔城堡、霍姆斯以及叙利亚中部地区其他城市的部队也抵达了这座城市。该地区见证了穆斯林军队及人民几乎史无前例的动员。据说群众的热情如此之高，以至于志愿军的人数超过了正规军。这些分遣队一支接一支地向海岸前进，并开始破坏阿卡的周边地域。

117 基督徒方面的史料在对这支军队规模进行评估时编造了不真实的数字，并对这种军事炫耀致以不情愿的敬意，对这支尚在行军中的军队所带来的影响进行了生动而又有几分虚构的描述。他们将这些纵队描绘成“渴饮基督徒鲜血的恶魔”，[23]世界末日的可怕预兆——野蛮、令人生畏，但又有几分壮观：

> 苏丹率领着史上最为庞大的异教徒军队向阿卡推进，他的军队中会聚了来自东方和西方的各个种族、民族和讲着不同语言的异教徒，其准确数目无人能够数清。兵马未到，便已传来阵阵喇叭声、铙钹声和鼓声，震天撼地。当军队经过的时候，他们的盾牌在阳光下金光闪耀，继而又

> 将阳光反射回群山。他们擦亮的矛尖在阳光下熠熠生辉，像宁静的夜空中闪耀的群星。当军队行进时，由于长矛的数量众多，仿佛就像一片森林在地表移动。这支军队的人数足有 40 万之众，目睹异教徒如此人多势众，很难不让人心生钦佩，因为他们覆盖了整个大地、平原和山丘。[24]

无论其规模和外表的真实情况如何，这支渐渐逼近的军队代表了马穆鲁克无与伦比的军事力量。

1290 年底，阿卡城内终于产生了紧迫感，开始反复呼吁各方派遣部队增援。亨利二世国王从塞浦路斯派来了一些援军，同时从耶路撒冷王国的边远地区，从朝圣者城堡、推罗、西顿和贝鲁特召回士兵。条顿骑士团的大团长布尔夏德·冯·施瓦登（Burchard von Schwanden）在率领 40 名骑士和 400 名其他十字军战士抵达后，迅速辞职并乘船返回欧洲，无论其增援行动有何积极影响，他的这一行为大大削弱了士气。教皇托
付给尼古拉·德·阿纳普的资金被用于修补和加固城墙及外围 118
工事，购买军火和武器装备，以及制造火力强大的巨型投石机。宗主教通过在城市大教堂——圣十字教堂——发表慷慨激昂的演讲，在维持士气方面发挥了核心作用。但随着马穆鲁克各路纵队逼近阿卡，这座城市仍在手忙脚乱地完成备战工作。

第八章　红篷大帐

1291 年 4 月 1—9 日

119 苏丹哈利勒于 1291 年 4 月初抵达阿卡。据一名基督徒记载："他歇息了三天，其间与他的指挥官们和军队里的贤达之士在一起商议军情，休整军队。在第四天，马穆鲁克大军拔营向着邻近城市的方向移动了 1 英里，然后在那里扎营，其间伴随着一阵阵恐怖的喇叭声、铙钹声、鼓声，还夹杂着许多种不同声音的可怕嘶吼声。"[1]在 4 月 5 日星期四，他正式宣布围城。

他选择了一座高出平原 30 米、位于城东约 300 米的小山
120 作为他个人宿营的地点。综合各方面的史料记载，这是个怡人之处，曾经有"一座可爱的塔楼，以及数个花园和葡萄园，为圣殿骑士团所有"[2]，而且视野开阔。穆斯林将其称为塔尔福

克哈（Tal al-Fukhar），基督徒则把它叫作勒图伦（Le Touron），这个地方对双方来说都具有历史意义。一个世纪之前的 1189 年夏季，耶路撒冷国王居伊 · 德 · 吕西尼昂也是在这座小山上指挥十字军围攻萨拉丁占据的阿卡。现在，命运之轮循环往复，回到原点①。从这里，哈利勒可以越过田野和果园，俯瞰正下方的一片狭长沙湾，纳曼河从那里穿过一片又一片沼泽地。再往南 10 英里处的海岬上是废弃的海法城堡，它是被拜巴尔摧毁的。向北就是阿卡的双重城墙和交错的塔楼，呈现出“斧头形状”[3]的布局（根据一位史学家的描述），以及它的港口和紧凑拥挤的市中心，它的教堂和显眼的宫殿，耶路撒冷国王的城堡、各大骑士团和意大利社区的要塞在平顶房屋中鹤立鸡群。他还可以看到他的军队在城市前方集结。

苏丹大帐的选址和搭建是一场仪式。哈利勒遵循马穆鲁克的习俗，将自己华丽的帐篷——统帅大帐（dibliz）设在面对自己目标的方向。这座帐篷“通体赤红，大门面向阿卡城敞开”[4]——这一朝向表明了他的意图。“这是马穆鲁克苏丹的仪式性惯例，统帅大帐大门的朝向让每个人都知道苏丹的兵锋所指。”[5]可能就在同一天，苏丹的代表们走近这座城市，向守军提出安全保障（aman）②，这是在城市自愿投降的情况下对居民人身安全和通行许可的担保。在十字军的据点连续崩溃以及的黎波里大屠杀发生之后，这一做法不过是对伊斯兰教律一种形式上的认可。背后是茫茫大海，巴勒斯坦海岸再无其他重要据点，守军知道这一定是一场殊死搏斗——要么就是他们身负

① 原文典出莎士比亚的经典剧作《李尔王》：The wheel is come full circle（命运之轮又循环过来了）。

② “aman”在阿拉伯语里意为“安全”。

骂名地离去，在基督教世界里痛遭世人唾弃。法兰克人不肯纡尊降贵，而是以一场箭雨回应了代表们的提议：拒绝，这就意味着围攻战将在第二天正式打响。这是一个星期五，在穆斯林的一周中是最神圣的一天，苏丹选定这一天来强调这项事业的神圣性。

这位无名的“推罗的圣殿骑士”是马穆鲁克军队部署的见证者之一，他宣称苏丹的军队里包括 7 万名骑兵。在哈利勒
121 的时代，马穆鲁克禁卫军的人数可能有 7000 ~ 1.2 万人，这还要算上各级埃米尔统辖的马穆鲁克士兵以及一支自由民组成的公民骑兵部队。后来于 1315 年估算的数据表明，单是埃及本土的军队就拥有 2.4 万名骑兵（尽管其中许多人除了一两匹驮着行李的骆驼之外，还有两匹马随行，因此，在测算一大群人和动物时，有相当大的误差空间）。在整个围攻战过程中，很明显，马穆鲁克的营地日夜都有大批骑兵巡逻。除了骑兵，“推罗的圣殿骑士”估计步兵的人数有 15 万，包括受过训练和未经训练的步兵，而大量的平民志愿者和辅助部队使总人数暴增。在所有马穆鲁克和十字军之间的遭遇战中，人数上的完全不对等是一个决定性的因素。不管“推罗的圣殿骑士”对哈利勒的军队规模的估计有多夸张，一个明显的事实是，这场战役大受穆斯林欢迎，因而在这种情况下集结起的一支庞大军队，其规模很可能是空前绝后的。

尽管双方的人数相差悬殊，但结果并非板上钉钉。阿卡的人口比马穆鲁克所攻陷过的任何一个设防据点都要多。拜巴尔攻下的城堡中，能容纳超过一千兵力的地点寥寥无几；而保卫阿卡的人数则超出这个数字十倍。“推罗的圣殿骑士”估计，阿卡的人口总数在 3 万 ~4 万，包括妇女和儿童，有 700 ~ 800

人的骑马骑士，以及1.3万人的步兵。这是一支混编部队，各大骑士团全副武装的重甲骑士和他们的侍从军士组成了精锐的骑兵部队。每一个骑士团都可由其独特的服饰被辨识出来：圣殿骑士的白色外衣上绣有一个红色十字，医院骑士的红色外衣上有一个白色十字，而条顿骑士的黑色外衣上绣有一个白色十字。阿卡的步兵由来自塞浦路斯的部队、雇佣兵和欧洲来的分遣队组成。这些人中包括经验丰富的弩兵（对于围攻战的防守一方至关重要），以及一小批技术专家——工程师、矿工和木匠——他们在建造防御掩体、制造和修理弩炮，以及反地道作战（如果马穆鲁克将地道挖到离城墙下方足够近的距离）
中的作用十分关键。城里的比萨人都是特别擅长制造和操作弩 122
炮的实用型的水手。此外，还有最近抵达的平民朝圣者和冒险家，正是他们的行为导致了这场战争。

从城墙上，“推罗的圣殿骑士”可以看到帐篷与帐篷“之间的距离非常小，从图伦一直延伸到苏迈利亚区（Sumairiya，就在城市的北部），所以整个平原上都被帐篷覆盖”。[6]马穆鲁克军队整个包围了阿卡不靠海的两边，从中东各地征调过来的部队面向城墙排列，阵容严整：在北端一片岩石嶙嶙的海岸上，作为全军侧翼的是阿尤布附庸马利克·穆扎法尔的部队，他是叙利亚中部地区城市哈马的统治者；在战线中央，面对阿卡的主城门圣安东尼门（坐落于一座塔楼之内），是总督胡萨姆·丁·拉津指挥下的大马士革军团；在他们的左边，是拜巴尔·曼苏里指挥下的卡拉克军团，此军团的营地正好位于苏丹帐篷所在小山的正下方，而苏丹自己麾下的埃及马穆鲁克部队则威胁着城墙到港口之间的区域。

另外一个对马穆鲁克军队的围城部署进行密切观察的人是

医院骑士团大团长让·德·维利耶，他所记述的苏丹接近阿卡的日子比“推罗的圣殿骑士”早了几天。在后来的一封信中，他以夸张的笔法描述了哈利勒在 4 月 1 日戏剧性的到来。哈利勒“在日出和祈祷的第三个小时（大约上午九时）之间，全面包围了阿卡，其阵线从海的一端延伸至另外一端，而其队伍长度向东直抵幼发拉底河（目力所及之处）。他带来了所有的攻城武器。就这样，他带领大批人马和众多军械在阿卡城前安营扎寨”。[7]

如果说马穆鲁克军队的规模总是被高估的话，那么对于城墙之上的观察者来说，马穆鲁克大营仍是一幅令人生畏的景象。他们可以观察到一派气势恢宏的场景。成千上万的动物，有驮载帐篷的骆驼，拖拽攻城武器的牛，马穆鲁克的战马；以及军队所有的人员，有骑兵和步兵、木匠、石匠、厨师、
123 神职人员；还有携带饲料、饮用水和食物的后勤部队。繁多的色彩，各式各样的服饰，还有五花八门的武器装备——盔帽、头巾、护身铠甲、盾牌和利剑。阿卡的人们可以听到一支大军安营的嘈杂声音：动物的嘶叫声、传令兵的吼声、祷告的朗诵声、挖壕的铲土声、搭设帐篷和安装攻城武器的劳作声、黄旗的飘动声、喇叭声和鼓响声。“当我们在那里扎下大营后，”拜巴尔·曼苏里记述道，“他们就被围了个水泄不通。”[8]

哈利勒的士兵抬头望去，看到“一座由主城墙、外城墙、塔楼、护城河和坚固的外堡保护起来的城镇……呈现出三角形盾牌的形状”，[9]就像一位游客在几年前描述的那样。双层城墙不受阻断地从海岸经过陆地再延伸到海岸——总长超过 1 英里——城墙沿线有多处开辟了城门和暗道，每隔一定距离就建有高大的方形塔楼。城墙前方是一道护城河，其内侧陡峭，边缘砌有石块，河沟宽达 12 米。塔楼的名字表明了一些琐碎细

节——它们是由个人捐赠或倡议所筹资建造的：威尼斯之塔、英格兰之塔、亨利国王之塔以及布卢瓦女伯爵之塔。其他的一些塔楼的名字则较为不祥，反映出阿卡的动荡过往以及依附于其上的传奇故事。诅咒之塔的侧方是血腥之塔。再往西去是包括魔足门（Gate of Evil Step）在内的外城墙防御工事。

然而，在后世添加这些额外防御设施的很久之前，像维尔布兰特·范·奥尔登堡这样的访客就对阿卡的城防赞誉有加：“宽沟深壕，两侧砌有石墙，直至根部，上方则是双层城墙，布局精妙。第一道城墙，其塔楼不超过主城墙本身的高度，被第二道城墙，也就是内城墙所俯瞰并保护着，而且高耸于第二道城墙上的塔楼火力强大。”[10]两层城墙之间是大约 40 米宽的杀戮空间，中间也设有一道壕沟。带有斜度的壕沟由切割好的石块筑成，营造出的陡峭斜坡使得攻击者不得不通过攀爬才能到达城墙的底部。高度较低的外城墙上也有大致是方形的塔楼群，这些塔楼相距 50 米，“环绕城墙，彼此不超过一箭之 124
地”[11]，还配有额外的小型凸出部分以提供掩护火力；城门也设置在塔楼群中。内城墙上塔楼与塔楼的间隔由半圆形的外堡保护着。在鲁道夫·冯·苏德海姆的描述中城墙固若金汤，“宽度足够两辆马车在城墙上轻易地互相经过”；而在离外部护城河更远的地方还有其他“若干外部防御工事”；平原上布设有木质栅栏，栅栏的前方又另有壕沟，以求进一步迟缓敌军前进的速度。阿卡的城防可谓坚不可摧。

关于围城实施准则，根据公认的伊斯兰世界的军事智慧［这些智慧的结晶在一个世纪后由易卜拉欣·安萨里（Ibrahim al-Ansari）编纂汇总成军事手册］，一位指挥官应该投入时间去“了解要塞的状况，知道难以进入的地点和可以轻易进入的地点，无法开展行动和能够行动的地点……（而且要进一步明确）……可以挖掘地道（以破坏城墙）的地点以及部署攀墙绳索、攻城云梯和抓钩的地点”。[12]通过在有利地势进行观察以及多次实地探察，哈利勒有足够的机会来审视阿卡的防御体系并筛选自己的策略选择。有两处地点格外引人关注。阿卡实际上分为两个部分：围绕港口的老城区，以及新发展起来的蒙穆萨尔郊区，这两部分区域现在都被一道双层城墙围护起来。一道内城墙，也就是老城区的外城墙，将这两部分区域分隔开。在两道城墙的交会处，外部城墙向内凹陷形成一个战略地位重要的城门楼——圣安东尼门。在东侧大约600米处，城墙弯折成一个更为锐利的直角，转向大海。这里是阿卡城防最为薄弱之处。正是在这里，一个世纪之前的十字军击毁了诅咒之塔。

重建之后的诅咒之塔不仅由一道外城墙保护，而且有其他防御工事的火力支援。这些防御工事包括于格三世建造的外堡
125 场——一个从外城墙凸出的外部防御结构，并与诅咒之塔通过甬道相连——以及由亨利国王在附近建造、正好位于直角顶点处的塔楼，为通往城市核心地区的入口，即诅咒之塔提供更深层次的防护。对哈利勒来说，重要的是在城墙全线保持压力以分散守军兵力，使其各处的防守力量变得稀薄，但他最初的注意力却放在了于格三世外堡和圣安东尼门。

尽管他已经集结了庞大的军队，而且在过去三十年里马穆鲁克在进攻十字军城堡的战斗中连续不断地取得成功，哈利勒的此次战役行动依然存在风险——而他作为苏丹的合法性有赖于这次战役的成功。一个不受欢迎的统治者被重臣们赶下台的

过程可能既迅速又血腥。他没有舰队，也无法封锁阿卡，这使其无法通过海路获得再补给和增援部队。尽管如此，对这座城市了解颇深的穆斯林商人或间谍已经为他提供了充分的情报，使他对阿卡可能采取的防守策略和外界对阿卡求援的回应了然于胸。春季的大海让人难以预测，而天气极有可能干扰塞浦路斯所提供的任何救援的到达。

对正在进行中的工作表现出密切的个人兴趣，这点对苏丹来说极为重要。由易卜拉欣·安萨里撰写的马穆鲁克军事手册规定，“军队指挥官或是他委任的军代表每隔一天或者两天就应该巡视包围要塞的阵地”，并且应该“监督投石机的安装进程和弹药的配备”。[13]而且萨拉丁和拜巴尔都深知在战斗中身先士卒的必要性。拜巴尔在 1265 年的凯撒利亚之战中在一辆轮式防护车的掩护下深入到接近城墙的前线，视察地道作业的进展，而在随后的阿苏夫之战中，他差点儿在战壕里丧生。苏丹应该站在军队能看到他的地方并且要不吝赏赐。如果要让士兵为自己战斗乃至献身的话，士气至关重要。

时间是一个关键因素。马穆鲁克的战略是集中压倒性力量 126
对一座城镇发动快速而又致命的一击。如果在拜巴尔的时代如同多米诺骨牌般崩溃的基督教据点中没有一座据点能撑过六周以上的话，那么这一时限很可能就是意志比较脆弱的地方军和志愿兵保持可靠性的最大时间长度。萨拉丁在 1188 年试图攻下安条克的努力最终功亏一篑的原因就在于“他麾下的军队，尤其是那些来自边远地区的部队的决心已经动摇，他们对圣战的热情已经消退，他们只想返回自己的家园，舔舐战争带来的创伤”[14]。疾病则是另外一个关键因素。在卫生保障和营地管理方面——饮用水的供应、清洗设施、尸体埋葬、食物补给——穆斯林军队远胜于他们的基督徒同行，但哈利勒的军队人数众多，随着春季到来，升高的气温和低洼的平原地形给这支军队带来了诸多挑战。阿卡周围的沼泽散发出瘴气，后来的旅行者多梅尼科·拉菲（Domenico Laffi）证实了这一点。他将阿卡称作“一个不健康的地方……因为周围环绕着沼泽……我们（的船）无法在那里待上一整年，因为雨季的糟糕空气和恶劣条件”。[15]在 1189—1191 年的漫长围城战中，阿卡城里城外的两支军队都饱受疾病的摧残。

虽然马穆鲁克军队的后勤技术水准很高，但是随着时间的推移，维持长时间围城的各项指标上还是逐渐堆积起不利的数据。据估计，一支由 2.5 万人组成的中世纪军队每天需要 9000 加仑的水和 30 吨的牲畜饲料才能满足自身的补给需求。一场 60 天的围城战需要清除掉人和牲畜所产生的 100 万加仑废水和 4000 吨固体生物废料。哈利勒的军队将要产生的数字至少是上述数据的 3 倍。别的不说，驱使苏丹的士兵在城墙外
127 等待和牺牲的动力就很有限。人数众多的志愿兵不仅受到宗教热情的鼓舞，而且也受到能获得战利品的前景的激励。他们不会无限期地在阿卡城外的平原上坚持。

从他的营地望去，这座城市的备战状况一览无余：哈利勒“发现城头布置了各式各样的装备和反攻城武器”。[16]守军在可以利用的时间内做了一切能做的事。让·德·维利耶后来写道：“我们和城内所有能干的基督徒为对抗侵略者做了准备，充分武装了自己，所有用来保护和守卫这座城市和人民的装备和器械都已准备就绪。”[17]士兵们准备好了自己的装备：给铠甲（链甲束腰外衣）上油、清理头盔、磨利刀剑和矛尖、为战马

001 // 阿卡围攻战，1189—1191 年。第三次十字军东征的部队使用一台威力巨大的配重式投石机来粉碎这座城市的城墙。

002 // 这幅 13 世纪中期马修·帕里斯绘制的地图，以平面示意图的形式展现了阿卡的总体布局。诅咒之塔在地图中以圆形塔楼的图像处于外城墙显著的位置；左侧的蒙穆萨尔郊区与老城区被一道内城墙隔开。

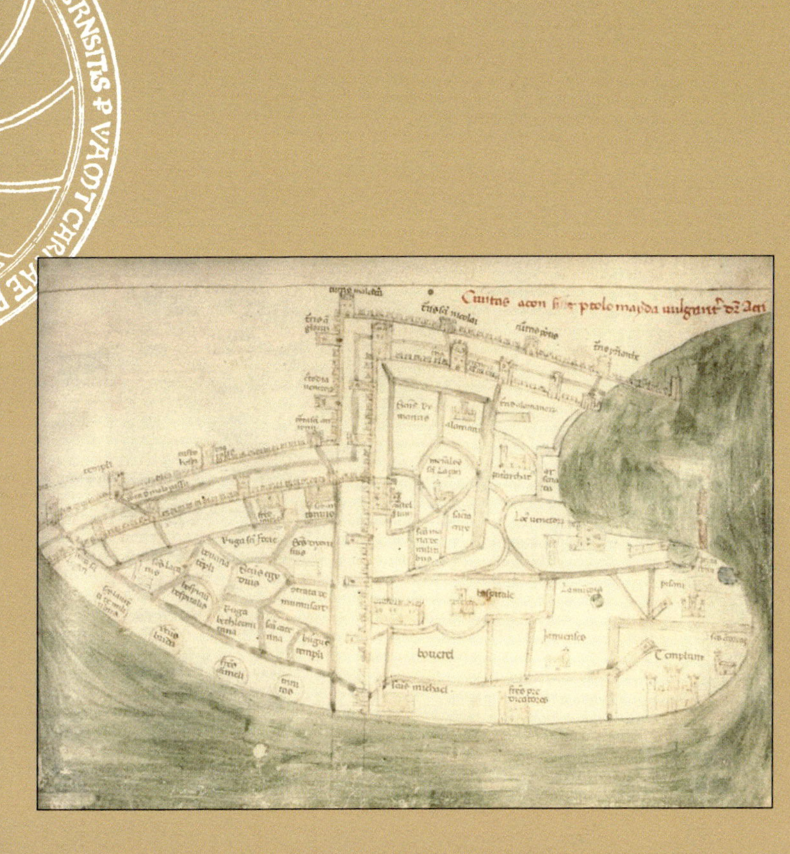

003 // 这幅完成时间大约为 1320 年的地图，是根据马里诺 · 萨努多 · 托尔塞洛在 1286 年造访阿卡时的叙述绘制的，提供了有关最后一次围攻战之前阿卡城市布局的宝贵信息。该地图展示了阿卡的双层城墙和蒙穆萨尔郊区。塔楼、城门、城市区域以及知名建筑物都在地图中被标出。

004 // 头戴黄金王冠、笼罩在圣人光环下的法兰西国王路易九世，从法兰西本土扬帆起航，前往埃及，发动第七次十字军东征。

005 // 蒙古骑兵与马穆鲁克骑兵。画面左侧的蒙古骑兵执弓戴盔，正在追击一队撤退的马穆鲁克骑兵，后者手执长枪，高举伊斯兰星月大旗。

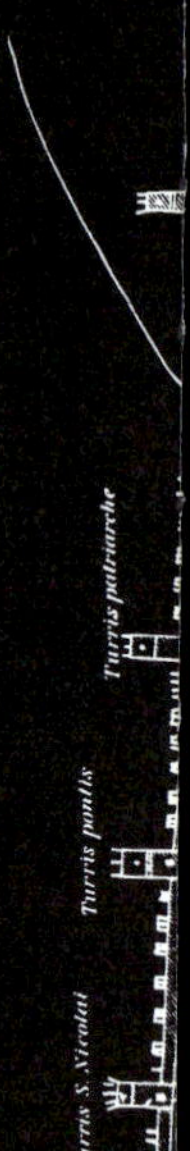

006 // 身穿颜色鲜艳长袍的马穆鲁克骑兵，这是一本马术与军事训练手册上的插图。这些关于战争的论述表明了伊斯兰世界的军事科学已经发展到很高的水平。

007 // 这个抬起前足呈行走态的狮像是马穆鲁克王朝创始人、苏丹拜巴尔一世的纹章，这种纹章多在公共建筑和硬币上出现。

008 // 阿卡城里医院骑士团总部的食堂大厅，巨大的圆柱和高耸的拱廊是骑士团在这座城市中所拥有财富的遗存。

009 // 这条长达 300 余米的、从阿卡地下穿城而过的神秘隧道，由圣殿骑士团总部城堡直达港口区。其确切用途目前尚无法断定，但它可能是由圣殿骑士团付出相当大的代价建造的，以便让货物绕过敌对城市派系的争议区域。

010 // 战争的胜利品：一座阿卡教堂的大门被重新安装在开罗一所宗教学校的入口处。

011 // 洛桑大教堂中的一位幸存者的雕像：奥托 · 德 · 格朗松，英格兰骑士的指挥官。

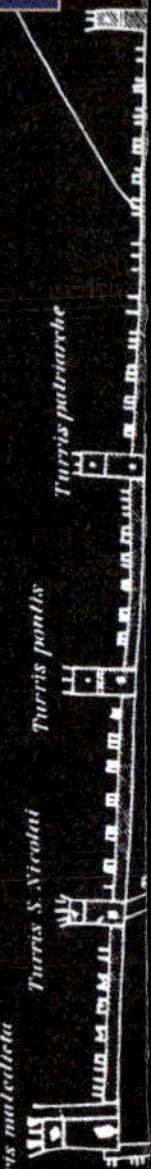

012 // 出土的物证：一块显示骑士形象的上过釉的陶器碎片，发掘自十字军时代阿卡毁灭时的地层。

Turris patriarche

Turris pontis

Turris S. Nicolai

...is maledicta

013 // 今天阿卡旧城区的鸟瞰图。港湾区右侧的石块基座就是苍蝇之塔的遗迹。前景中浅浅的绿色水池是现已消失的圣殿骑士团城堡所在的位置；医院骑士团的总部则在绿色清真寺圆顶左侧长方形建筑物的位置。

014 // 在阿卡老城区城墙外的一次考古发掘活动中发现了 18 个被精心打磨成形的球形石弹，这些石弹专为一台很可能是架设在这里的马穆鲁克投石机配备。在该地区发现的石弹重 50—165 公斤。许多石料是从数英里之外运来的。

015 // 马穆鲁克攻陷的黎波里城，1289 年 4 月。这是十字军东征接近尾声时中的一场战役，战场位于现代的黎巴嫩。

016 //1291 年，医院骑士团大团长大元帅马修·德·克莱蒙守卫阿卡城墙。

钉上马掌、调整盾牌把手和弩机器件、储存弹药。“推罗的圣殿骑士”也描述了守军准备他们的反攻城武器的情况。他们“合理部署防守岗位，并开始发出警报，就像一个人发现敌人时必须做的那样”。[18]

这座城市在靠海一侧没有防御设施，因为近海的岩石和沙洲地貌使得两栖登陆进攻无法实现。相反，在蒙穆萨尔区的北端，防御工事延伸至岩石海岸的地方，一座巨大的圆形塔楼守护于此；在东端，城墙止步于沙滩的地方有一座小塔楼，另外还有直插入水中的带刺铁丝网，以防骑兵通过浅滩发动迂回攻势。在港湾，比萨人拥有能够使用安装在甲板上的弩炮轰击海岸的舰船。在岸上他们也有十五台类似的弩炮，布置在刚好可以在内城墙里开火的地方，很可能还装备有从城垛上指挥操作的测距仪。

紧靠内城墙的是大型圆拱形厅室，在战时被城镇的普通民众用作军火库，他们来到这里准备战争物资，“运来大量的石
块、弩机、弩箭、长矛、弯刀（单刃剑）、头盔、胸甲、鳞状 128
棉甲、带有金属饰扣的盾牌以及所有其他种类的盔甲”[19]。旌旗在城头上飘扬，而当城门最终封闭关死时，守军很有可能采用传统策略，在外城墙上悬挂沉重的防护物——固定在木梁上的成捆羊毛或皮革片——用于减轻弩炮发射的石弹所带来的冲击效果。

城中的军事力量按照防区划分各自的防守责任。蒙穆萨尔区的最北面防区由大团长纪尧姆·德·博热和大元帅皮埃尔·德·塞夫雷（Pierrede Sevrey）指挥下的圣殿骑士团把守，并得到了圣拉撒路麻风病人骑士团的帮助；在他们的右方，医院骑士团据守着通向圣安东尼门的一块关键防区，由他们的大团

长让·德·维利耶和大元帅马修·德·克莱蒙指挥。医院骑士们与圣托马斯英格兰骑士团轮流换岗上阵；再往右的防区由胡戈·冯·博兰（Hugo von Boland）率领的条顿骑士团负责。作为防守关键的国王之塔、诅咒之塔和外堡凸出部分，也就是城墙急转弯之处，由塞浦路斯王国的军队负责把守，由年轻的王弟、推罗领主兼阿卡摄政阿马尔里克指挥。最后一个防区，一直延伸到港口区，被委托给让·德·格拉伊率领的法兰西军团和奥顿·德·格朗松率领的英格兰军团，他们得到了新近抵达的朝圣者和市民的协助。

精通海战的意大利人分散在防御阵线上。威尼斯人和比萨人在多个地点为守军提供支持；热那亚人则犹豫不决，然后宣布保持中立。他们在 1290 年 5 月与嘉拉温签订了一份商业协议，因此无意破坏这份协议。意大利商人群体的承诺由于威尼斯人也签署了类似的协议而一直备受怀疑，尽管比萨人一直在全心全意地付出。

城墙的守卫工作实行严格的轮换制度——每八小时轮一
129 次——由每一防区的两支部队进行岗位交接，具体事宜由两位防区司令官管理。历史资料表明，总体的防守责任由战时委员会的八位主要人物分担，包括阿马尔里克，三个最大骑士团的大团长（维利耶、博热和博兰），“法兰西军团的指挥官兼耶路撒冷王国总管”[20]让·德·格拉伊，英格兰军团指挥官奥顿·德·格朗松和宗主教尼古拉·德·阿纳普。

尽管有这些表面上合乎逻辑的安排，实际上令人满意的统一防御计划并不存在。针对围城的防御组织反映出这座城市本身的派系分裂历史和人文地理特征，不同的群体在各自的飞地内据守并设置路障，他们往往将保卫自家地盘视为首要任务。

十字军骑士团是强大的的自治实体，彼此之间相互竞争，只对自身和教皇负责，作为教廷代表，阿纳普只有名义上的统辖权。意大利航海共和国是商业上的竞争对手，他们曾在这座城市进行过激烈的战斗，人们对此记忆犹新。对圣战的承诺并不在他们的优先考虑范围之内，而向埃及的马穆鲁克政权出售战争物资则被常常排在首位。

除此之外就是在这里立地生根的常住居民和宗教团体，对于他们来说阿卡就是他们的家园，还有来自的黎波里和其他沦陷城镇的弱势难民，以及由新近抵达的十字军和朝圣者组成的乌合之众——他们毫无军事经验，其行为还导致了战争。耶路撒冷王国名义上的统治者，29 岁的塞浦路斯国王亨利二世，将他对这群喜好争吵的人民的管理权委托给他年轻的弟弟，大约 18 岁的阿马尔里克，但是他的权力也很有限。在整个围城过程中，不和谐的音调此起彼伏，无法压制：任务分配不均，关于特权和等级的争论，以及混乱的指挥体系。在围城期间，阿卡作为黎凡特罪恶之窟的声名竟然挥之不去，据说许多人对日益严重的危机视而不见，而更喜欢享受港口生活，在酒馆和妓院里寻欢作乐。

穆斯林军队对围城战有着长期积累的经验和深刻的理解。 130
早在 9 世纪，阿拉伯人的军事手册就制定了一套攻陷城堡的流程，得到了普遍认可。到了中世纪中期，围攻城堡的技术和作战行动管理已经高度精细化。尽管穆斯林的胜利中不乏诸如萨拉丁的哈丁战役这样惊人的野战胜利，但圣地却是马穆鲁克王朝的苏丹通过一系列气势如虹的高强度攻坚战从法兰克人手中一块又一块地夺回来的。13 世纪见证了一连串坚不可摧的要塞一个接一个地失守，如亚实基伦、凯撒利亚、萨福特(Saphet)、安条克、查斯特布兰克（Chastel Blanc)、骑士堡、马尔盖特、的黎波里。所有这些城堡都是在六周之内陷落的。

传统程序中的第一步是要确保马穆鲁克的营地针对敌方袭营做好准备，设置好防御性的栅栏和壕沟。安萨里写道：

> 必须强调的是，围攻敌军的部队在某种意义上说亦是被围攻的对象，其本身在敌军出城袭营之时便有危险之虞，而无论白天黑夜，只要机会闪现，敌军必然急于利用，因为他们渴望胜利的程度不亚于围城者。因此，指挥官有责任对自己和所率领的军队持以慎之又慎的态度。如有需要，他就应当利用好战壕，而挖掘战壕是可行的，因为这是消灭敌军和征服对手的最有力（要素）之一。[21]

为了保护己方营地不受敌军炮火和反攻的损害，马穆鲁克军队在其前方筑起一道土垒。随时保持警惕乃必要之举，而且骑兵也被部署在离城墙一箭之遥的地方以防敌军袭营。一旦立足已稳、安全无虞，下一步就是在有掩护的情况下前进，想方设法尽可能接近城墙，让己方弩炮和投射火力发挥出最大效果
131 并且开始地道作业。从心理上瓦解敌军的斗志是另外一项重要战术。山崩地裂般的响声——弩炮反复发出的嘎吱声和撞击声，骑在骆驼上的鼓手发出的整齐奏鸣声，整个战场上传来的哭声、喊叫声和有节奏的诵经声——可能会让守军深感沮丧。

通过弩炮来削弱城墙并且凭借投射火力扫除城墙上的抵抗是准备阶段的重头戏。在猛烈火力的掩护下，工兵可以将地道一直挖到城墙下并将塔楼炸塌。一旦攻方创造出合理的突破

口，守军经常会承认进一步抵抗是徒劳的并会要求投降。很多被拜巴尔和嘉拉温攻击的十字军要塞仅仅是在一处战略地位重要的堡垒或护墙崩塌后就屈服了。如果不这样做的话，随之而来的就是攻方在黎明前发动一场血腥的总攻，战场上杀声震天。这需要填平所有壕沟以便士兵通过，牺牲打头阵的志愿兵或是从后面驱使囚徒向前充当炮灰，继而就是最后的屠城。

哈利勒军营的组织建设工作很显然颇耗时日。维利耶观察到这些准备工作开展的时间超过了九天："于是从到来的那一天起直到周一（4 月 9 日）之后，他们不停地圈用地面，一些用于存放器械，一些用于修建防御工事，一些用于挖掘壕沟，一些用于设置栅栏，还有一些用于其他工作。他们围绕城墙架起所有攻城武器、布设防护掩体，并将发射方向对准我们。"[22]

哈利勒对阿卡城防的一番苦心研究使他得以将最大的弩炮用在最有希望达成突破的目标上。这些庞然大物——从开罗拖出并经过黎巴嫩山区，在充满爱国热情和宗教热忱的人们的帮助下被拉出大马士革的城门，然后再一次被拆卸，又经过 80 英里的拖运才在阿卡城门前重新组装起来——不仅代表了马穆鲁克军事组织能力的一次胜利，也表明了各种资源和人力资本的可观投入。这些弩炮不可替代，而且在面对反炮兵作战时使 132
用的希腊火十分脆弱。这一点马穆鲁克将领也心知肚明。哈利勒的军队在部署这些武器时遵循了安萨里的建议："安装它们用来攻击一座城堡的人应当将他们设置在敌军（火力）无法企及的地点。"[23]每一台投石机的安装、定位以及调试到可以操作的状态都用去了两天时间。它们组成了一支穆斯林军队迄今为止所调集到的最大的投石机集群，象征着十字军时代机械炮兵的终极发展成果。

在最初的这段武器安装过程中，战场上出奇的平静。从穆斯林这边来看，拜巴尔·曼苏里注意到守军中洋溢着一种坚定不移的自信："他们表现出了极大的耐心，对于即将到来的攻城战毫不在意，甚至都没有关闭城门，也没有在城门前悬挂（减轻轰击效果的）防护性屏障。"[24]显然，趁着敌军营地尚未建成、仍然处于易受攻击的状态时，守军曾发动了突袭和试探性进攻。"推罗的圣殿骑士"注意到苏丹的军队"在阿卡城前静坐了八天，除了参加双方之间的零星冲突外无事可做，这些冲突给双方都造成了一些伤亡"。[25]穆斯林方面的历史文献给出了一种偏袒倾向更为明显的记述，敌我之间仿佛在进行骑士间的比武大赛：

> 基督徒开始出城来到穆斯林营前，向他们发出决斗的挑战。来自公民骑兵和苏丹属下的马穆鲁克部队的战士骑马向他们冲去，时而进攻，时而撤退，时而互相戳刺。这种状态持续了若干天，穆斯林大获全胜，敌兵死伤无算，每天都是败阵而归。他们发现穆斯林拥有一种他们所缺失的心境。他们停止了争斗，只是停留在城门处以求自保，再也不敢出来放肆。[26]

更有可能的是，基督徒只不过是寡不敌众而已，所以常识占了上风。守军因此将大门紧闭。

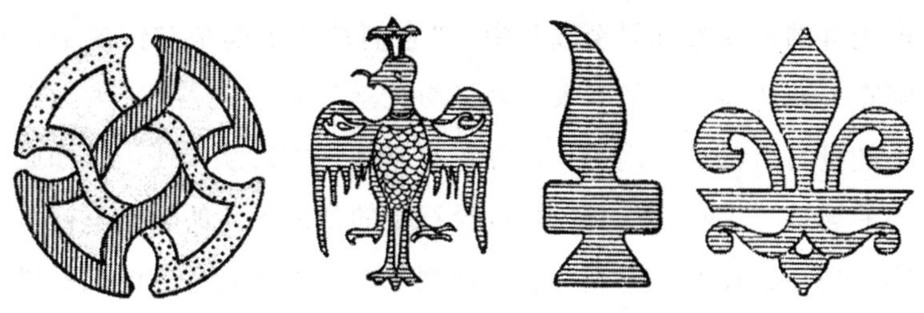

第九章 “电闪雷鸣”

1291 年 4 月 10—13 日

哈利勒的军队在来到阿卡的城墙之前对于攻坚战就已经 133 
是行家里手了，对于其可以部署的战术已经游刃有余，这都汲取自一些可以追溯至伊斯兰教开宗立教之初的传统智慧。尽管其宗教信仰发轫于阿拉伯半岛的沙漠之中，但占领设防城镇一直是传播穆罕默德箴言教义的中心工作。先知本人就曾在围攻城镇中使用过投石机①，这种技术可能起源于公元前数个世纪的中国，并通过拜占庭人或波斯人传播到中东。这些机器利用一根两端长度不等的抛杆围绕着支点进行旋转所产生的动力，将沉重的投射物抛射到很远的距离。配重式投石机是有史以来人类所发明的最强大的机械类炮兵武器。它们曾是拜巴尔攻城部队的一个重要特征，而在嘉拉温的时代它们以大规

① 作者在本文中广泛用到 trebuchet 一词，有时泛指所有种类的投石机，有时专指配重式投石机，本书中已根据具体语境加以区分。

模集群的形式被部署至战斗中。“它们被调集起来对付阿卡，”阿布·菲达写道，他本人就曾经帮忙运输这些武器，“大大小小的投石机都被征用了，以往攻打其他地方时从未使用过如此多的数量。”[1]两年前，在19台投石机的帮助下，的黎波里被攻
134 陷。现在，在城墙上观察者的注视下，正在进行组装的投石机至少有72台，而且很可能多达92台。它们的存在本身就是马穆鲁克军事规划能力的胜利，也证明了其资源的深度。

哈利勒准备释放在阿卡石墙上的武器威力及其种类令人印象深刻。这些武器分为两种类型。在这两种类型中，通用的结构是一根两端长度不等的抛杆固定在一个枢轴上转动，其两端重量分配不均，由一根坚固的木质支架或是单杆支撑。抛杆较长的一端系有吊兜，吊兜内装有投射物——一块石弹或是一枚燃烧弹——然后发射。最开始，这一过程是由人力完成的。原始的配重式投石机是一台牵引式机器，依赖一队炮手协同运作，将炮索迅速而有力地拉下，使抛杆末端向上翻动，从而将投射物从吊兜中抛出——拜巴尔本人就曾在阿苏夫围城战中参加过这种发射工作。到了12世纪末，配重式投石机的工效和威力有了显著改善，人们创造出一种更大的装置，利用重力旋转抛杆，进而抛掷投射物。这种装置舍弃了用人体肌肉力量甩动抛杆的方法，而是在抛杆较短的一端装上一块沉重的配重物——装在布袋或木箱里的石块或铅砣。抛杆被加长到10米，而沉重的木质支架也在其两侧使用大量的支撑物加固，以抵挡投石机发射时带来的更大的冲击力。进一步的改进措施还包括增加装弹吊兜的长度，从而提高速度并且扩大射程；一些投石机用铰链将配重物悬挂而不是固定在抛杆上，从而获得了更大的抛射动力。这些投石机的装弹和发射速度远远低于依靠牵引

产生抛射动力的投石机。[①] 它们通过绞车或人力将抛杆的较长一端拉到地面，将配重物的一端升到空中，然后将抛杆锁死在发射位置。一块石弹被拖入吊兜中，吊兜被放置在投石机底座的木质导轨上，同时通过挂钩与抛杆连接在一起。抛杆随后将 135
以预估好的最佳弹道发射石弹，击中给定的目标。炮手将发射

中世纪手抄本上的一个片段，演示了一枚炮弹是如何从一台牵引式配重投石机中发射出来的。悬挂在吊兜上的主炮手利用自身的重量使抛杆弯曲，从而增大炮弹的速度和射程。被冲锋中的骑士挡住的炮手正在等待主炮手的命令，以向下猛拽炮索，从而将他手中的炮弹发射出去

---

① 为了与本文中的“牵引式配重投石机”相区分（两种类型投石机的英文名称都是 trebuchet），将这种新型配重投石机译为“机械式配重投石机”。

绳系在锁紧装置上，向后退到安全距离以内，用力猛拽扳机，然后配重物就会由于重力的作用向下急速坠落，将抛杆的发射臂猛抛向天空，以惊人（40 米每秒以上的）的速度抛射出石弹。

这两种类型的投石机所涉及安装、测距以及发射等方面的技术非常广泛，是在实践中不断试验且长期衍化所产生的结果。设计中存在着很多变量：石弹的尺寸，抛杆的长度和弹性，抛杆在枢轴两端相对长度的比例，以及吊兜的长度和位置
136 调整量。射速更快的牵引式配重投石机还另需不同的资源和技术。为了创造出连续轰炸的效果，大批士兵以团队形式轮流工作，每次最多十人一组，以整齐划一的行动拉拽炮索。其中的主要角色是指挥团队并为投石机准备炮弹的主炮手。担纲主炮手的人需要兼具勇气、知识和良好的判断力。这个人负责在发射之前将炮弹放入吊兜中，他可能双脚离地悬挂在空中将炮弹向下拉，以便使抛杆在发射的时候弯曲，或者站在地面上将吊兜和炮弹紧紧地抱在自己的怀里。吊兜和炮弹的位置至关重要，如果角度不对，炮弹就不会垂直向上飞出，或者根本发射不出去。这时，主炮手发令给自己的队员，让他们拉紧松弛的绳索，然后猛拽。抛杆受力猛然甩出，将炮弹从他的手中向上拉出，从吊兜中以选择好的弹道发射出去。配重式投石机的操作还需要大量的后勤资源和制造技术支持：木匠和手工艺者，采石工人，切凿的石匠，以及将投石机拖运到阿卡的运输部队。

在 100 年前的阿卡围城战中这些投石机就已经大发神威，令人生畏，其中一些最大型的很可能就是相对较新的机械式配重投石机。据基督徒编年史家的记载：

> 穆斯林守军在城内部署了很多台配重式投石机，但其中一台因其庞大的体形以及投掷巨大石弹的杀伤力和效率而无与伦比。它的巨大威力无可匹敌，当发射巨大的石弹时……如果这些石块在下落时没有遇到任何阻碍，那么就会在地面上砸出1英尺的深坑。这台投石机击中了我方的一些投石机，要么将它们打得粉碎，要么至少使它们不堪再用。它的炮弹还摧毁了很多其他的攻城武器，或者使其击中的物体支离破碎。它发射出的炮弹力量如此之大，打击效果如此有力，以至于没有任何一种材料或物体能够承受住这难以承受的冲击而不受损伤，无论它们本身有多么坚固或者制造质量有多么好。[2]

攻方也相应地部署了一台名为“上帝之投石手”的投石机， 137
位置正对诅咒之塔，而且据说附近的城墙顶部被这台投石机击碎的面积将近3平方米。重力给炮弹的推力带来了相当大的加速度，即便这些描述通常都对投石机的破坏力有所夸张。除了它们的实际功能以外，脱缰野马般甩向天空的抛杆，在配重石箱的作用下有如巨大的钟摆一般来回摇荡，空落落的吊兜飞旋狂舞，石弹如人预期地撞击着城墙、房屋和敌军营地，这种壮观场面对守军产生了巨大的心理影响。辞藻华丽的阿拉伯诗句令人浮想联翩，将配重式投石机描绘成为真主效力的利器，将抛杆的大起大落比拟为祷告者的顶礼膜拜：“弩炮伏地祈祷，吾人归心安拉。”[3]

凭借12个人产生的拉力，一台大型牵引式配重投石机能够抛射出重达50公斤的炮弹，尽管它们通常只是抛掷较小的炮弹以求快速的发射速率。机械式配重投石机则能够将更重的炮弹投射到更远的距离。在重量、弹道、发射初速度和射程之间，以及所有这些要素与发射速度[①]之间存在着权衡利弊的问题。在骑士堡，拜巴尔的投石机发射的石弹重达100公斤。在几个月后的蒙福尔一战中70公斤的石弹被抛射到200米远的距离。大型投石机需要大而重的配重物——最重的可达10吨。配重式投石机还具有一定的精准度，这使得他们对付诸如城墙这样的静止目标时极为有效。他们可以反复打击同一地点。一台中型投石机在向185米远的一堵城墙射击时，能够可靠地将其打击面限定在6平方米以内。而使用火药的炮兵武器还将需要很长一段时间才能超过这些机械装置的效力。

哈利勒于1291年的阿卡之战中随军携带了好几种不同大小的弩炮：较为轻便、发射速度更快的弩炮，设计目的是向守
138 军倾泻弹雨，以及击碎城墙的重型弩炮。阿拉伯方面的史料列举出四种不同的类型：“法兰克人”式（ifrangi）投石机，这种类型的武器哈利勒拥有15台，这是一种机械式配重投石机，用于击碎雉堞和护墙顶部，安装在炮架之上，能够发射重达185公斤的巨型炮弹，使用的配重物也达数吨之重；然后就是稍微轻一些的人力牵引式投石机——“黑公牛”式
139 （qarabugha）和“鬼怪”式（shaytani）投石机——可能也是安装在炮架上。一份历史文献称后者的数量有52台。另外还有安装在杆架上的小型杀伤性武器，马穆鲁克将其称为“玩具”式（lu’bah）弩炮，它可以向任何方向旋转，使用小型炮

① 指的是在不损坏投石机、不影响射击精度和保证投石机安全的条件下，在一定时间内完成最大允许发射弹数的速度。

弹打击守军。除此之外，还有一些部队使用手持式弹弓来投掷石弹。

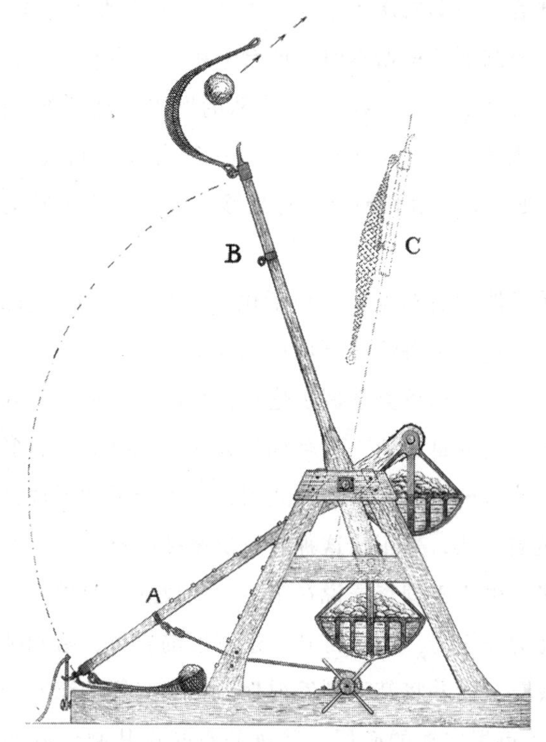

机械式配重投石机的操作过程。这台投石机所使用的配重物是悬挂在抛杆上的一篮石块。A. 通过绞盘将配重物向上转动至工作位置。装有炮弹的吊兜置于投石机底座，等待炮索被拉下；B. 释放出的配重物在重力作用下猛冲向地面，抛杆向上弹起，以选定的弹道将炮弹从吊兜中射出；C. 抛杆带着空吊兜在空中疯狂地来回摆动

“法兰克人”式投石机的安装和操作，以及为其配备坚实的炮架和大而重的配重物，都很耗费时间和人力。最大的一台可能需要半小时来调整配重物高度、装载炮弹和发射，而且它们不能快速地转移位置。因此，从一开始就明智而又审慎地选择目标很重要。较为轻便的人力牵引式投石机可以较快地安装和重新部署。当第二次十字军东征的一支分遣队于 1147 年围攻穆斯林控制下的里斯本时，两台牵引式配重投石机被投入作战，每一台都由 100 人以 10 人小队的形式轮流工作，在 10 小时的时间内发射了 5000 枚石弹——每台投石机每小时发射 250 发。在阿卡，哈利勒当然有足够的人力资源来发动一场高强度轰炸。

炮兵武器的后勤需求也包括供应大批量尺寸合适的石弹，以及采石、运输和将这些石块切割成形的劳动力。从自身积累的经验之中，马穆鲁克掌握了炮兵弹药的地质要求。阿卡的城墙采用的石料取自当地一种名叫库尔卡（kurkar）的多孔海滩砂岩。虽然这种岩石为杀伤性武器提供了合适的弹药，但如果目标是城墙的话，采用比这种岩石更坚硬的材料制作石弹会更有效得多。狮心王理查据说在第一次围攻阿卡时曾随军带来了西西里岛的花岗岩。为了得到合适密度的岩石，哈利勒从其他地层寻找石灰岩并将其运到发射地点。更坚硬的海滩岩石来自距阿卡 11 英里之遥的矿层，熟练的石匠将其制作成外表美观的圆形石弹，这种石弹很可能是在车床上加工的，大小和重量
140 各不相同，以适应各式型号投石机的需要，最大的巨型石弹直径 58 厘米，重达 165 公斤。对于配重式投石机来说，提供大小相等的球形石弹是保持始终如一的空气动力学性能和精度的关键。

为了对付阿卡的城墙，马穆鲁克还引入了很多其他类型的围城技术和技能。这其中包括高度发达的燃烧类武器，由经过特殊训练、擅长操作希腊火——一种原油和松脂粉末的混合物

（这赋予了它黏结的性能）——的部队使用，可以不同的方式投射。它可以被装在陶罐里由弩炮发射，恐吓士兵和平民，摧毁木质的攻城武器和防御设施，或者被装在小型的土罐油掷弹里用手抛过城墙。经过特殊改造的弩机也能将希腊火“蛋形体”和火箭发射到更远的距离。马穆鲁克可能也将真正的爆炸物应用到了阿卡的城墙上：一部描述硝酸钾提炼过程的专著的作者，在围城期间就住在大马士革。为了接近城墙，攻城战术的运用还包括盾车（mantlet，意为移动式攻城掩体车）的部署，使用骑兵巡逻来防止偷袭，以及地道作业。巧用噪声——吟诵，鼓、喇叭和铙钹奏出的军乐，以及放声高喊——也是一种标准的战术，目的是让防守者处于持久的恐惧状态。

据一些伊斯兰的史料记载，组装这些战争机器耗时两天，整个过程要在弓箭手的射程之外进行，但是须处于城墙的开阔视野内。这一活动本身也是马穆鲁克心理瓦解策略的一部分：根据建议，这种行动“不应该暗地里进行，因为通过（公开）实施，恐惧和害怕就会在他们的心里产生，削弱他们的意志”[4]。仅仅是目睹到一台巨大的投石机，就能让陷入重围的城堡守军的士气一落千丈：当王子时期到过阿卡的英王爱德华一世于1304年在斯特灵（Stirling）城堡前组装出一台名为“战狼”（Warwolf）的巨型投石机时，苏格兰人在它一弹未发时就试图投降。（在下令制作完这台机械巨兽之后，爱德华不打算轻易放
过苏格兰人——他想看到这台投石机在实际运作中的表现。他 141
将代表团赶回城内，这样他就可以亲眼看见石弹的破坏力了。）

会说阿拉伯语的“推罗的圣殿骑士”从城墙上观察着事态的发展。他显然能够获得有关哈利勒军队部署的一些详细信息，因为他不仅记录了四台尤为巨大的配重式投石机（其中

一些的制作原料来自黎巴嫩的高大树木）的位置，而且还记录了它们的绰号。每一台投石机的出世都代表了大量的人力劳动成果，穆斯林在其中倾注了宗教热情和对胜利的期待。在城墙北端附近，由圣殿骑士团把守的防区，穆斯林部署了一台名为“狂怒”（Furious）的巨型投石机。在靠近大海的最南端，由比萨人把守的战区，是同样令人印象深刻的“胜利”（Victorious），阿布·菲达曾在冬季的冰雨中帮忙运送过这台投石机。另外两台——“推罗的圣殿骑士”并没有记下它们的名字——被部署在其他战略地位重要但防守薄弱的地点：一台被部署在正对医院骑士团防区的地点（城墙在那里向内转弯），威胁着邻近圣安东尼门——进入城市的主要大道——的区域；而另一台则被部署在城墙直角转弯处的凸出部分，那里由一座外堡加以保护，哈利勒认为那里是最有希望的突破点，而那里的内部防御设施诅咒之塔，更是守卫着可以直接进入城市中心的通道。

这些投石机从海岸的一边分布到另外一边，这表明哈利勒打算向守军全线施压，即便他的深层计划是在中心区域实现突破。守军拥有一些较小的、数量不详的投石机，其制造和操作都由比萨人来执行。他们显然有一些“大型投石机”——配重式投石机——很可能部署在内城墙后面，分布于市区的各个区域，目标是哈利勒的那些怪物，但随着围城战的继续，它们可能会慢慢耗尽合适的弹药。

到了 4 月 11 日，马穆鲁克的所有投石机已经组装完毕并
142 部署到位：收集好的石弹堆积成山，牵引团队跃跃欲试，机械式配重投石机蓄势待发。哈利勒的战略是快速行动，不给守军一丝喘息之机。“一旦攻坚战开展起来，”安萨里的军事手册

建议道，“投石机射击他们的行动就不应有任何停顿，无论白天黑夜，无论何时何地，（火力强度）不应有任何削减。停止攻击就会让他们平息恐惧，内心坚定。”[5]当弩炮集群释放出一轮恐怖的炮火之后，苏丹的军队向着外围的护城壕沟不分白天黑夜地缓步前进，一路拆除所有遇到的外围防御工事。带着愈发恐惧的心情，“推罗的圣殿骑士”观察到对方以异常严明的纪律执行着既定方案，这使得他们的前进看起来不可阻挡：

> 第一天晚上，他们设置了巨大的屏障和柳条编制成的掩蔽物，方向正对着我们的城墙。第二天晚上，他们就开始向前移动这些屏障。第三天他们离我们更近了。他们就这样一直向前推进，一直来到护城壕沟的边缘。在这些屏障后面，是手执弓箭的骑兵，他们下了马，全副武装。如果你想知道他们是如何推进到离我们如此近的距离而我军无法阻止，让我来告诉你为什么。
>
> 这些骑兵人人身披重甲，坐骑也有马铠保护，值勤范围从城市的一端到另一端，也就是说，从海的一边到另一边，人数超过了1.5万，每天轮换四次，所以没有过度劳累之虞。我们的士兵没有出城去攻击屏障后面的敌人，因为后方的敌军（在敌军第一道阵线的后方）会保护他们，不论我们的人在任何时候出去攻击他们，那些人马俱装的骑兵都会保护他们。
>
> 所以正如我告诉你们的一样，他们最后终于推进到了护城壕沟的边缘，而那些骑兵在马颈上挂着四五捆木柴，从屏障后面将木柴扔下去，然后等夜幕降临时，他们将木柴堆放在掩体前方，用绳子将其从上面绑紧。这堆木柴就

> 143 像一道铜墙铁壁，没有任何弩炮能够破坏。我方的一些中型投石机发射弹丸并击中了屏障上部，但一点效果也没有。那些石弹只是被反弹回壕沟里。[6]

对于那些试图摧毁这些屏障的守军来说，问题在于敌人现在已经足够靠近外城墙，使得动用他们的重型配重式投石机不太可能——弹道的角度太大，而且存在误击的概率和破坏城墙的可能性。这些屏障免于受到基督徒火力最强大的炮兵武器的轰炸，因而安然无恙。相反，十字军被迫使用他们的轻型牵引式投石机从内城墙里向外射击，其火力显然不够强大到摧毁木质护墙。现在，在距离城墙不到 35 米远的地方，在掩体的保护下，进攻一方已经到达了护城壕沟的边缘，准备下一步行动：

> 在此之后，敌军将他们的卡拉巴哈斯（黑公牛式投石机）推上前线，这是一种可以用手操作的小型突厥弩炮，射速非常快，对我方士兵造成的伤害比大型的投石机还要大，于是在遭受卡拉巴哈斯轰炸的区域，没人敢在开阔处露面。而在卡拉巴哈斯的前方，敌人筑起了又高又坚固的屏障，没有人能够攻击或射中那些操作（卡拉巴哈斯）的敌军士兵。[7]

哈利勒的目标是瓦解守军的防御，这样一来士兵们就只能蜷缩在他们的城垛后面，无法还击——或者被全部逐走。外堡和脆弱的国王之塔受到重点关注。据一部史料记载，一些弩炮“向国王之塔投掷了巨大的石弹，以至于没有人敢留在塔楼的顶部”。[8]

防御者还受到了弓箭手的进一步骚扰，他们以小队为单位，装备着短而有力的复合弓，射出一阵又一阵“数不清的尖利锐箭，箭从四面八方呼啸而来，像暴雨一样打在守军的头 144
上。这些连续不断的火力袭击不仅造成了死亡，还使空气中弥漫着凶险的气氛。部署在城墙上保卫城市的士兵虽然全副武装，但还是受到了致命伤害，而没有盔甲的人则根本无法登上城墙”。[9]在基督徒的修辞中，甚至上帝的天庭也被污染了。箭雨的密度之大，使天空为之黯淡无光，如同一种气象学现象，给人留下了深刻的印象。这种说法很可能来自奥顿·德·格朗松，多年之后，他于隆冬时节在苏格兰边境为爱德华一世而战，回忆起当时的场景，他坦言就像是下了一场暴风雪，“被他们称为蝗虫的小箭在空中飞舞，比雪花还厚”。[10]在城墙外，在拜巴尔·曼苏里的眼中，“他们向阿卡发射出雷击般的石弹和闪电般的快箭”。[11]

这种猛烈的轰炸是协同策略的一部分。通过让守军低头躲避寻找掩护，重型的机械式配重投石机得以在不受干扰的情况下，以较慢的射速打破塔楼和城墙，并将城墙上的雉堞摧毁。重型弩炮给守军在心理上造成了相当大的伤害；巨大的石灰岩石弹一次又一次地击中同一个地方，这种影响“就像天降霹雳一样”，[12]使得基督徒的记述带上了天启的意味。一位作家把马穆鲁克归类于反基督（Antichrist）的代理人，并将攻城投石机的数量虚构为666台，这个数字是从海里奔出来的野兽的数量，而他们所想象出的野蛮形象，与他们的对手意图在整个围城过程中激发出的恐惧感如出一辙：

> 他们每次向城市发起的冲击长达六小时，以至于市民们日夜不得安宁……有像牛一样咆哮的声音，有像狗一样吠叫的声音，而其他的声音像狮子一样狂啸，发出可怕的声音是他们的习惯，他们用扭曲的棍子敲打大量的战鼓来恐吓敌人。有些人投掷标枪，有些人投掷石头，有些人用弓弩向那些守卫在城墙薄弱环节的基督徒们发射箭矢和方镞箭（方头的箭）。[13]

145 对于守军来说，让哈利勒的军队远离城墙是极为重要的，但是在这一点上他们已经失败了。持续不断的轰炸现在使哈利勒能够启动第二项秘密战术——挖掘地道。

挖掘地道需要技术娴熟的工作者，而且危险性高、耗时长，却是穆斯林军队围攻战战术的关键组成部分，在使防御工事崩塌这方面比炮击更有效。为此，哈利勒从阿勒颇征召了1000名精通各种专业技能的地道工兵，其中包括挖掘矿井的
146 隧道工人，为地道设立支撑柱的木匠，从地道中移走废土的苦力，以及埋设爆炸物和点火来炸毁地基的爆破专家。工程在防御掩体的保护下开始。阿卡多孔砂岩和滩岩的地质条件使得地道掘进相对容易，但也带来了一些其自身的特殊问题。小心翼翼地设置好支撑木是防止地道坍塌的关键。工兵们手持单嘴镐，在令人窒息的黑暗中，或在冒着烟的火把的照耀下辟路穿行，把挖出的土石传给后面的人。在他们的头顶上，轰炸仍在继续。

他们的目标是在尽可能靠近城墙的地方挖一条地道，为了减少工程量，地道被挖得很窄，通常不超过1.5米宽，刚好能让两个人并排工作。这条地道的功能很简单，它为到达一座塔楼或一段城墙边缘下的确切位置提供一条通道，在那里工兵们

无间断轰炸：穆斯林军队用石弹和弓箭攻击城墙。代表着突厥部落勇士的马尾标志在配重式投石机上显得尤为突出

将挖掘空间扩大成一个地下室，用于点火起爆。

关于 1291 年春天在阿卡进行的地道挖掘工作并没有详细的记述，但是人们可以从一个好奇的穆斯林士兵在 1115 年参加围攻一座十字军城堡时的描述中还原出从事地下工作的经历：

我突发奇想，打算进入地道去探察一番。于是，我下

> 了战壕——此时箭矢和石块如同狂风骤雨一般砸在我们头上——然后进入地道。在那里，我被挖掘工作所展现出的伟大智慧所震撼。地道从战壕一直挖到巴舒拉（bashurah，意为外城墙）。隧道的两边立着两根柱子，柱子上横着一块木板，防止上面的泥土掉落。整个隧道都是这样的木质结构，一直延伸到巴舒拉的地基。突击队在巴舒拉的城墙下面挖地洞，并将其支撑住，然后挖到塔楼的地基。地道很窄，这只是通往塔楼的一条通道。突击队一挖到塔楼下面，就把地道扩展到与塔楼的墙壁等宽，用木柱将地道支
> 147 撑起来，然后开始一点点儿地把钻凿产生的碎石运出来。由于挖掘造成的灰尘，隧道的地面变得泥泞不堪。探索历程结束后，当我离开时，呼罗珊（Khurasan）的部队（工兵）已经认不出我了。如果他们认出我来，就不会让我走，除非交一大笔罚款。[14]

一旦目标地点下面的“地下室”被挖好，就轮到引爆者点燃可燃物、炸塌城墙：

> 然后他们开始砍伐干燥的木头，用其填满地道。第二天一大早，他们就把这些木头点着了。我们当时刚刚拿起武器，冒着像倾盆大雨一样的石块和飞箭向战壕进发，以便等塔楼一倒下来就立即进攻。当大火初见成效时，墙石之间的灰泥层就开始脱落。然后一道裂缝出现了。裂缝变得越来越宽，然后塔楼就倒塌了。我们原以为塔楼倒了以后就能杀进去与敌人短兵相接。然而这只是城墙的外表面塌了，而内墙却完好无损。我们就站在那里，直到日光变

> 得毒辣起来。守军向我们投掷石块，给我们造成了惨重损失，最后我们不得不退回到自己的营帐里。[15]

尽管这次尝试只取得了部分成功，但地道爆破产生的效果可能比投石机更显著，正如沙特尔的富尔彻（Fulcher of Chartres）在记述耶路撒冷国王鲍德温二世藏身的一座城堡于1123年遭到穆斯林军队进攻一事中所描述的那样。

> 围攻该城堡的穆斯林将领下令将城堡所在的岩石层从根基处破坏掉，支柱将沿着地道放置以支撑上面的工程。然后他让士兵把木头搬进地道，并放火焚烧。当支柱被烧毁时，下方被挖空的地面突然塌陷，离火最近的塔楼发出
> 一声巨响，轰然倒塌。起初，烟雾和灰尘一同升起，因为 148
> 塔楼的残骸碎片掩住了火焰，但当大火吞噬了下面的物质时，冒出来的火光开始清晰可见，这一意外事件使城堡的防守陷于瘫痪，导致国王被擒。[16]

地道作业是很难掩饰住的——建立防护掩体，清除废土——而且很容易遭到偷袭，因此以石块和投射物形成密集炮火以扫除城墙的还击火力至关重要。哈利勒的阿勒颇工兵开始行动起来，目标是最初就被苏丹认定具有战略意义的塔楼和城墙：方形塔楼的四角是主要的攻击目标，因为他们知道，当地基被破坏时，方形塔楼比圆形塔楼更容易倒塌。除了外堡和国王之塔，哈利勒似乎还有足够的资源将地道向外延伸到附近的布卢瓦女伯爵之塔、圣尼古拉之塔以及靠近圣安东尼城门楼的城墙。

进攻的无情本质使守军的处境岌岌可危，这也正是其目的：一队队士兵协同一致地拉拽牵引式投石机的炮索，抛杆不停地起落，石块撞击着城墙，永不停息的噪声，遮天蔽日呼啸而来的箭雨，步步推进的防护屏障，地底之下酝酿的未知危险。饱受轰炸的心理影响以及沿着整个城墙日夜不停地守卫工作都大大消耗了人们的精力和士气。不能有丝毫松懈。数量优势起了决定性作用。通过运用部队进行纪律严格的轮换，哈利勒能够奢侈地施加不间断的压力。正如“推罗的圣殿骑士”所观察到的一样：“撒拉森人每天都焕然一新地上阵，因为他们的人数是如此之多。”[17]到 4 月中旬，已经有太多的不利因素让这座城市的保卫者们感到担忧。很明显，在阿卡坚固的城墙后面坐视局势恶化是不大可能拯救这座城市的。他们将不得不展开反击。

第十章　偷袭敌营

1291 年 4 月 13 日至 5 月初

马穆鲁克出其不意，狠狠地打击了阿卡的守军。他们的军 149
队组织有序，进展神速。在不到两周的时间内，这座城市被动防守、处处挨打，失败的惨象有目共睹。敌军炮兵的凶残轰炸，前线掩体令人恐惧地推进到了护城壕沟的边缘，以及对手可能早已将地道挖掘到城墙下方的现实，需要阿卡守军采取积极的应对措施。

巨型弩炮的作用对于攻方来说不可替代。如果能摧毁这些投石机并将盾车也一并烧毁，那么无间断轰炸的力度就会减小，并且阿卡的弓箭手可以开始狙杀弩炮的操作人员，地道工兵也将暴露于攻击火力之下。即便一事无成，反击也可以让守军释放一下被压抑的挫败感，提振士气。看起来是城中的领头人物做出了集体决策。他们将沿着城墙的所有战区向敌军发

起全面反击，让折磨他们的人也感到不安和沮丧。内部决策
150 圈的一个主导人物是尼古拉·德·阿纳普，耶路撒冷王国的宗主教。他时年 65 岁，按照当时的标准已经是一位老者，凭借着在教会服务的毕生经验，阿纳普创作了一本颇受欢迎的启发性教义读本——《圣经典例选》（*The Book of Examples from Sacred Scripture*），这本书从《圣经》中摘取例证，为信徒讲解如何用一生去自我修行，直至离世。他是一位威风凛凛的人物，作为教皇的代表义无反顾地为城市守军提供道德和精神上的鼓励：这位宗主教是守军心理防御的中流砥柱，以他不屈不挠的热情来坚定守军的意志，鼓舞他们战至最后的一兵一卒，他也积极地参与到战略决战的决策当中。

守军决定发动一系列相互协调的袭营作战，关键是出其不意，而第一次行动的战术如此出人意料以至于马穆鲁克完全猝不及防。4 月 13 日至 14 日晚，一小队满载士兵的舰船从城市港口弃锚起航。这些舰船中包括一艘作为浮动火炮平台的驳船，配备了一台牵引式投石机。这艘别出心裁的炮舰是由比萨人建造的，并且为其配备了一队炮手随行。弓箭手、弩兵和步兵挤满了其他的船只，这些船只已经做好了保护措施以防备燃烧弹的袭击。这支小型舰队绕着阿卡的海堤，拖着驳船航行，逐渐接近了北岸，迂回到马穆鲁克军队的右翼——哈马军团宿营地的侧方，正如阿布·菲达所描述的那样，“营地位于海边，正对阿卡，大海在我们的右侧”。[1]

他所在的营地在这次两栖攻击下措手不及。“那些用牛皮覆盖着的木拱顶船向我们驶来，向我们发射羽箭和方镞箭。”[2]阿布·菲达回忆说。登陆部队冲上海岸并不断攻击营地，而营地的防御工事是朝向城市布置的，这致使右翼部队自己的配重

式投石机由于对准城墙而在短时间内无法重新部署，因此无力还击。与此同时，守军的第二波突击部队又从城门杀出。本就有点儿招架不住的马穆鲁克右翼部队突然发现自己受到了各方
火力的联合攻击。来自四面八方的投射物如雨点般飞进他们的 151
营地：来自投石机的石弹，以及来自岸上突击队和海上舰队两个方向的飞箭。菲达经历了“营地前方与城里来敌的厮杀，又受到海上敌军从右方发动的侧袭。他们带来了一艘搭载着投石机的舰船，从大海这边向我们开火。这让我们不免顾此失彼”。然而，运气并不在比萨人的这边。春天的大海性情难以捉摸。菲达以得救的语气记述道：“当时吹来一阵狂风，于是那艘船被抛到巨浪上，它所搭载的投石机也被打坏，化为齑粉，再也没有被安装起来。”海上奇袭计划就此前功尽弃。

守军领袖们计划继续于 4 月 15—16 日的夜间在城墙两端同时展开协同进攻。其中的一项计划是对哈马军团的营地再次发动攻击。这次攻势将是一次联合行动，由纪尧姆·德·博热率领的圣殿骑士、让·德·格拉伊率领的法国军团和奥顿·德·格朗松率领的英国军团组成。300 名士兵，包括重甲骑士和步兵，从邻近城墙末端的圣拉撒路门杀出。他们的主要目标是用希腊火烧掉绰号为“狂怒”的巨型配重式投石机——显然，摧毁它已经成为当务之急。尽管月光明亮，奇袭的要素还是在一开始就达成了。“推罗的圣殿骑士”记述了当时所发生的事：

> 大团长命令一个有普罗旺斯（Provençal）血统、负责管理阿卡村镇的子爵去放火烧毁苏丹的大投石机。他们在那天晚上出城，接近了那座装置，然而负责投掷希腊火的人在执行任务时过于害怕，结果燃烧弹没被扔出多远就

> 落在地上，然后就在那里燃烧起来。所有在那里的撒拉森人，包括骑兵和步兵，全部被烧死。[3]

过度紧张导致的失手使这次进攻计划被搞砸了，士兵们不知所措，乱成一团。阿布·菲达描述了他们的哨兵起初由于受到奇
152 袭而四下奔逃，但是很快又集结起来。圣殿骑士们和其他的骑兵们由于袭营成功在望而激动得忘乎所以，“但是我们的士兵，无论是教团同袍还是世俗骑士，在帐篷区里深入得太远以至于他们的战马被支索绊住而摔得七荤八素，随后便被撒拉森人取了性命”。[4]一个不走运的骑士，“跌进了一位埃米尔的厕所并在那里被杀”。[5]“推罗的圣殿骑士”以这样的笔法继续记述道：

> 我们那天晚上损失了 18 名骑兵——既有圣殿骑士团的弟兄也有世俗骑士——但是我们带走了几面盾牌和撒拉森小圆盾，以及一些喇叭和战鼓，然后我的主人和他的手下便掉头回到阿卡。他们回城的途中遇到一些准备伏击的撒拉森人，但他们将这些撒拉森人全部杀掉，因为月光皎洁如白昼，他们可以清楚地看到敌人。而正如我之前告诉你的那样，哈马的领主也驻扎在那片区域。他召集手下的兵马并向我方杀来，将我军在沙滩海岸截住。他们向我军投掷标枪并且击伤了一些士兵，但他们却不敢与我军贴近交战。你要知道他们看起来有 2000 人左右，而即便把我方这一边的骑士和其他士兵——军事修会的弟兄们，瓦雷斯（valés，侍从军士）和土科波（turcopoles，地方骑兵）——都算在一起，也只有 300 人。[6]

穆斯林史料的叙述则大有不同。阿布·菲达记载的是法兰克人被打得溃不成军。在另外一份可能更为可信的阿拉伯版本史料里，一位名叫哈拉比（al-Halabi）的埃米尔率军伏击回城的袭营部队但失败了。突袭者们显然已经嗅到了陷阱的气息并且将计就计，胜出这位埃米尔一筹："他们意识到哈拉比率军潜伏了起来，于是避开了他埋伏的道路而选择了另外一条路线。他们在路上发现了哈拉比的一些鸢盾（kite shield）[①] 和方盾，于是便顺手牵羊地拿走了。"[7]哈拉比和他的士兵一直在耐心地等待，直到黎明破晓。然后他们听到了城墙上传来的嘲笑声，看到他们被偷的盾牌作为战利品挂在那里。

与此同时，另外一场战斗正在城市东端进行，参战部队负
有相同的使命：放火烧毁木质围城屏障和投石机。这一区域的 153
指挥官恰好是博热在马穆鲁克军中的情报来源——埃米尔法赫里。据穆斯林史料记载，他看起来早已料到了守军的这次进攻："他与自己的侍从骑兵队位于营地的外面。当法兰克人到达并接近营地时，他们想把随身携带的大批希腊火燃烧弹投掷出去。随着他们来到大路中间，突然杀声四起，暗夜里箭雨兜头而下，他们急忙掉头就逃，无暇顾及自己的同伴，将大约 20 名骑士抛在了身后，然后我军的一支部队出营将他们俘获。"[8] "推罗的圣殿骑士"显然不是这场战斗的目击者，他只是记述道："撒拉森人早已注意到了他们并保持着警惕的状态，如此猛烈地向基督徒冲锋以至于这支部队没能取得任何成

---

① 鸢盾长将近 150 厘米，上部是椭圆，下部变尖，由轻、厚又有弹性的木材精制，四周包裹铁片，中央把手处有半球型的金属突出。因其防御面积大，所以往往由重步兵和骑兵使用，在 13 世纪前都很流行。

果就被迫撤回了。”[9]

事实证明，这是一个命途多舛的夜晚。各方都在清点自己的战利品和阵亡人数。“当黎明来临时，哈马的领主马利克·穆扎法尔，将很多法兰克人的头颅挂在战马的脖子上，这些战马都是他的部队从它们原主人那里俘获的，并带着他的战利品前去面见苏丹。”[10]毫无疑问，这些头颅随后在阿卡全城的目光下被悬挂在木杆上。同时，阿卡城头上展示的盾牌对于所有围城的军队来说不啻于肉眼可见的反讽。哈利勒对于这种当众羞辱的行为大发雷霆：如此挑衅，有损士气。他“开始将埃米尔们召唤过来并斥责他们将围城时间拖得太久，然后他们一致同意弩炮（需要加派守卫的人手）”。[11]在苏丹的注视下，埃米尔们有如芒刺在背，因为需要付出更多的努力。

然而，从守军的角度来说，袭营作战在事实上并没有取得任何实质性的成就，而且袭营的失败也引发很多疑问。敌军看起来像是早就在等着他们一样。第一次构思巧妙但运气不佳的
154 两栖攻击必然引起了马穆鲁克的注意。或者，前人谆谆教诲的至理名言“围城者同时也是被围者”[12]也在马穆鲁克军中得到贯彻，哈利勒已经谨慎地布置了骑兵部队日夜巡逻以防遭到进一步的偷袭，或有人预先向他示警，或是两者皆有之。而且，在这些袭击战中，双方的力量对比总是严重失衡。

双方都担心士气、手下的忠诚度和情报的泄露。哈利勒不能确定所有的埃米尔都支持他。让他尤为担心的是叙利亚军团的指挥官、大马士革总督、实力派人物——埃米尔胡萨姆·拉津。此外，圣殿骑士团的大团长纪尧姆·德·博热在城外绵延的帐篷群里也有自己潜在的盟友：他的情报员法赫里是拉津的

一位贴身侍从，现在被派驻在马穆鲁克攻城部队的左翼。法赫里也因此成为苏丹怀疑的对象。他对守军最近袭营的坚决抵抗也许是为了向苏丹表明他的忠诚是毋庸置疑的。

事实上，哈利勒也从被围困的城市中得到了秘密情报，他已经从一支射过城墙的箭收到了警告。包裹这支箭的是一封用阿拉伯语写的信，这封信被送到苏丹那里。信中写道：

> 以真主之名，慈悲为怀的主。愿真主保佑我们的主人穆罕默德和他的家人。在真主眼中，唯一真正的信仰是伊斯兰教。哦，穆斯林们的苏丹，保护好你的军队免受今晚的袭击，因为阿卡的人民已经一致决定，他们打算攻击你；也要留意你的埃米尔们，因为阿卡人提到其中有一些人与他们书信往来，密谋造反。[13]

这封信来自阿卡城内一个秘密皈依伊斯兰教的人，此人显然消息灵通。他的来信加剧了哈利勒的疑虑。“苏丹转念一想，便将他的亲信埃米尔贝达拉（Baydara）和舒杰耶（al-Shujai）叫来，把这封信念给他们听。他们一致认为，勤务兵和卫队长应该在埃米尔们中间传阅这封信，并告知他们此事为绝密，彼
此之间也要严守秘密。每位埃米尔都应该忠于职守。”[14]至少目 155
前是这样。这样做的目的是让他们知道自己正处于监视之中，即要么以忠诚感约束他们安分守己，要么就让反对派无所遁形。

他们的建议奏效了。苏丹的注视让法赫里如坐针毡。他不是变成了双重间谍，就是受到信中怀疑的压力而被迫以身作则，通过坚决抵抗基督徒的进攻来表现出忠诚的样子。他的所

作所为表现出人的忠诚具有复杂的多面性。几天后，压力重重的他突然离开了围城的营地，返回大马士革。哈利勒对他的疑虑更深了。

在经历了伏击以及未能达成奇袭敌军的目的之后，间谍将情报越过城墙送达敌营的可能性显然也引起了博热和这座城市的其他主要人物的注意。他们在一次秘密会议上决定，阿卡城内的所有力量应当再次联手发动一次突袭，尝试摧毁那些折磨人的投石机并挫伤敌军的士气，而这一次的突击地点选在了敌营脆弱的中央区域，城墙在那里向右拐了个弯，而且叙利亚军团也已将指挥权移交给苏丹的埃及军团。城墙的这段防区被托付给了医院骑士团，而正是由他们在圣殿骑士团的支援下领导了这次突袭。袭击发生在 4 月 18 日夜间至 19 日凌晨。由于担心情报泄露，所有参战的人都不知道此次任务，直到最后一刻才被通知。夜色漆黑，正好对行动有利。“推罗的圣殿骑士”讲述了事情的经过，尽管和以往一样，他倾向于夸大敌人的数量：

> 于是就这样决定了，阿卡的所有领主和骑兵将在半夜从圣安东尼门发起突袭，出其不意地袭击撒拉森人。这一计划由于保密程度很高以至于无人知晓，直到他们接到了命令“上马!”。当我们的部队骑上马飞奔出城门时，月光几近于无。天色十分阴暗。但撒拉森人似乎已经提前收
> 156 到警告，敌营中灯光大作、亮如白昼，一支敌军分队猛扑向我们的部队——他们的人数很可能有将近 1 万——他们向我们发起猛烈的冲锋，投掷的标枪犹如暴雨一样厚重。

> 我们的士兵抵受不住，撤回到城里，有几位骑士挂了彩。[15]

现在的形势已经显而易见，不管怎样，马穆鲁克用一阵火焰照亮了暗夜，对这些袭营行动完全处于警惕之中。

复活节临近了，为了在这个神圣的日子到来之前鼓舞士气，同时也是意识到一味躲在城墙后面终将导致不可避免的灾难，守军领袖们制订了一个计划，打算通过一次孤注一掷的进攻来挣断敌人对这座城市的绞索。在一个可能由奥顿·德·格朗松讲述的情节中，他们决定在耶稣受难日（Good Friday）①尝试一种新的策略：

> 他们看到敌人正在逐步征服城墙，守卫这座城市变得再也不可行之后，便一致决定用忏悔的武器赢得上帝的帮助，在经过告解并进行心灵交流之后，他们将战俘置于己方战阵的前面，然后在我们普世救赎的那天冲出城去，杀身成仁，就如同造物主以身涉险那样。他们以无畏的决心和振奋的精神做出这一决定后，就派人前往宗主教那里，凭借着他的权威和祝福，他们有可能达成起初的目的。[16]

在复活的基督鼓舞下，他们将把他们的穆斯林奴隶和囚犯当作人体盾牌驱赶到己方部队前面，然后发动一次协同进攻。然而，这项计划被尼古拉·德·阿纳普直截了当地禁止了，这位

---

① 复活节前的星期五。

157 宗主教“已然心如死灰，所依靠的尽是一些不忠不义之辈，对他们的建议听之任之。他回复说任何人都不得做这种尝试，也不得打开任何城门，除非是想承受绝罚的痛苦”。[17]

总体而言，各方史料都对宗主教积极投身于阿卡防御工作的表现给予了正面评价。因而，格朗松对阿纳普的指责未免有些捕风捉影。在耶稣受难日使用人盾可能是对《圣经》的一种冒犯。但更有可能的是，之前的突袭已经证明再次出击是徒劳无益的人力浪费，这让他揪心不已，而且他决定让自己的教廷权威凌驾于各派系之上。而（格朗松的）这种批评充分说明了守军阵营中心的不和谐已经到了何种程度。从此以后，再也不会有任何主动出击了。守卫者们心情沉重地等待着复活节的到来。与此同时，哈利勒既担心自己统治的安全性，也不放心那些在围城号召下群聚在一起而形成同盟的埃米尔，他责骂这些埃米尔没有付出足够的努力。

如果说对城墙的轰炸力度没有削减的话，地下的工作也是如此。地道工兵们一刻不停地挖掘，从木质屏障掩护下的开阔地向城墙稳步推进。与一个世纪之前的十字军一样，他们的目标是脆弱的城墙凸出部分的顶点，诅咒之塔在那里守护着城市的心脏地带。

在城内，守军也愈发注意到敌军工兵的活动，并且对其采取了反制措施：他们发现并确定了地道的位置处于布卢瓦女伯爵之塔的下方——或是由于地道附近能听到开凿工作所发出的沉闷的叮当响声，或是置于附近地面上的水桶里的水面呈现出的波纹能让地道现身。守军开始挖掘反地道来阻截阿勒颇的地道工兵们。黑暗中发生了噩梦般的战斗，基督徒们推倒了地道

的支柱以使入侵者窒息。“推罗的圣殿骑士”记述道：“我们的
士兵通过反地道战术来对付他们，并且凶狠地予以还击。”[18]然
而，这项工作令人疲惫不堪且需要大量的熟练人力。他在记述
中反复强调双方在人数上的不对等。在地道作战方面，撒拉森 158
人可以轮换他们的人马：通过轮班工作，他们能够挖掘出的地
道要比守军能够拦截的多得多。而且反地道战存在危险，挖掘
反地道的活动可能会进一步危及守军本来要保卫的工事地基。
所以尽管守军尽了最大努力，仍然没能阻挡住敌军工兵的前
进，而炮弹也继续如倾盆大雨般落下。

随着 4 月的时间渐渐消逝，城内的恐惧慢慢增长，阿卡的人民看着海面，望眼欲穿。他们的安全不会受到来自海上进攻的威胁。马穆鲁克没有任何值得一提的海军力量，而塞浦路斯岛的主要港口法马古斯塔（Famagusta）距此不过 170 英里远——在有利的气候条件下也就是两天的航程——所以船只可以在其间穿梭往返，为十字军国家提供补给。人们热切地盼望着阿马尔里克的兄长、塞浦路斯和耶路撒冷王国国王亨利二世，能够随时带来一支援军。还有一些来自热那亚、威尼斯和比萨的富有市民以及精明的意大利商人，他们正在盘算着自己的机会，以便花钱买到一张船票出城登上过往的船只。阿卡是黎凡特海岸的主要贸易港口，是季节性贸易船队的定期目的地，这些船队每年都要在春季和秋季各来一次，而且军事修会拥有自己的船只或包租船只，根据需要跨越地中海来运送物资和人员。

然而，春季的海上气候也可能十分狂暴，而且阿卡的港口对于大型船只而言并不够理想，尤其是在恶劣天气下。船只的

避难处由防波堤环绕的内外双港构成。港湾入口由位于防波堤
末端的一座被称为“苍蝇之塔”的岗楼居高临下地守卫着，
从那里可以俯瞰整个海湾。由防波堤围成的闭环内，有一个外
港和一个较小的内港，由一条像人的手臂一样粗的铁链保护
着。这条防御拦障本身就是十字军冒险的遗迹。它曾在君士坦
159 丁堡封锁住金角湾（Golden Horn）的入口，在1204年十字军
不光彩地洗劫了这座基督教城市之后，这条铁链被送往阿卡。
就是在这个被链条保护着的内部小港里，运到阿卡的货物在此
被卸下。上岸后，所有的新来者通过铁门进入这座城市，他们
在那里缴纳关税，并获得使用仓库的权利。阿卡的海军兵工厂
也设在这里。

尽管港口的封闭设施提供了安全保障，但即使在风平浪静的日子里，进入阿卡的海路也非常难对付。从西方驶来的船只，寻找作为地标的圣殿骑士团城堡和圣安德鲁教堂，要经过这座城市的最西南角——它有一个不吉利的名字：风暴角（Cape of Storms）——沿着南面的防波堤前进。然后，它们不得不笨拙地来个急转弯，通过只有85米宽的海港入口，在苍蝇之塔的注视下向右侧驶去。

160 阿卡港口的名声好坏参半。虽然编年史家推罗的威廉
（William of Tyre）① 对设置成内外双港的船只避难处赞誉有加，
认为“双港坐落于城墙内外，为船只提供了一个安全、宁静
的锚地”，[19]可是进入港口所需的船舶操控被公认为一个难题，
并且在同时代的一本意大利航海手册中已经成为一个专门的主

---

① 推罗的威廉，于1130年前后出生于黎凡特，后成为推罗大主教。大约在1174—1184年，他撰写了一部关于第一次十字军东征以来海外之地历史的重要史书。

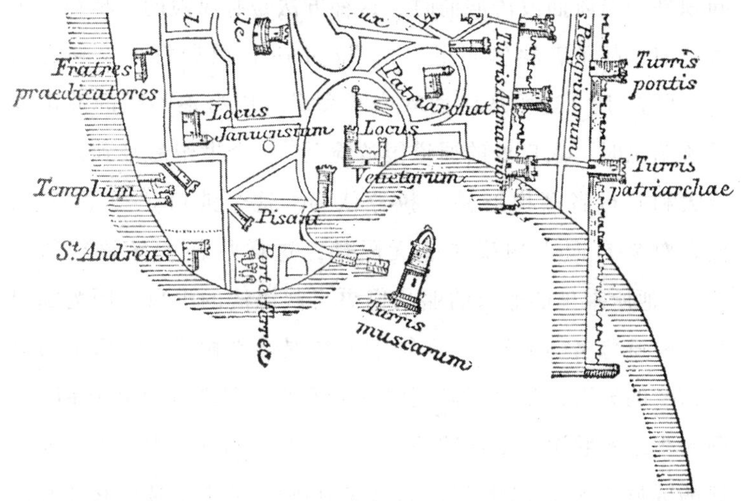

阿卡港口的困难之处。这幅中世纪的地图显示了苍蝇之塔及其左侧的狭窄入口，船只勉强可以通过。然而，这幅地图上并没有显示可能从苍蝇之塔一直延伸到海岸将内港封闭起来的防波堤

题，其中包含了详细的建议。虽然阿卡被认为是一个不错的港口，但是这本指导手册中的建议——通过城市的地标引导方向——表明进入这里要特别谨慎：

> 当你接近这个港口时，先与该城保持一定的距离，也就是说与圣殿骑士团总部和圣安德鲁教堂保持四个缆绳的距离，因为沙洲位于圣安德鲁教堂的上方。当你看到苍蝇之塔右侧那栋属于当地治安官的房屋时，你就可以操纵船只笔直地驶向港口。当你进入港口时，在此过程中要保持海法城位于你船尾中部偏东的方向，苍蝇之塔位于船首中部的方向，这样你就能避过上述的沙洲顺利进入港口。[20]

问题是，当海面波涛汹涌时，这种方法是有风险的。早在一个世纪前，朝圣者狄奥多里克（Theodoric）就曾宣称这种方法的问题在于“当风从南面吹来，海岸处因海浪不断的冲击而乱流湍急时，入口处的通道很危险”。[21]三个世纪后来到这里的意大利旅行者多梅尼科·拉菲认为，这个港口“很不安全，而且对来自西方的疾风毫无阻挡，这样往往会导致狂风巨浪”。他所乘坐的船只的船长们更喜欢海法的港口，因为那里可以躲避恶劣的天气，“而阿卡的情况恰恰相反，海床上布满了锋利的岩石，足可以割裂缆绳，不管这些缆绳有多坚韧”。[22]阿卡当地的状况是如此凶险，以至于在贸易和航海方面一向谨慎的威尼斯人于1288年，为外派到阿卡的己方船只额外又配备了三四十个铁锚，作为附加的预防措施。

161 实际上，当海上风急浪高之时，船只若想停泊在阿卡是非常困难的，而且比萨人的舰载投石机毁于风浪之中的事故也表明，当外部救援力量对城市进行再补给时，或是当形势恶化到需要疏散平民时，无法预测的春季天气可能会给这两种行动造成困难。阿卡海上条件本已存在不便之处，由于外港也相对较小的缘故，事情变得更加复杂，这意味着较大的船只更喜欢停泊在港外，因此货物和人员必须用较小的船只被来来回回地运送——这可是一个缓慢和低效的过程。

4月下半月的时候，随着城内人心浮动，很多人都动了通过海路逃离的心思，而所有这些不利因素都萦绕在人们的心头。食品补给似乎源源不断地被从塞浦路斯输送到阿卡，而据传亨利国王不日就将抵达该城。但从5月初开始，似乎有一些能够支付旅费登上来访船只的人开始与在此停泊进行贸易的船只接触，就此离开。最初的信心变成了焦虑。“我们在阿卡的人民因此遭受了巨大的痛苦和不幸，”“推罗的圣殿骑士”沮丧地总结道，“但据报告称，亨利国王将从塞浦路斯带来巨大的援助，于是他们每天都期盼着他的到来。”[23]

“他们总是把脸转向大海，”希腊修士阿西尼厄斯（Arsenius）回忆道，“看看西风会不会带来他们日思夜想的船帆。”[24]

第十一章　求和未成

1291 年 5 月 4—17 日

162　5 月 4 日，星期五，亨利的舰队，由 40 艘舰船组成，悬挂着红色狮子和金色十字架的王室旗帜，终于出现在西边的海平面上。人们又重新生出希望来。亨利二世，虽然名义上是耶路撒冷王国的领主，实际上却毫无权力管束城内各派系之间永无休止的党争，但他还是受到了热烈的欢迎。大街小巷点起了篝火，连围城的敌军都能看到。人们纵情欢宴，教堂钟声响亮。国王年方二十且患有癫痫病，所以看起来是疾病拖延了他从法马古斯塔启程的脚步，但他还是带着所能招集的全部人马前来支援，还带来了尼科西亚（Nicosia）主教作为精神上的支持。他的部队总共只有一小部分骑士和步兵——总数最多 700 人——还不足以对力量的平衡做出实质性的改变。他评估了形势，为守军注入了新的活力，但是士气上的些许提升很快就被哈利勒的迅速反应给打消了。

在注意到城内的欢乐喧闹声越过城墙传到他的士兵耳中可能会降低他们的士气后，苏丹加大了轰击的力度。渐次增强至高潮的炮弹投射量——由弩炮发射或是抛投过城墙的土罐油掷 163
弹里的一团团希腊火，纷飞的箭雨，被弹射出的岩石块与石墙的撞击——有增无减。“黑公牛”式牵引投石机也抛射出装满粪便的容器、燃烧的木块和炙热的大锅。在他们的屏障后面，无论地上还是地下，马穆鲁克的士兵都在始终如一地埋头苦干，步步进逼。城中的食物供应充足，但守军自己的配重式投石机所配备的大型炮弹存量正在缩减，而且他们被迫用木料和棉花团来修补城墙。持续不断的炮击，重建城墙的努力，以及扑灭大火的辛劳，让守军筋疲力尽，神志开始溃散。编年史作家对城市内部的意见分歧和一致行动的缺乏给出了形形色色的解释。他们根据自己的民族和宗教利益将内部纷争的责任摊派出去。身处安全距离之外、事后追责的希腊修士阿西尼厄斯将他最猛烈的批判矛头对准了意大利商人：“比萨人以及从旁协助他们的威尼斯人无法忍受（教廷代表的）宗教权威。”[1]尽管威尼斯人几乎可以确定无疑地被断定没有全心全意地投入这场战事，可比萨人却不遗余力地操作着他们的投石机参战。没人能逃得了阿西尼厄斯尖刻的审判。他构绘出一幅人们在悬崖边手舞足蹈的狂热画面：“那些十字军战士，我们曾经期望他们为了信仰舍生取义，他们却自甘堕落、纵酒贪杯。当召唤士兵操戈上阵的号角响起时，他们却沉溺于物欲之中，置战斗于不顾，不肯将他们的胸膛和手臂从女神的怀抱中松开。比这更恶劣的是，医院骑士团和圣殿骑士团的兄弟们对携手合作嗤之以鼻，居然轮流（站岗值勤和）承担战斗的任务”[2]——尽管这两个骑士团至少还曾联手发起了夜袭敌营的作战行动。战后各类史料在叙事上的分歧只能反映出阿卡的党派之争。阿西尼厄斯对“卓越的亨利国王”大肆颂扬，而《阿卡灭城记》
164 (*Destruction of Acre*）的无名作者却对其多有抨击，德意志旅行家鲁道夫·冯·苏德海姆则只会褒奖自己的同胞——条顿骑士团，但他的作品面世已是此战发生很久以后的事了。

无论之前在城内存在着何种摩擦，急剧恶化的形势让亨利的任务从一开始就无法实现。他可能在起初抵达的时候大张旗鼓，彰显出一副王者气派，但这位年轻的国王是一位现实主义者。他很快就得出结论：在无可匹敌的对手面前，他的增援部队远不足以影响大势所趋。即便想放手一试，他也缺乏愈合城内紧张关系的至尊权力。另外，他也无法阻止人们乘船离开这座城市。于是他决定求和。

考虑到马穆鲁克内部权力圈中有一股反对势力正在酝酿，哈利勒很可能对通过谈判来取得成果也有一番兴趣。于是双方安排了一次停火。5 月 7 日，在很短的一段时间内，战争机器安静了下来，炮击也随即停止。在这相对静寂的气氛中，哈利勒从他的山顶营地移驾，在城墙外靠近海边、正对着一座城门塔楼——宗主教之塔的位置搭建起一座小帐篷。两位没带武器的使节出现了：一位是名叫纪尧姆·德·维利耶的骑士，以及一位出身于博热侍从队中的圣殿骑士纪尧姆·德·卡弗兰（Guillaume de Cafran）。他们在苏丹面前伏拜三次。哈利勒开门见山地问道：“你们给我带来了城市的钥匙吗?”[3]信使们回答说阿卡不可能轻易地被放弃，但是他们此番前来是为了请求饶恕它的人民。看起来他们的提议是用岁贡的条件来保全阿卡。

哈利勒的回应旨在获取一场兵不血刃的胜利，故而包含了一丝宽宏大量。通过谈判达成的投降协议通常意味着城里的人民在得到安全通行许可的条件下离开，但几乎不能携带任何财物。哈利勒提供了更为优厚的条件："我将赐予你们一份大礼，你们只需将城市的石头送给我，然后你们可以将所有其他的物品都带走，远走高飞。我之所以要这样做是为了你们的国 165
王好，他作为一个年轻人来到了这里，而我曾经也一样是个年轻人。但除此之外我不会再为你们做出其他宽宥的事。"[4]

哈利勒的谋臣们从一开始就反对进行任何形式的谈判。胜利看起来马上就要到手——将异教徒驱逐回大海指日可待。他们乞求他不要放弃他父亲的神圣事业，因为"这座堡垒堪称异教徒世界里几个伟大堡垒中的一个，而在所有的海岸土地上只有这里的异教徒还在苟延残喘。征服它是殉道者，也就是阿什拉夫（哈利勒）的父亲不可动摇的决定。而苏丹在其执政伊始就决定按照自己父亲的决心去征服它。为此，有的穆斯林受了伤，有的被夺去了生命；和平毫无用处，因为我们已经快要征服它了"。与此同时，随着苏丹议和的条件散播出去，穆斯林的营地中爆发出巨大的吼声。圣战所激发出的大众狂热，以及毫无疑问受到了战后掠夺的吸引，使得投身于这项事业并追随军队而来的普通民众——平民百姓、城市暴民和骆驼骑手以及士兵们——都在叫喊着继续攻城："噢我们的主人，殉道者墓前的那个苏丹绝不会与那些被诅咒的异教徒达成协议！"[5]

已被告知其职权范围的使者们几乎没有任何回旋的余地；亨利二世已经清楚地与献城投降划清了界限。他们意识到苏丹的条件不啻一场耻辱，将会导致基督教世界失去在圣地的最后立足点，便回复道他们无法同意，“因为海外之地的人民会将我们视作叛徒”。“那么你们就应该离开了，”哈利勒最后对他们说，“因为我不会再给你们任何条件！”[6]

就在那时，所有离别时的细致安排都被一枚大号石弹的巨响破坏掉了，这枚炮弹是宗主教之塔附近的一座投石机发射的。“我不知道是什么意外导致这场事故发生的，”“推罗的圣殿骑士”写道，“这发炮弹的落点离苏丹和使者们所在的帐篷如此之近，以至于苏丹出于本能地想要虚张声势，却又不想伤害他们，于是他一跃而起，伸手去拿他的剑，将剑从剑鞘中拔
166 出一个手掌宽的长度，大喝道：‘呔！你们这帮肮脏的猪猡，砍下你们的人头易如反掌，谁能挡我？’”[7]

他手下的一位埃米尔桑贾伊·舒杰耶（Sanjar al-Shujai）提示他手下留情：“陛下，真主禁止您用猪猡的血去玷污铸就您手中宝剑的真铁！逆贼是那些发射炮弹的人。您应该放这两个人走，因为他们和您在一起。”[8]既然使者们来进行谈判前双方就已约定好条件，并同意他们免受任何责罚，这不过是对双方确认好的事表现出诚意罢了。

于是，推罗的圣殿骑士疲惫地总结道：“信使们回到了阿卡，双方又开始了他们的战斗，用投石机向对方发射炮弹，就像敌人之间的惯常做法一样。”[9]谈判的短暂机会来之即走。

如果说基督徒阵营这边的士气和希望正在衰竭的话，哈利勒对手下一些埃米尔的怀疑仍然没有解除，尤其对其中的阿拉马尔·哈马维（Alamal-Hamawi）和胡萨姆·丁·拉津，他们都是被处死的图伦泰——哈利勒在嘉拉温驾崩后继承苏丹大统的竞争对手——的支持者。拉津的侍从法赫里从阵前逃回大马

士革的举动，显然把事态推到了危急关头。就在谈判失败后的那一天，军营里有人闹事的传言再次让全军骚动不安。哈利勒已经派遣快马前往大马士革代理总督处去逮捕法赫里。他的个人财物被没收，本人正在被武装押运回阿卡的途中。

拉津得知他也受到牵连，有人前来警告苏丹打算逮捕他。他担心自己性命不保，于是趁着夜色收拾行李，准备潜逃。他离开时被另一位在附近扎营的埃米尔阿拉姆·达瓦达里（Alam al-Dawadari）发现，此人对苏丹的大业忠心不二，立刻快马急鞭地去追赶逃走的拉津，在追上拉津后苦口婆心地劝说 167
他不要离开："不要种下苦果，导致穆斯林的事业受损。因为如果法兰克人知道你逃跑了，他们就会变得更强大，这样对我们不利，现在正是我们要攻占这个城镇的节骨眼儿。"[10]拉津回到了营地。第二天，苏丹下令拉津前去觐见，授予他荣誉战袍，并对他好言抚慰。这一息事宁人的态度持续了两天。到了第三天他便将拉津逮捕起来，并将其发配采法特城堡严加看管。从长远来看，哈利勒对拉津的猜疑终将在致命的情形下得到验证。

然而，在接下来的日子里，人们充满信心的呼喊和说服拉津回来的理由看起来是完全正当的。在不间断的轰炸之下，地道进一步向前延伸，随着地道一同前进的还有柳条屏障——保护着埃米尔桑贾伊·舒杰耶的部队。他们向着城墙的关键点和于格三世外堡的凸出部分缓缓前进。在谈判失败后的一周里，马穆鲁克取得进展的迹象变得明显了。5月8日，星期四，由于地道的破坏而无法防守，外堡被守军放弃了。他们在外堡放起大火，摧毁了其与外部城墙连接在一起的甬道，然后退入后方的国王之塔。"这座城市的情况很糟糕，""推罗的圣殿骑士”记录道，“因为……（外部）城墙已经被地道破坏，塔楼（外堡）也是如此。”[11]圆形状的国王之塔既是外城墙防御的关键点，又掩护着内部城墙上的诅咒之塔，现在后者完全暴露在敌军的火力下。

这对阿卡的守军来说是灾难性一周的开端。在他们沿着这一区域建造的地下室里，勤勉的阿勒颇工兵点燃起火焰，削弱了好几个地方的地基。一个接着一个，塔楼的外壁颓然坍落，城墙轰然垮塌。国王之塔一边的沿线城墙，以及布卢瓦女伯爵之塔都分崩离析；在其另外一边，英格兰之塔也落得同样的下场；在其两边更远处，至关重要的圣安东尼门和圣尼古拉门附
168 近的外城墙也都支离破碎。破砖碎石坠向城外壕沟里的不祥声音使城内的士气更加低落。舒杰耶的士兵也正在进行着挖掘地道破坏国王之塔本身的工作。

随着形势恶化的消息传开以及士气的一落千丈，更多的基督徒努力离开这个千疮百孔的城市。春天是商船进港的季节；那些付得起船费的人，来自意大利社区的富有商人和贵族阶层的成员，已经在城墙倒塌时离开了。到了 5 月中旬，已经有 3000 人离开。许多年老体弱的人、妇女和儿童，连同珍贵的
169 圣物、城市的财富和公民们的财产一起被疏散。这些行动是在天气尚好、阿卡港口的入口处还很容易进出的时候完成的。大多数人乘船前往塞浦路斯。根据一些史料所载，亨利国王本人在随后发生的一系列事件中加速了这一逃亡过程，确切时间和真实性尚不清楚，但很明显，到了 5 月 15 日，该城的士气已经低迷不振。

在那一天，哈利勒的工兵的努力得到了一项重要的战略性

一部手抄本插图上的阿卡攻城战。拿着锹镐的工兵在弓箭手的保护下，挖掘地道，破坏城墙的根基

回报。位于外城墙东角凸出部分、保护着诅咒之塔的国王之塔，由于之前就已经暴露，现在也被地道破坏了。它也有可能是由于守军自己的反地道作业而受到破坏，对于带着沮丧心情进行观察的“推罗的圣殿骑士”来说，这座塔楼如此脆弱以至于“其正面的外壁塌成一堆碎石，落进前方的壕沟里，于是人们根本无法从石堆上方通过”。[12]这为攻城部队提供了一个重大机遇，但也带来了挑战。在壕沟及其附近的土地上，现在到处都堆满了杂乱的砖石，若想控制塔楼，攻破外城墙绝非简单地发动进攻就能办到，而那些没有暴露危险的区域的守军仍

然意志坚决，拼命地防守着。马穆鲁克军队实用的工程技术和丰富的资源使他们临机应变，构想出一个新颖独特的解决方案。苏丹手下的一位埃米尔拜巴尔·曼苏里，开始思考如何为一场全面进攻建造出一条堤道：

> 在这一筹莫展之际，我在寻找一个叩开机遇之门的地方，一个施展计谋的角落，但没有找到任何一个可能之处。当我殚精竭虑而放任目光和感知四处游走之时，突然间注意到被投石机摧毁的一座塔楼现在正好处于我方兵力的投放范围之内。在这座塔楼与城墙之间已经暴露出一片开阔地，但是，这片开阔地被其上方的守军弓弩火力覆盖，使得我军无法穿过，除非我们能建起一片覆盖整个区域的屏障来保护突击进去的士兵。于是我找来一些毛毡，让人把它们全都缝在一起，制成又长又宽、如同一朵大云的形状。在正对着那座坍塌塔楼的两根柱子之间，我放置
> 170 了一个用绳子绞紧的滑轮，类似船上升帆的那种。在那里，我将云状毛毡升起，犹如一座水坝。这些工作都是在夜色的掩护下完成的，阿卡人全然不知，当他们在第二天早上登上城头发现了这片大毛毡后，立刻用投石机和弓箭攻击它。当一块石头落在这块屏障上时，其下方的毛毡会松弛下来，减缓石弹的冲击力，而弩兵则无法用箭穿透它。我们就这样设法通过了那片开阔地，找到了一条突破的道路，然而又一道城墙把我们和敌人隔开了。我们开始用装满泥土的马粮袋（nosebag）[①] 填平两道城墙之间的壕

① 挂在马颈上的饲料袋。

> 沟，再加上所有能用得上的木料使之平整，于是便创造出一条可以通行的坦途，这真是一幅可喜的景象。[13]

从城内，“推罗的圣殿骑士”也可以观察到马穆鲁克人因时制宜的速度和效率，这反映了他们的进取心、组织水准和大量的人力资源。“撒拉森人用麻布做成小袋，将其装满沙子，每个骑兵都在他的战马脖子上挂上一个这样的小麻袋，扔给屏障里的士兵。当夜幕降临的时候，这些士兵拿起麻袋，放置在石堆上，使其平整得像铺好的路一样。”[14]通往受损塔楼的道路现在敞开了。

按照沾沾自喜的拜巴尔·曼苏里的说法，苏丹因他的计策而龙颜大悦。哈利勒决心在接下来的一天里发动全面进攻，目标是两处地点：摇摇欲坠的国王之塔，以及它西侧连接着主城门——圣安东尼门——的城墙。

亨利国王的部队从被摧毁的外堡撤出之后，被部署在这段城墙与条顿骑士团并肩作战。在 5 月 15 日这一天，马穆鲁克对这一防区的坚决进攻被守军打退。结果防区各处的守军都疲于奔命、人困马乏。第二天早晨，这一防区的士气崩溃，进而影响到全城，对其何以发生的解释不一而足，混乱不清；相互矛盾的时间尺度与可能是以事件发生顺序为因果的指责渐渐出现在基督徒撰写的各类编年史里。

亨利国王的士兵与他们合作对象之间的关系似乎不佳。5 171
月 15 日日落时分，他们按照 8 小时轮班制，将该防区的控制权交给了在其大团长统领下的条顿骑士团。亨利的部队定于第二天拂晓再次接管防区。《阿卡灭城记》的无名作者在参考了目击者的记录之后，宣称这些人在 16 日的黎明时分已经无处可寻了。他指控亨利国王在发现既不能促成和平的结果，也无法获得对城内各派的支配权之后，就悄悄地登上自己的船舰，带着自己的人马逃跑了，与其同行的还有城内的一大部分贵族。考虑到形势如此绝望，而保卫者之间又是如此不和，也许亨利二世已经相当合理地决定，他作为耶路撒冷国王继续活命将是更好的选择。他被指控为彻头彻尾的胆小鬼。“噢！但愿狂风巨浪把尔等打入海底！”[15]编年史家诅咒道。这一事件的真伪无法证实，但是“推罗的圣殿骑士”——总体上作为一个冷静的目击者——声称两天后亨利国王仍然在阿卡。他可能是出于忠诚而袒护国王吗？更有可能的是，要揭开事实真相既需要一个解释，也需要一只替罪羊。这场围攻的幸存者所效忠的对象错综复杂，留下的记述也各有偏袒，《阿卡灭城记》的无名作者从中选取了对国王怀有敌意的材料加以利用。

无论当时情况到底如何，随着天色大白，苏丹对这一防区的目标城墙（接近圣安东尼门的城墙）发动的进攻似乎正好落在了防守薄弱之处。叙利亚军团（不再由拉津统领）在一堵盾墙的保护下向前冲杀，弩箭和标枪如雨点般飞上城墙。这次进攻事先计划周详，守军人数又不足以抵挡如潮的攻势。随着这股人潮奔涌向前，一队士兵将手上所有能派上用场的材料都用来填满壕沟：柴捆、石块、泥土、木料、死去的战马尸体，所有这些都被投入壕沟，以便填出一条平整的道路，顺着
172 陡坡直通往高耸在上的城墙。云梯也已抵住城墙。守军向进攻者发射弩箭，投掷石块和标枪。双方在城墙上展开白刃战，士兵们用刀剑、棍棒和长矛互相厮杀，“就像铁匠敲打着高温的铁水……于是，许多人惨死于对方的重击之下”。在喧闹声和大屠杀中，守军无法顶住“大批弩兵、标枪和投石兵”[16]的进

攻。兵力稀薄的防区最终被攻破，幸存者们被迫在弩箭的掩护下扔下伤者和死尸逃往城内。至关重要的圣安东尼门楼，这个通往城市中心的入口，现在已落入马穆鲁克之手，尽管城门本身仍然紧闭。

随着从前线逃离的人群涌入，骚乱蔓延到城内。各大派系和军事修会之间的关系依然紧张。一些群体不愿提供帮助，因为他们没有参与最初的毁约行为；另一些群体则宁愿在自己的社区设置路障、闭门自守，但城墙被突破的消息最终激起了全民皆兵的号召。医院骑士团的大元帅马修·德·克莱蒙召集了一些骑士披挂上阵。他们迅速上马，从医院骑士团防区附近的城门驰骋而出，在一位编年史家的笔下，他们“全副武装，戴着磨光锃亮的头盔保护头部，臂甲圆箍在胳膊上，稳坐于战马之上，高举长枪”，然而他们却发现自己被裹挟进一群溃兵游勇中，这群“身上无伤却已被吓坏了”的人大大妨碍了他们的行进速度。克莱蒙向那些抛弃城墙、惊慌失措的人们狠狠地转过身来，大喊道：“你们疯了吗？你们的盔甲完好无损，你们的头盔和盾牌完整无缺，你们的身体毫发无伤，结果你们却临阵脱逃？我为教会的信仰恳求你们，回到战斗中来！”克莱蒙将马刺扎进马背，冲入乱军丛中，希望能与苏丹面对面单挑。克莱蒙选中一个埃米尔——“看起来是穆斯林中最勇敢的一位”——用长矛刺穿他的胸膛，把他从马背上扫落在地。然后克莱蒙伸手拔剑、横劈竖砍、碎骨斩头，在穿着轻便铠甲 173
的穆斯林中左冲右突，穿透敌阵杀出一条血路。心理上的势头由此逆转。穆斯林们停止了前进，“像羊躲避狼一样”[17]掉头逃跑。

然而，哈利勒有足够的资源在同一时间来发动另一场协同进攻。在更远处的城墙，他现在利用先前拜巴尔·曼苏里策略性堆建起来的沙土袋堤道对受损严重的国王之塔展开攻击。至晚祷时分（日落），他的人马长驱直入。“推罗的圣殿骑士”看到“塔楼面向城内一侧的半边部分依然完好如初”并由大批士兵顽强防守，“但结果却没什么不同，撒拉森人还是攻下了塔楼并在上面升起了苏丹的旗帜。作为回应，我们为弩炮装上炮弹，将其瞄准塔楼并向那里开火。我们击杀了一些撒拉森人却无法将他们逐回”。国王之塔就此陷于敌手。孤注一掷的守军为了阻止敌军继续向前推进，搭建了“一个覆盖着皮革的木质结构体，将其称作猫堡，由士兵进入猫堡内部据守，这样占领塔楼的撒拉森人就不能再向前推进了”。[18]这个坚固的防御工事阻止了穆斯林前进的步伐，但是诅咒之塔暴露在了敌军面前，守军战线被挤压到圣尼古拉门和圣安东尼门之间的一长段内城墙的区域里。现在，守住诅咒之塔是阿卡生死存亡的关键。

与此同时，克莱蒙在一小部分医院骑士的支持下于圣安东尼门发起的冲锋，起到了提振士气的效果。自觉羞愧的士兵重整旗鼓，返身再战；在这些骑士们的身后，步兵们挺身向前，将他们手中的利剑刺入进攻者们坐骑的马腹。这些进攻者回身逃走，从一个街道窜到另一个街道。那些试图强行撬开仍然紧拴着的城门的敌人，也被基督徒驱散。

随着夜幕降临，苏丹放弃了在当天夺取阿卡的希望，通过号声下令全军撤退。“胜利！胜利！”的呼喊在大街小巷里回荡着。在一场鼓舞士气的表演中，守军派遣披挂着重甲的部
174 队，从各处城门杀出，旌旗漫卷。垂死的穆斯林被就地杀死；守军之中，有些人受了伤，有些人躺在地上，因为筋疲力尽而

无法动弹，被人抬回了家。基督徒的尸体被带走下葬，敌人的尸体则被扔在一边。克莱蒙为守军注入了活力。当顽强抵抗的消息传开后，城内响起一片欢庆凯旋的喜悦之声，人们为携手抗战的精神而欢欣鼓舞。

直到深夜，城内的居民还在尽他们最大的努力帮助守军修补城墙。人们用大车运来木材和石块，堵住缺口，筑起栅栏。武器被堆放在塔楼上。这些武器包括装在支架上、配备绞盘和曲柄的大型攻城弩，它具有强大的穿透力，是一种采取脚踏机括来装填弩箭、需要双脚并用的型号，以及较为轻便的弩，还有大量的方镞箭和羽箭。弓箭手被派到各个岗位，与一个守卫士兵结为一组。经过漫长一天的战斗和修复工作，大部分士兵疲惫不堪，他们被命令回家休息几个小时，然后又接到命令在黎明前一小时到医院骑士团防区集合。

在短暂的狂喜表象之下，是黯淡的形势。伤亡率居高不下，而且，尽管已经付出了最大努力，守军现在被压制在内城墙里——从倒塌的圆形国王之塔到圣安东尼门一段长为 550 米的范围内。在夜里，当他们竭尽全力地修补防御工事时，可以听到攻城槌在击毁一段段外城墙时所发出的有节奏的撞击声，以及英格兰之塔坍塌的声音，而他们却无力阻止。到了早上，外城墙的缺口已达 60 米宽。“当这座塔楼被敌人占领的时候，”“推罗的圣殿骑士”回忆道，“每个人都陷入了深深的沮丧之中，并且开始将他们的妻子儿女安置到船上。”[19] 毫无疑问，富有的家庭霸占了船上的空间。穷人将不得不从别处寻求救助。“人们茫然自失，如同木雕泥塑一般，不知所措。”[20]

5 月 17 日，星期四，又是一个黯淡日子的开始，昏天暗 175

地，恶浪滔滔。在天亮前的一个小时，各位主要的队长、司令官和宗教权威齐集到医院骑士团防区来讨论他们的困境。现场的气氛很阴郁。哈利勒现在已经控制了外城墙沿线一大片宽广的区域，而不断削减的人员使城市防御变得不堪一击。守军最多只有 7000 名身强力壮的士兵驻守着方圆 1 英里多的范围，对抗着似乎无穷无尽的攻击浪潮。

在医院骑士团防区的会议上，有一个人挺身而出。尼古拉·德·阿纳普站了起来，双手示意肃静，并以基督的名义发表了一场关于信仰、反抗和勇气，具有强烈感染力的布道演说。现在投降，就是把自己交到异教徒的手中。他还强调了敌人大规模强奸和奴役妇女以及儿童的可能性。“因为你们知道，你们被天主选中以维护他的荣耀，与一个或多个敌人战斗，毫无疑问，我们所有人都因为寄托在耶稣身上的信仰而与
176 他紧密相连，凭借这份信仰我们必将得救。”他以“彼此忏悔你们的罪恶，希望因主的怜悯而使你们获救并得到永生”[21]结束了自己长时间的演讲。

他讲完话后是一场简短的弥撒，人们的精神得到了升华。他们接受圣餐，忏悔，互相拥抱，行亲吻礼，然后恸哭。这些仪式对守军产生了振奋人心的效果。那些在偷偷寻找上船逃跑机会的人决定回到战场，“他们磨好了剑，挥舞着长矛，并互相鼓励”[22]。直到深夜，阿纳普还在不知疲倦地巡视前线，激励人们为信仰而战，或为信仰而献身。

城墙四周有些沉寂。很可能是因为哈利勒在目睹自己的士兵从圣安东尼门全线溃退后有所忌惮。考虑到自己的权力正在受到威胁，以及大量志愿兵的热情可能会消退的可能性，不再重蹈城墙前受阻的覆辙是极为重要的。另外，他的战场优

使用弩和长弓的欧洲弓箭手

势非常稳固：他已经控制了外城墙的一大片区域。他利用这一天来保障进行最后突破的物质条件并且提高他的士兵的作战热情。他的主要顾虑是内城墙与外城墙之间又深又陡、足有 10 米宽的壕沟，他的士兵要想冲击最后的防御体系就必须越过这道沟堑。他组织了小规模的牵制性进攻，下令弩炮不停地开火，不给守军以喘息之机，并限制了他们对他的计划进行干扰。任何能够用来作为一条通往城墙底部的稳固通道的材料都被骆驼拉到内城墙壕沟的边缘。动物的尸体和倒下的战士随着泥土、石头和木材被粗暴地扔进壕沟里。一股令人难以忍受的恶臭气味从城墙上飘过。与此同时，哈利勒让士兵们为最后的攻击做好准备。营地里，毛拉们在人群中奔走相告，激发起士兵们的宗教热情。祈祷的时间段以特别虔诚的方式得到遵守，177
而苏丹则以提供金钱回报来鼓励士兵们在最后的总攻中的英勇

表现。

在城内，基督徒也在做着他们的备战工作。作战武器被设置成对准国王之塔和英格兰之塔的缺口的方向。他们磨利刀剑，收集盾牌和弹药，分配守卫任务；敌人的尸体不断被扔出城墙，将一切可用的材料填塞缺口的工作也在继续。诅咒之塔必须守住。居民们受到鼓舞，着手准备自己的民防。迷宫般狭窄蜿蜒的街道，以及死胡同、内部通道、小广场和坚固的塔楼——实际上是城市结构中的一系列设防核心——为巷战（最后的手段）提供了充足的可能性。作为战略要地的十字路口被木造的路障封锁起来，由武装人员组成的分遣队把守；人们把石头堆叠在屋顶上，打算给予入侵者迎头痛击。

试图用船把妇女和儿童运走的努力因恶劣的天气而受阻。阿卡的港口很容易受到风浪的影响，不适宜停船，而且运气不在城市的这一边。“天气很糟糕，”“推罗的圣殿骑士”回忆道，“海上掀起惊涛骇浪，船上的妇女和儿童无法忍受，于是他们下了船，回到了自己的家。”[23]在黑暗中，守军各就各位，平民各回各家。每个人都知道决定性的进攻将在黎明到来。

第十二章　看这伤口

1291 年 5 月 18 日，拂晓至中午

5 月 18 日，星期五，天气依旧阴沉不定，大海依旧风号 178
浪吼。哈利勒的军队在日出前就准备完毕，苏丹本人坐在马背上，让全军都能看见自己，以此激励部队。圣人和苦行僧们在营地里激起大家对神圣事业的热情，而哈利勒的传令官们则往来传告，允诺给予信众更务实的回报。“推罗的圣殿骑士”听到了发起进攻的信号。随着战鼓在暗夜中发出的隆隆巨响——“那是一种天震地骇的声音——撒拉森人在各处向阿卡发动了进攻”。[1]如果最初的策略是逼迫守军将有限的人数沿着全线分散布置，那么哈利勒真正的重点仍然是从圣安东尼门到圣尼古拉门之间的那段区域，那里的外城墙已经归他所有。正对着已经倒塌的英格兰之塔和国王之塔之间的城墙缺口——暴露出了关键的诅咒之塔——守军已经部署好他们的投石机，决心坚决

声浪之墙：金鼓齐鸣，威慑宵小，振我军心

保卫这座城市的心脏地区。

179 前进中发出穿云裂石般的声音是伊斯兰军队的一项震慑战术，目的是将恐惧注入守军的内心而将其从己方士兵的心中驱除，这种噪声是巨大的，好似一堵强有力的声浪之墙：300 名骑着骆驼的定音鼓鼓手用重槌敲击出一段猛烈急促的鼓声，配合着铙钹的撞响、喇叭的刺耳长鸣和数以千计的人狂呼厉吼。

在城墙上，守军等待着敌人进入射程以内，投石机和弩机均已上好弹药，石弹、弩箭和普通箭支都已堆好；市民们站在屋顶上随时准备好投掷石块，并且在木质的街垒处驻守。宗主教不知疲倦地告诫着守军要以基督的名义下定决心：“用您的铜墙铁壁将我们围护起来，噢主啊，用您的武器来保护我们！”[2]教堂的钟声敲响。

哈利勒的军队以整齐有序的队形向前推进，每一排都由 180
150～200 名专精具体格斗技巧的士兵组成。队列前方的是狂热的托钵僧和苦行僧，他们高喊着真主的名字，在圣战的热情和对天堂的憧憬的驱使下，狂奔向前直至死在城墙下，为后续前进的士兵提供了一座人桥。而随着他们一起被推搡向前的是一群人肉盾牌，由随军的基督徒组成，来自苏丹领土上臣服的基督教群体。他们在威逼利诱下被迫参加了这场战役：如果他们幸存下来，而阿卡没有被占领，他们要缴纳的税负将增加一倍；如果阿卡陷落，他们和他们的后代将永远免于纳税。

在这些或是不情不愿或是狂热自戕的部队后面，是一个防护严密的步兵方阵，这支部队装备着高大坚固的木盾以承受第一波打击。再后面是火器部队，士兵们携带着油壶和燃烧的火把，火光在黑暗中闪耀，并且将装有希腊火的土罐油掷弹抛过城墙。他们制造出一道烟与火的屏障，后排的弓箭手透过这道屏障发射出冲天箭雨，弩兵也随后上前发射方镞箭；他们之后是近距离格斗部队，装备着短剑和皮盾，专门应对白刃战。与他们并肩作战的还有带着锄头、锹镐和铁爪钩，推着云梯和攻城槌的士兵，这些士兵冲上前去，或是攀登，或是拆除城墙。持盾部队则肩并肩地向前推进，形成一堵气势汹汹、坚不可摧的墙形阵。手无寸铁的志愿兵们使用简易的弹弓向城墙上的守军不停地射出小石子。再往后，投石机继续将石块投掷进城内。

然而，守军拥有高度上的优势，还能凭借木桶和临时搭建的城垛得到一些保护，而且他们对于城墙上的战斗显然已是驾轻就熟。随着敌军大队近前，弩箭给前排的士兵以重大的杀伤力，几乎是垂直瞄准那些在陡峭城墙底部的敌军，“他们一次向前排士兵发射出三支方镞箭，射穿了盾牌并将其与持盾者钉在一起，他们还用普通的弩机和威力强大的攻城弩发射出大量
181 的方镞箭，这些方镞箭直接穿透了很多根本没有防护的士兵”。与此同时，守军还扔下大石，砸在那些试图破坏城墙地基的士兵身上，“于是他们像蛤蟆一般被压在自己的盾牌下面”。[3]在这场杀戮中——混杂着用法语、阿拉伯语、意大利语、德语、突厥语、英语、加泰罗尼亚语和希腊语呼喊着基督和穆罕默德名字的声音——守军在前进的人群中撕开一个又一个大口子。

马穆鲁克在最开始时发动的全线进攻只不过是障眼法，意图拉长守军的战线而使其兵力愈加稀薄。阿卡城内本就没有整体性的战略指挥，这种策略将具有可观战斗能力的圣殿骑士和医院骑士牢牢地束缚在蒙穆萨尔郊区。随着守军初步给马穆鲁克的军队造成了大量损失的同时，哈利勒启动了他的第二阶段计划。他的目标是在选定的薄弱地点以人数优势压垮勉强维持的防御体系，且阻止敌军在这些地点集中兵力，不给他们以喘息之机。这肯定是一次预先策划好的战斗转移，他悄声无息地将部队逐步撤出外围区域，“命令他们带着所有的装备向受损的城墙秘密移动”。[4]当他们整理好队形，听到号角发出的信号声时，便排成一个紧密的方阵，带着铁锹、十字镐和铁爪钩，毫无畏惧地向前冲锋，或是突入缺口，或是攀过城墙。

在城墙上，守军被迫躲避弹雨、射击、装填弹药然后再射

击，不断重复这些动作使他们疲惫不堪。马穆鲁克的资源似乎无穷无尽。他们的士兵轮流上阵。一旦攻势受阻“他们就会重整队形，投入生力军，而且随着基督徒被耗尽力气，他们向防线施加了巨大的压力以图强行冲入城内。通过这些策略，他们可以在眨眼之间就剥夺基督徒片刻喘息的机会”。[5]声浪和混 182
乱主宰着整个局面。“（敌军中）那些投掷希腊火的部队攻击频率如此之高，燃烧弹如此密集，”“推罗的圣殿骑士”回忆道，“使得烟雾浓厚到相邻的两人看不到彼此的地步。”[6]一旦燃烧弹被引燃，那么由此产生的烈火就不可能被扑灭。被这些翻滚的火球活活烧死的担忧总是让人心生惧意，而其滚动过来的声音却又清晰入耳。骑士让·德·茹安维尔曾生动地描述了希腊火的声音：“它袭来时的声音有如天雷滚滚，看上去好似火龙腾空。”[7]“推罗的圣殿骑士”还目睹到敌军弓箭手施加了同样的压力：“透过烟幕，弓箭手们射出的羽箭如织，使我们的士兵和坐骑都受到了痛苦的伤害。”[8]人力、物力开始慢慢枯竭。普通箭支和方镞箭存量即将告罄。弓弩火力变得稀疏起来。阿卡的守卫者们用刀剑、钉头槌、石头和手边的任何东西继续战斗。

在争夺诅咒之塔的激烈战斗中，马穆鲁克取得了突破。足足有好几个小时，守军阻止了马穆鲁克军队从外城墙上被摧毁的塔楼之间拥入内城墙的缺口，他们针对这些缺口部署了己方的投石机加以火力封锁。但是随着炮弹量不断减少，进攻一方的数量优势还是逐渐占据上风。木质的猫堡承受了高强度的轰炸，伴随敌方炮火而来的是被活活烧死的恐惧。进攻者们“全部徒步前进，人数多得数不清。在最前面的一排士兵持着巨大的盾牌。在他们后面的是投掷希腊火的士兵，而在火器部队后面的是投射标枪和羽箭的士兵，火力密集得好像倾盆大雨从天而降。我们在猫堡内部的士兵放弃了阵地”。[9]随着这道额外防御工事的丢失，士兵们撤出诅咒之塔，退回到城里狭窄的巷子里。

这是一个决定性的时刻。现在通向阿卡心脏地区的道路打开了。

一些隶属于塞浦路斯国王的军队在内城墙里向圣安东尼门
183 撤退。攻方部队现在能够席卷内外两道城墙之间的空间并开展行动。“推罗的圣殿骑士”描述道：

> 他们选择了两条路线，既然他们已经来到了这座城市的两道城墙之间，也就是说，在第一道城墙和壕沟，也就是被称为外堡场的地方，与这座城市本身的巨型（内）城墙和壕沟之间。一些敌军通过名为诅咒之塔的巨型塔楼的城门进入，向着圣罗马诺（San Romano）教堂移动，比萨人在那里部署了他们的大型配重式投石机。其他的敌军继续沿着这条路（两道城墙之间）移动，向圣安东尼门冲去。[10]

丢失诅咒之塔带来了极其危险的后果。一群马穆鲁克士兵杀向比萨人的投石机，对城市的中心地区形成了严重的威胁。与此同时，靠近海边的圣安东尼门和圣尼古拉门所承受的压力越来越大。号角声响彻全城，人们绝望地请求增援。在圣安东尼门，两天前那里的防守战就打得异常激烈，现在双方更是杀得难解难分。为了争夺城墙而爆发了血腥的白刃战，守军拼尽全力抵抗。有一段时间，守军似乎已将攻方的大队人马逼退，但是很多人从诅咒之塔那边的防线撤了回来。形势的恶化让人忧心不已，圣殿骑士团和医院骑士团的大团长急忙奔向城门，试图阻止敌方的前进势头，这场战斗变得越来越混乱。博热如此匆忙，只来得及穿上轻甲。

> 圣殿骑士团的大团长正在他的会馆（auberge，即总部）与手下一起守卫防线时，听到急促的鼓声，便知道撒拉森人已经猛扑过来了。大团长带领 10 或 12 名同僚骑士以及他的部队出发前往两道城墙之间的圣安东尼门。他经过医院骑士团的防区时叫上医院骑士团的大团长与他同行。医院骑士团的大团长也随即率领自己的一些同袍，以及塞浦路斯和当地的若干骑士，还有一些步兵一同前往。 184
> 他们来到圣安东尼门，发现撒拉森人正在徒步前进，于是展开反击。[11]

这段记录由“推罗的圣殿骑士”书写，着重强调了博热和他手下骑士的英雄主义奉献精神，但他很可能对最后防守贡献的整体性评价进行了扭曲。其他的史料则更具有批判性——“他姗姗来迟”[12]——一位作家坚持这样的看法，而大团长在事发时未及披甲，思想准备不足，似乎最关注的还是防守远离城墙的己方大本营，这一事实也表明派系的利己主义思想给城市的防御造成了何等程度上的妨碍，即便这座城市已经到了危急关头；话虽如此，博热本人很可能已年近六十，从传统意义上来说已经过了战斗的年龄，而他此时却全身心地投入了战斗。

马修·德·克莱蒙，作为医院骑士团的大元帅，“武艺娴熟，战斗能力盖世无双”[13]，再一次在城门的战斗中大显身手。

穆斯林被一再击退。“我们和我们的（医院骑士的）教团，”让·德·维利耶记述道，“在圣安东尼门抵抗他们，那里的撒拉森人多得数不过来。尽管如此，我们三度将他们逐回那个通常被叫作诅咒之塔的地方。”[14]很明显，医院骑士们正试图堵住这道城门及其后面的防线。

将入侵者从诅咒之塔赶回去并且守住内层防御圈至关重要，“但是他们无能为力”，“推罗的圣殿骑士”解释道，“因为撒拉森人太多了。当圣殿骑士团和医院骑士团的两位大团长赶到那里并投入战斗时，看起来他们好像撞到了一堵石墙上”。马穆鲁克训练有素的战斗技巧在狭小空间内非常有效。
185 现在涌进狭窄巷子的敌军人数证明他们是不可能被驱逐出去的，守军的力量正在被逐步削弱。让·德·维利耶讲述了“在（试图夺回诅咒之塔）的行动中以及其他地方的作战中，我们教团的兄弟们为保卫这座城市、他们的生命和国家而战斗，我们一点点儿地失去了我们的教团，然后命运最终走到了尽头”。[15]

战斗在一系列混乱和血腥的快照式场景中展开，全部都是以基督徒的视角，其中的任何顺序和叙述都是杂乱和不连贯的。希腊火对阿卡的守军来说尤为恐怖，其效果骇目惊心。“推罗的圣殿骑士”目睹了“一个可怜的英国军士被撒拉森人投掷的希腊火燃烧弹重重地击中，以至于他的外衣迅速燃起火焰。没有人帮助他。他的脸被烧伤了，接着是全身。他像一口烧着沥青的大锅，惨死在那里。当这一切发生时，他正在徒步行走，因为他的坐骑刚刚被杀死在他的脚下”。[16]

其他的史料则提供了关于白刃战的血腥描述：

> 你可以看到许多人的头从他们的脖子上和肩胛上落下，手从胳膊上断开，其他人则是被当胸劈开、深可见骨，或是被长矛或刀剑刺穿，或是被砍成两半。士兵们满身是血、奄奄一息，或是痛得打滚，或是眼珠在头上滚动。一个人的头颅扭曲向后；另一个人躺在他的腹部；还有一个人舌头伸出，在巨大的痛苦中死去；而其他人一次又一次地，虽然受了致命伤，仍微弱地尝试再次起身并战斗。双方的死伤是如此之大，以至于不踩在尸体上是不可能走到任何地方的。[17]

关键人物的死亡或撤退可能是士气最后崩溃的原因。维利耶和其他医院骑士试图阻止马穆鲁克的前进，显然他们已经被
逼退到了城内的街垒后面，但在这里，他“被一支穿过街垒 186
的长矛刺中，差点儿死在当场”。[18]在诅咒之塔附近，守军遭受了另一次心理打击，“推罗的圣殿骑士”可能是目击者之一：

> 这个地方发生了一场巨大的灾难，使撒拉森人更加容易地杀进城内，并使我们的人民士气低落。事情是这样的，当圣殿骑士团的大团长正在举起左手时，一支标枪瞄准了他。他没有盾牌，只是右手拿着一支长矛，这支标枪击中了他腋窝下的部位，枪杆嵌入他的身体里足有一掌尺那么深。它扎进的地方恰好是板甲没有连接的一个缺口处。此时穿在他身上的不是他本人厚重的胸甲，而是他一听到警报就赶紧穿上的轻型铠甲。
>
> 当他意识到自己受了致命伤以后，便转身就走。还在那里战斗的一些人认为他离开是为了保全自己。他的旗手

> 看见他转身后也跟在他后面，然后是他所有的侍从部队。在他撤离的时候，有 20 名来自斯波莱托河谷（Valley of Spoleto，位于意大利）的十字军战士看到他离开，喊道："噢，阁下，看在上帝的分上，别走！否则，这座城市一定会失陷！他大声回答他们，所有人都能听得见："诸位，我什么也做不了了，我要死了。看这伤口！"
>
> 然后我们就看到了还插在他身体上的标枪。而他说完这些话后，手里的长矛就掉在地上，他也垂下了头，快要从马上摔下来了。但他的侍从们从坐骑上跳下来接住了他，把他从马上抱下来，将他放在他们在地上捡到的一面又大又宽的盾牌上。

根据"推罗的圣殿骑士"的描述，他们似乎是在内墙和外墙之间将博热抬走的，

> 打算穿过圣安东尼门入城，但是他们发现那里城门紧
> 187 闭。他们在（内城墙）找到了一扇小门，通过一座桥越过壕沟进入了安条克的玛丽亚女士（Lady Maria of Antioch）的住宅……他的人在那里将他的盔甲卸去，将他肩膀处的板甲割除，但也只能做这么多了，因为伤势实在太严重了。他的垫肩（épaulières，即肩部保护物）仍被保留，他们给他盖上一条毛毯，然后抬着他向海岸走去，到达了他们宰杀牲畜的屠场和推罗领主的官邸之间的海滩。

他们的目的是用船把他运走。现在，马穆鲁克向城内的推进已无法阻挡。在狭小的空间内，他们持盾部队践行的战术是维持

成一道无法攻破的墙形阵。“撒拉森人会稍做停顿，然后举起他们的盾牌，向前移动一小段距离，当对方士兵向他们冲来时，就立刻将盾牌锁在一起并停止前进。他们整天不停地投掷希腊火和标枪。这种战斗一直持续到上午十点左右。”[19]他们把那些企图在屋顶上向他们投掷石块的人拉下来，然后继续推进。

在博热因伤撤退后，圣安东尼门的防守也完全崩溃了。马穆鲁克成功地在城门的外表面点燃大火，而那些在城门上方塔楼的守军士兵则继续往下投掷石块并发射弩箭，但这种防御无法持久。“最后，”用基督徒编年史家的话来说，“城门坍塌了，一大群令人窒息的异教徒从拱门冲了进来，横枪跃马，冲破了基督徒的防线。”[20]

穆斯林们如入无人之境，他们攀上城墙，打开城门，侵掠如洪水滔天。“随着人们知道发生了什么，又看到大团长被抬走后，每个人都开始放弃自己的岗位，夺路而逃。至于撒拉森人……他们穿过了诅咒之塔，长驱直入圣罗马诺教堂，烧掉了比萨人的大型投石机。”[21]

对于负伤的让·德·维利耶个人来说，局势十分凶险： 188

> 人数众多的撒拉森人从四面八方、从陆路和海路（沿着海岸）杀入城中，沿着支离破碎的城墙、穿过城里的街道直闯到我们的街垒……我和弟兄们——之前在战斗中就有比较多的人受创乃至死亡——只能尽量地抵挡他们，越久越好。我们中的一些同伴就这样半死不活而又无助地躺在敌人面前。我们的军士和贴身仆从赶来，冒着丢

> 掉性命或因伤致残的极大危险，将重伤垂死的弟兄们都救走了。[22]

医院骑士们被逐退了。维利耶被担架抬到港口。克莱蒙和其他被困在城市街道里的小分队仍在组成后卫部队进行作战。在其他地方，有组织的抵抗都已经演变为溃逃。

当一部分马穆鲁克部队快速突入城市中心的时候，另外一些部队则猛烈地攻击通往港口的城墙和沿途的城门。圣尼古拉门被穆斯林从里面打开，“他们顺着笔直的街道直捣条顿骑士团的修道院，一路上逢人便杀”[23]。在圣尼古拉教堂附近的收容所，条顿骑士团全军覆没，而在附近的圣伦纳德（St Leonard）教堂，圣托马斯的英格兰骑士团也不敌败亡。

当他的随从试图在浪涛翻滚的海面上将受伤的博热救走时，有人惊呼道，附近由格朗松和格拉伊把守的宗主教之塔的门楼倒塌了，因此港口本身面临着即将被攻击的危险。博热的随从们惊慌失措：“他的一些卫兵跳入海中以图游到原先在那里的两艘三桅帆船上。港湾里只剩下这些船了，因为大海是如此狂暴，波涛巨浪使得船无法被操控，而且正因如此，许多人都被淹没在了海中。”[24]现在，撤退已成为一场个人生存的冲刺。

189 鉴于形势时刻都在恶化，他们决定放弃将博热带走的努力。丧魂落魄的侍从们顾不上任何礼节了，“他的侍从们在其他人的帮助下将他抬到圣殿骑士团的城堡，众人把他送入城堡内部——但不是通过主城门，因为他们不想打开，而是通过一个堆满粪肥的庭院”。[25]

每个地方的人们都在四下逃窜，火焰蔓延到城市的中心：“撒拉森人放火焚烧投石机和木质街垒，于是大地都被火焰照亮了。”[26]在一些地方，反抗还在继续。有些人英勇地战斗到最后，尽管对于这种行为进行赞扬还是责备取决于个别史料的倾向。

在圣殿骑士团的城堡内，濒临死亡的博热发现远处传来的战斗声渐渐在他的耳边消失，人们向他隐瞒了事实：

> 在生命的最后一天，他整天都没有说话，在他们把他从马上接下来之后，他就再没有说过话，除了在听到人们逃避屠杀时的喊叫时向圣殿骑士团的同袍问了一句发生了什么。他们只是告诉他士兵们在战斗，然后他就吩咐他们不要惊动自己。此后，他不再说话，将自己的灵魂交给了上帝。他被安葬在他的礼拜堂前，也就是他们作弥撒的圣坛。上帝接纳了他的灵魂。他的死造成了多么大的损失啊！[27]

圣殿骑士团的总部是一处安全的堡垒，因而成为那些寻求避难所的人们的一个聚集点。“那里有大元帅皮埃尔·德·塞夫雷，以及其他一些圣殿骑士团的兄弟，一些受了伤躺在那儿的弟兄们，还有一些世俗骑士、妇女、市民和许多其他人。”[28]

然而，仍然有一场殿后的战斗需要为之献身。在那些面对马穆鲁克的无情进攻而退到圣殿骑士团总部的人中，有医院骑士团的大元帅马修·德·克莱蒙。他看到博热躺着死去后，决意再发动一次不成功便成仁的突击以扭转局面，于是便“回到了战斗，收拢他周围所有的同袍，因为他不会放弃他们其中 190
的任何一个，一些圣殿骑士也与他一同前往，他们来到热那亚人聚居区的一个广场，那里已是人去房空，马修在那里投入了战斗”。[29]在这个封闭的小竞技场里，克莱蒙骑着自己的战马，一直与敌人厮杀到他生命停止的那一刻。他的结局引发了对英雄主义的讴歌以及对人与兽在最后一刻的描述（很可能是艺术创作性的）：“他的战马全然没了力气，再也不能向前冲了。它抗拒着马刺的驱策，站在街道中间一动不动如同在那里生根了一般，然后被一支长矛刺中，跪伏在地上。随着他的战马倒下，他被长矛刺穿。于是这位忠诚而又勇武的基督骑士把他的灵魂交给了造物主。”[30]

在海岸上，马穆鲁克骑兵已经设法撬开了一直延伸到海边的带尖刺的铁栅栏，这一工事设置在那里的目的就是防止骑兵沿着海滩进入城内。他们策马向前，从后面包围了守军：

> 随后一大群撒拉森人骑马而来。让·德·格拉伊爵士和奥顿·德·格朗松爵士以及法兰西国王的战士们顽强抵抗，以至于那里死伤众多。但让·德·格拉伊爵士和奥顿·德·格朗松爵士还是经受不住撒拉森人带来的压力，只能从那里撤离以求自保，途中让·德·格拉伊爵士负伤。当耶路撒冷和塞浦路斯国王亨利二世看到这场灾难的程度如此深重时，他找到了医院骑士团的大团长一起商量，他们清楚地看到，任何策略或援助现在都起不了什么作用，他们只能登船自救。[31]

维利耶很可能是乘这些船离开的。在阿卡陷落后的指责游戏中，编年史家们安全地待在修道院和图书馆里，利用目击者的证词，将谁战斗谁逃跑的问题记录了下来，根据对民族和宗教的忠诚来指配批判和赞扬的对象。但在这一点上，每个人都是为了自己。

第十三章　悲惨时日

1291 年 5 月 18 日中午至 5 月 28 日

“往日不堪回首。”“推罗的圣殿骑士”苦涩地回忆道。一个不曾投降的城市怎可奢望敌人的怜悯？现在，随着苏丹的大军深入城区、肆意纵火，有组织的抵抗全似兵败如山倒。人们沿着狭窄的小巷向港口狂奔：“贵族小姐们、市民百姓们、未婚少女们和其他平民们从街头奔逃出来，他们将孩子抱在怀里，哭声大作，绝望地跑向水手们，恳求他们将其从死亡中拯救出去。”[1]据维利耶的记载，在低阶的医院骑士团部队中，有秩序的撤退荡然无存。“我们的军士、侍从、雇佣兵和其他的人都开始彻底绝望了，他们扔下武器和盔甲，向船只飞奔而去。”[2]  191

船只太少而海面在狂风的搅动下并不平静，阿卡港湾的固有缺陷使得任何组织有序的疏散都无法进行。离岸的近海还有几艘帆船和威尼斯人的运输桨帆船，以及属于教廷和塞浦路斯

192 国王的六艘桨帆船。巧合的是，两艘热那亚桨帆船刚刚抵达，准备在指挥官安德烈亚·珀洛（Andrea Peleau）的率领下进行交易，他们一反热那亚一贯不佳的声名，“大行义举，这是有目共睹的，因为他们把人们从海岸救上来，并把他们安置在帆船和其他船只上”。[3]这项工作既危险又困难，考虑到当时的天气条件，转移人员需要搭乘摆渡船在汹涌的海面上来回颠簸。圣殿骑士团和医院骑士团似乎都没在事先就为疏散做足准备，尽管圣殿骑士团有一艘大帆船就停泊在岸边。这艘名为“猎隼”（Falco）的帆船被形容为“有史以来最伟大的战舰”，[4]可能最多能容纳1500人。它由罗杰·德·弗洛尔（Roger de Flor）指挥，此人尽管身为骑士团的一名成员，却因雇佣兵的冒险经历和海盗行为而屡遭指控、备受争议。

这座城市已是火光熊熊、血流成河，能够逃离的主要是富人和贵族。亨利国王和阿马尔里克、受伤的维利耶、格拉伊和格朗松以及他们的随从登上他们的船，驶往塞浦路斯。“猎隼”号战舰的罗杰·德·弗洛尔“带走了小姐、少女、大量财富和许多重要人物”。[5]这些财富有相当多的一部分似乎已经塞进他自己的腰包，这使他随后陷入了从人道主义灾难中渔利的指控：在这些富有的贵族妇女乞求他将她们从这座燃烧中的城市救出时，他向她们索要其随身携带的珠宝和黄金作为赎金，并拒绝贫民登船。①严厉的批评也落在了许多能够靠花钱买命逃路的名流身上。只有热那亚桨帆船的船长们因廉洁无私地把不太富裕的市民们送

① 此人后来创建了加泰罗尼亚佣兵团并成为首领，受雇于拜占庭皇帝安德罗尼柯二世，在小亚细亚与土耳其人作战，后因功高震主而被拜占庭人诱杀。弗洛尔在此战过后被圣殿骑士团悬赏通缉，但竟然逃过骑士团的追杀并创建了巴塞罗那佣兵团。

到帆船上和救死扶伤而受到赞扬，但是恶劣的天气和可用的运输船只之少意味着只有一小部分人逃出生天。

在海边，场面变得狂乱起来：富人们跑到码头，将身上有价值的物品拿出来，以求船主能把自己带走；穷人们则带着孩子乞求怜悯。在汹涌的大海中，水手们试图将难民摆渡到停泊在近海的商船上，但场面一片混乱。人们在渔船和小船上争抢位置。一些超载的船只在巨浪中倾覆。有些人试图游向大船，
其他人则在被杀、被强奸的前景与被大海吞噬之间，选择了后 193
者。妇女们把婴儿抱在胸前，向水中走去，然后纷纷溺死。海面被死难者的鲜血染红。那些留下的人面临着悲惨下场。

海中的死亡场景，来自一部手抄稿中关于阿卡围攻战的插画

关于全城大屠杀的描述存在于一系列杂乱的叙述中，这些都是有关恐怖和自我牺牲的故事。和其他一样可怕的是惨绝人寰的声音："那些被剥夺了逃跑机会的男人、女人和孩子，惊恐万状、发出哀号——有些人正在吃饭的当口，就被困在广场、街道、房屋和城市的角落里。"[6]所有的秩序都崩溃了。在很多情况下，每个人都只为自己着想，编年史家的言辞与
194 《圣经》中的一些语句相呼应："自然虔诚的纽带被打破了。父亲不顾儿子安危，兄弟不思手足之情，丈夫不念夫妻恩爱。人们不肯对自己的邻居施以援手。"[7]

到处都是触目惊心、兵荒马乱的场景：大火肆虐，尖叫声响彻大街小巷，"无主之马受到了四面八方的嘈杂噪音和狂乱嘶吼的惊吓，它们穿过广场到处乱撞，张大双眼、绝望地四下搜寻，好像这样就能找到它们的主子和所有者，直到缰绳套在它们的脖颈上，然后就被敌人捕获带走"。[8]很多人在试图逃往港口时，不幸被裹挟在拥挤的人群中窒息而死。"推罗的圣殿骑士"回忆起"小孩子们惨不忍睹的样子，他们被乱马撞倒后又被踩踏得肚破肠流。世上再没有人能铁石心肠到看见这场屠杀而不凄然泪下。我确信所有的基督徒看到这些场景都会流泪。我们后来发现，甚至连撒拉森人也不禁生出恻隐之心，为之哭泣"。[9]在这场暴行的狂欢中，一些穆斯林因被这些孩子的命运打动而流下了眼泪，但随着几乎所有有组织的反抗活动的消失，大规模的屠杀和洗劫取代了那一天的秩序。进攻者们挨家挨户地搜查，将守军士兵斩草除根。"奴隶、杂兵和暴民们开始烧杀抢掠。"[10]妇女和儿童成了战利品，被锁链带走或是被强奸。胜利者之间爆发了争夺俘虏的打斗：

> 当撒拉森人遇见落难的市民们，一个士兵抓住母亲，另一个士兵抓住孩子，把他们从一个地方拖到另一个地方，然后便是骨肉分离。有一次，两个撒拉森人为了一名女子的归属发生了争吵，结果这名女子被他们杀死；又有一次，一名女子被掳为俘虏，她怀里的婴儿被摔在地上，然后马群飞踏而过，将其踩死。在拥挤的人群中，有一些孕妇连着还在子宫内的胎儿窒息而死。而且在很多情况下，当一位妇人的丈夫或孩子或是病卧在床，或为箭所伤
> 滞留在宅屋里，这位妇人就撇下亲人们独自逃跑，当撒拉 195
> 森人来的时候他们全部被杀。[11]

打家劫舍的过程变得狂热猖獗而又声势浩大。尽管城中的大部分财富显然在围城之前就已经被转移走，但穆斯林方面的史料记录道，除了掠夺人员作为战利品之外，城中仍有大把油水可捞："各类财宝，镶嵌有金子和珍珠的水晶器皿，堪称价值连城，与之类似的还有金银器皿"，以及大量的威尼斯货币和铸锭形式的金块。在抢夺战利品的狂热中，有不少美丽的艺术品被打碎以求得其原材料，很多穆斯林竟然在争夺战利品的过程中被杀。唯有凶残狡诈之辈方能夺得最大的回报："一大批平民通过买卖奴隶、骆驼骑手、暴民还有其他的军队人员及其追随者的所得物来获利。"[12]

随着守军放弃城墙，苏丹的军队在越来越多的地点完成突破，急不可耐地参与到洗劫当中。当圣殿骑士团和医院骑士团调动他们的部队试图夺回诅咒之塔时，蒙穆萨尔区的防守空虚，部署在右翼的哈马军团乘势而入。圣拉撒路的麻疯病人骑

士团是这段城墙的唯一守护者，他们全员战殁。

教堂和修道院成为被特别关注的目标，这既是由于它们积蓄的财富，也是出于穆斯林对基督教的仇恨。烈士们为信仰殉道的故事广为流传。在多明我会的修道院内的防线瓦解之后，30 名修士拒绝逃离，他们与其他大批修士一道，在做弥撒时被杀。据说，除了 7 名多明我会修士之外，其他人无一幸存。在方济各会修士中，只有 5 人幸存。同样，据记载，多明我会修女在教堂唱赞美诗时惨遭屠戮。其他关于光荣献身的更多杜撰体故事以不同的版本在世间流传。

196 城中仍然存在一些零星的英勇抵抗。一群群十字军战士继续战斗："他们被完全困在城市的广场和角落里，对入侵的敌人进行武装抵抗，把这些敌人击退……来自宗教团体和社会各阶层的虔诚信徒们在这场令人筋疲力尽的斗争中坚持了两天之久，他们的人数逐渐减少，受身披的重甲所累，又因口渴、饥饿和压力而日渐虚弱，直到都以基督的名义壮烈战死。"[13]他们被教会授予了烈士的身份。

尼古拉·德·阿纳普以自身行动诠释了他自己的《圣经典例选》一书中关于在死亡之际如何作为的劝诫。他继续团结抵抗力量并决心舍身殉难，在被人强行架往港口的途中，他大声抗议道："你让我怒发欲狂，违背我的意志将我拖走，让我照管的羊群在面临屠杀之际被我抛弃。"[14]他被渡船转移到一艘威尼斯商船上，但是他的命运已注定他无法独存于世。史家对他死亡的记述不尽相同，但都强调了他的圣洁与阿卡最后的败亡中常见的低劣行为形成的鲜明对比：要么是这位善良的高级教士，在最后一刻依然挂念苍生，让如此多的难民爬上了他的小船，以致小船倾覆，使他落水而亡；要么就是如"推罗的圣殿骑士”所载，“一个水手抓住了他的手，但他滑了一跤，掉进海里淹死了。目前还不清楚是那个拉着他手的人故意放开了他，因为他把自己的贵重物品放在了船上，还是因为他抓不住而使自己的手滑脱。无论如何，这位大善人还是被淹死了”。[15]阿纳普不大可能去关心如何将自己的俗世财物打捞上来。

许多人被困在城内迷宫般的街道网中，无法到达港口，只
能在城市的堡垒中——圣殿骑士团的城堡，医院骑士团和条顿
骑士团的城堡，威尼斯和比萨居住区的要塞塔楼，可能还有王
室城堡——寻求庇护。圣殿骑士团的城堡坐落于海滨之处，那
里挤满了幸存者。被困在那里动弹不得的他们只能眼睁睁地看 197
着救援船只离开：“当所有的船只升起船帆，在圣殿骑士团城
堡中避难的那些人发出震天哭声。那些船只解开缆绳，启程前
往塞浦路斯，留下那些进入圣殿骑士团城堡的善良民众等待命
运的裁决。”[16]

这些堡垒一个接着一个被包围，或是被攻陷，或是投降。医院骑士团的城堡位于城市的中央，在获得赦免的条件下于5月20日投降，连同条顿骑士团的城堡，很可能还有王室城堡一起。那些幸存者的命运尚不确定，一些贵族被作为活口留了下来，以充当未来索要赎金的宝贵资产，但阿布·菲达暗示穆斯林进行了大规模的斩首行动：“苏丹下达命令，在阿卡城周围将他们斩首，不留一人。”[17]很多人都对英王理查一世在一个世纪前对待穆斯林守军的行为记忆犹新。

然而，圣殿骑士团的城堡仍在坚守。“推罗的圣殿骑士”留下了一份关于这座坚固而宏伟的堡垒的详细记述：

> 大部分的市民——男人、女人和孩子——都在圣殿骑士团的城堡里避难。那里有1万多人，因为圣殿骑士团城堡在城内的堡垒中是最坚固的一座，坐落在海边的一大片土地上。在它的入口处有一座坚固的塔楼，其墙壁厚度达23英尺，塔楼的每个角上都有一座角楼，每座角楼上都有一个抬爪狮身像，狮像全身镀金，实际大小犹如一头驴子。这四座狮像的镀金工程以及包含其中的工艺耗费了1500撒拉森拜占特。这是一幅壮观的胜景。在城堡朝向比萨人居住区的另一个角落还有一座塔楼，这座塔楼的附近，圣安妮大街（St Anne）的上方耸立起一座非常漂亮的宫殿，那是大团长的居所……圣殿骑士团城堡里另有一座俯瞰大海的塔楼，是萨拉丁在一百年前建造的。它就在海边，承受着海浪的拍击。圣殿骑士团城堡里还有其他的精美建筑物，我在这里就不再赘述了。[18]

198 圣殿骑士团的强大防御能力和它在海边的位置确保了敌军无法将其包围，且只有克服极端的困难才能占领。在城堡里避难的人数可能被有所夸大，但根据所有史料的记载，城堡是一个可以容纳相当多的人的大型建筑群。尽管城堡固若金汤，幸存者的现状却仍然无望。圣殿骑士团城堡位于一个暴露的岩石海岸上，如果没有安全通行的保证，大规模的疏散是不可能的。随着博热因伤去世，骑士团匆忙选举了蒂博·戈丹（Thibaud Gaudin）作为他的替代人选。在他的领导下，皮埃尔·德·塞夫雷，圣殿骑士团的大元帅，于5月20日利用现有条件争取到了赦免令。苏丹同意了。他们可以在得到安全通行保证的条件下离开，在不携带武器且每人一套衣物的前提下登船驶往塞浦路斯。圣殿骑士团接受了这一条件。他们得到一面白旗，将其悬挂在城墙上作为凭证，而400名马穆鲁克骑兵，在埃米尔赛义夫·丁·阿奎布哈·曼苏里（Sayf al-Din Aqbugha al-Mansuri）的率领下进入城堡，监督难民的撤离。

赦免令是建立在相互信任的基础上的，但事情却变得糟糕透顶。埃米尔的属下士兵受到城堡里面妇女和儿童的诱惑，而他失去了对局势的控制。“这些穆斯林士兵看到那里的人很多，就想抓住那些讨他们喜欢的女人并凌辱她们。基督徒们无法忍受这种行为，拔出他们的武器，袭击了撒拉森人，杀死并斩首了入城部队的所有人，于是没有人能活着逃脱。”[19]城堡大门紧闭，尸体被抛出城墙，“然后基督徒们决定誓死保卫他们的人身安全”[20]。他们毁弃了休战的旗帜，把它从塔楼上扔了下去。

事实上，并不是所有被困在里面的穆斯林都被基督徒杀死了。一位匿名的士兵对于谁该受责有不同的说法，他活了下来，并讲述了这个故事：

> 苏丹通过他的特使向基督徒传达了赦免令，其中有埃米尔赛义夫·丁·巴克塔穆尔·西拉达尔（Sayfal-Din Baktamur al-Silahdar），艾力克·法里西·哈吉布（Aylik al-Farisi al-Hajib，秘书），在这座塔楼里殉难的埃米尔赛义夫·丁·阿奎布哈·曼苏里·西拉达尔，以及伊本·卡迪·塔基·丁·伊本·拉津（Ibn al-Qadi Taqi al-Din Ibn
> Razin），他们将向法兰克人宣誓，保证其在安全通行的条 199
> 件下撤离。但是贪婪的人群扑向他们，还杀死了一名特使（赛义夫·丁·阿奎布哈）。法兰克人随即关上了城堡大

> 门，驱逐了穆斯林。当骚乱开始爆发时，埃米尔们离开了，从而性命得保。我和一个名叫卡拉布哈·舒凯里（Qarabugha al-Shukri）的同伴身在来到塔楼的人群之中，当大门关闭时，我们和许多人留在了塔楼里面。法兰克人杀了很多人，然后来到了包括我的同伴和我在内的一小部分人避难的地方。我们和他们打斗了一个小时，我们中的大多数人，包括我的同伴，都被杀死。但我和十余人一起逃脱了。我们寡不敌众，纵身跳入海中。有些人死了，有些人残废了，有些人活了一段时间。[21]

双方都利用这个机会指责对方不守信用——基督徒被指控不仅屠杀了派去监督投降的代表团，还心肠歹毒地弄残了马匹和骡子——尽管总体而言穆斯林方面的史料承认破坏停火的起因是本来被派去管理基督徒撤离的那些人，“大肆抢劫并向那些与圣殿骑士们在一起的妇女和孩子下手”[22]。

在这次弄巧成拙的赦免行动之后，双方陷入了僵持。“推罗的圣殿骑士”叙述道：“苏丹因基督徒的这种行径而怒火中烧，但是没有表现出任何发怒的迹象。相反，他再次派人去告诉基督徒们，是他手下的愚蠢和他们犯下的暴行导致了这场屠杀。他对基督徒们没有恶意，他们可以相信他的话，安全离开。”[23]穆斯林方面的史料则记述道，尽管前一天发生了恶性事件，但基督徒再次要求赦免，因为他们认识到自身的处境令人绝望。

在某一时刻，一艘小船成功地靠近了城堡的海墙，大元帅说服了新当选为骑士团大团长的蒂博·戈丹带着财宝和几名非
200 战斗人员离开。戈丹一直不愿抛弃这座城堡，任其听天由命。

“他看到自己担任大团长时骑士团正遭受敌军攻击，所以认为自己不应该在任期开始时就放弃城堡。他与弟兄们商议，在他们的同意下才前往塞浦路斯，许诺从那里派人去帮助他们。”[24]他先沿着海岸逃到西顿的圣殿骑士团城堡——这似乎是“推罗的圣殿骑士”对由他直接目击的事件的最后一次记录。作为在所有描写阿卡陷落编年史家中笔法最为生动的一位，他显然是一个对骑士团很有价值的人，所以很可能和戈丹一起，带着有关这座城市命运的故事，乘船安全离开了。

关于阿卡最后一刻的说法各不相同。苏丹重申了和以前一样的赦免提议。5 月 21 日，皮埃尔·德·塞夫雷和其他一些骑士一起出城商量投降的事宜。他们立即就被五花大绑，在城堡守军的众目睽睽之下被斩首，此举是报复先前埃米尔们被杀之事。穆斯林方面的史料记载，许多骑士和非战斗人员陪同着他，伤员被留在城堡里面。当他们出现时，“超过 2000 人被处决，妇女和儿童沦为战俘”。[25]更有可能的是，塞夫雷只是带着一个小型代表团，与苏丹重新协商最后撤离前的条件。

无论事情的确切经过到底怎样，哈利勒，“当他将大元帅和圣殿骑士们擒住时，就把所有教团弟兄和其他人的头都砍了下来。那些还在塔楼里的兄弟，那些还没有病到不能伸出援手的人，当听到元帅和其他人被处决的消息时，决心坚守下去”。[26]他们又从塔楼里扔出五名穆斯林俘虏，准备进行最后一次孤注一掷的防守。尽管守军的数量减少了，但是攻陷坚固的堡垒对苏丹来说仍然是严峻的挑战。他命令他的地道工兵着手拆除防御工事。随着城墙的倒塌，守卫者们撤退到最后一座塔 201
楼。到了 5 月 28 日，马穆鲁克工兵们在这座最后的堡垒四周都挖好了地道，并用木柱支撑起来。接下来所需要做的就是在下面点燃火焰。看到进一步的抵抗毫无意义，幸存者要么投降，要么被俘。大多数人被斩首，而苏丹留下其中最有价值的人以索要赎金。妇女和儿童则沦为奴隶。

来自德意志爱尔福特（Erfurt）的圣彼得修道院编年史给出了不同的记载，这部史料成书于阿卡城陷落的几个月之后，对最后的反抗记述道："但当圣殿骑士们和其他逃到那里的人意识到他们已经弹尽粮绝，在毫无得到他人帮助的希望后，他们做出了弘扬美德的必要之举。在专心祷告、虔诚忏悔之后，他们就将自己的灵魂交与耶稣基督，全力以赴地向撒拉森人冲去，坚定地杀死了许多敌人。但最后，他们还是都死于撒拉森人之手。"[27]

随之而来的是一个戏剧性的结局。在伊斯兰史书里，"当法兰克人走出来且里面的大部分物品都被拿走时，塔楼在一群围观者和还在里面的抢劫者头上轰然倒塌，将他们全部压死"。[28]"推罗的圣殿骑士"得到了一个关于此事件的叙述版本，大意是当"那些在塔楼里面的人放弃抵抗后，一大群撒拉森人进入塔楼里面，以至于（塔楼下方地道的）支撑物承受不住，于是塔楼坍塌，那些圣殿骑士团的兄弟和在里面的撒拉森人都死于非命。另外，在塔楼倒塌时，它倾倒在街道上，将2000多名骑在马上的突厥人压死"。[29]可是他当时不可能在那里看到这一切。所以无论具体细节如何，圣殿骑士团伟大城堡的垂死挣扎具有戏剧性的象征意义，因为基督教世界在这片耶稣曾经生活和死亡的土地上历时200年的冒险最终崩溃了。

第十四章　“一无所有”

不久之后，奇里乞亚亚美尼亚王国的基督徒国王海屯一世 202
收到一封充满炫耀和威逼胁迫的信：

> 我，苏丹哈利勒·阿什拉夫，一代雄主，贤明刚正，年富力强……为饱受压迫和蹂躏的人民伸张正义，诸王国创建者，阿拉伯、突厥和波斯的苏丹，法兰克、亚美尼亚和蒙古军队征服者……向睿智可敬、勇如雄狮的基督血脉海屯致意……
>
> 谨此知会，我军已征服真十字架（True Cross）所在之地阿卡。我们仅用数天便包围此城，因为敌方士兵即便倾尽资源也无法守住，而我们通过围攻便让他们的大军无处可逃，然后便将其聚而歼之。他们无法抵挡我军攻势，死伤惨重，即便有再多的贵族和骑士也无济于事，于是在

> 整整一个小时内他们所有人要么被俘获，要么被扫荡。我
> 203 军刀剑闪耀，尽情畅饮敌寇之血，所有的医院骑士、圣殿骑士、阿卡城的逆贼及其城内的法兰克人……都无法逃脱被毁灭的命运，条顿骑士团也不例外。我们将他们的教堂夷为平地，他们在自己的祭坛上引颈就戮，宗主教本人也蒙尘落难。而且您可以看到大量的财富已经落入我军士兵的手中……俘获的妇女数量如此之多，以至于每个女子只能卖上1德拉克马（drachma）的价钱。您还可以看到阿卡的座座塔楼都已经被荡平为一片荒地……
>
> 从我信函里罗列的证据您应该知道，死者的尸体已被我军的攻城机器化为齑粉，烧成尘埃。曾经高高在上的骑士们和男爵们已经束手就擒，锒铛入狱。至于您，噢国王，如果您对阿卡的下场铭记于心的话，那您就会安然无恙。如不然，您就将与他们一样血流如注……如果您了解他们的遭遇，那么作为一个重视个人和王国安危的人，请您不要试图逃避我的雄壮军威，应亲自率领您手下的领主并备足两年的贡品来到我的巍峨殿门之下，这对你可是有百利而无一弊。您大可放心，在阿卡被摧毁后，没有什么能逃脱我的摆布。我建议您在落入捕鼠夹之前，最好有相应的思考和行动。[1]

这是拜巴尔曾经大力宣传的“狮抓老鼠”的一个映照。

海屯一世接连不断地收到急报。此后不久他就收到了另一封同样口吻的信，宣称推罗城已被摧毁。推罗对于十字军及其对手来说意义同样重大。一个世纪之前它可能代表了萨拉丁最大的战略失误。在哈丁取得了压倒性胜利之后，他选择绕过这

座城市进军，给十字军留下了一个海岸立足点，使他们借此夺
回领土后又在圣地停留了一个世纪。哈利勒决心不再重犯前人 204
的错误。他着手消灭基督徒在巴勒斯坦海岸和黎巴嫩所有剩余的飞地。5 月 18 日，推罗的小股守备部队远在 25 英里之遥就能看到南部地平线上浓烟滚滚，那是阿卡在熊熊燃烧。第二天，一支军队出现在推罗的城墙前。这座城市的防御设施虽然坚固，但守备力量不足；守军未经一战便弃城而走，乘船逃往塞浦路斯。接下轮到了驻守在西顿的圣殿骑士团，该城位于推罗的北方，现在那里的守军由蒂博·戈丹指挥，他随行带来了圣殿骑士团的财富。埃米尔舒杰耶带着一支庞大的军队出现了，圣殿骑士们撤退到一座远离海岸的岛屿上。他们英勇地抵抗，但当马穆鲁克开始建造一条堤道时，他们便乘船退到塞浦路斯。沿海的据点一个接一个地失陷：贝鲁特、海法，以及圣殿骑士团的朝圣者城堡（于 7 月 30 日陷落）和托尔图沙[①]（Tortosa，于 8 月 3 日失守）——所有据点都被放弃了。到了 8 月，基督教在圣地的唯一处阵地就只剩下圣殿骑士团在小岛鲁阿德（Ruad）的据点，位于托尔图沙 2 英里之外的海上。

哈利勒实施了最大程度上的毁灭。城堡被毁弃，港口设施也被摧毁。肥沃的沿海平原遭到蹂躏，果园或是被烧掉或是植物被连根拔起，磨坊被拆除，灌溉系统被破坏殆尽。可以作为发动新十字军东征的滩头阵地无一保留。他对阿卡予以重点关

① 现为叙利亚西部地中海港口城市塔尔涂斯，也是叙利亚第二大港口，该城市的历史可以追溯到公元前 2000 年，腓尼基人在塔尔图斯西部的艾尔瓦德岛上建立殖民地，便称此地为“安塔拉德斯”（Antaradus），意为“面向艾尔瓦德岛的城镇”。它拜占庭时期被称为“托尔图沙”。该地曾为十字军的一个重要的供应港口和军事基地。

照，但它的大部分城区都被付之一炬，留存下来的城墙也倒塌了。“真主大悦!”卡迪阿布·蒂纳（Abu al-Tina）写道，“在阿卡的城墙被摧毁之后，（大洋彼岸的）异教徒们在我们的海岸将再也找不到任何东西。”[2]

双方都深知这些事件的重要性。圣地上的一切都结束了。“因此，”“推罗的圣殿骑士”写道，“如你所能了解到的那样，叙利亚的所有都失去了，撒拉森人夺走并摧毁了它的全部……这一次，一切都失去了，所以基督徒在叙利亚连一掌尺的土地都不再拥有。”[3]穆斯林也知道这一点。“正是因为您，”历史学家伊本·弗拉特（Ibn al-Furat）为哈利勒歌功颂德，随后写道，“没有一个城镇能留下来让异教徒修复，基督教再无任何
205 希望。”[4]苏丹被赞誉为“世界与宗教的正义化身……十字架的降伏者，沿海地区的征服者，阿尤布王朝的复兴者”[5]。

在科尔内留斯·德·布鲁因（Cornelius de Bruijn）的一幅画作中，圣安德鲁教堂的墙壁在17世纪仍然矗立，尽管哈利勒已经摧毁了阿卡

此战的死亡人数无法计算。对于阿卡城内的居民来说，大约 3 万的数字在基督徒的记录中反复出现，但是这个数字可能过高了。许多妇女和儿童沦为奴隶：“每人价值 1 德拉克马”在穆斯林征服的记载中是一种常见的比喻，但毫无疑问暗示着许多俘虏的存在。在中东旅行的多明我会修士里科洛·德·蒙特·克罗切（Ricoldo de Monte Croce）听说有些修女被掳到埃米尔和哈利勒军队军官的后宫里，还有一些军事修会的成员作为俘虏幸存了下来，其中一些人还被赎回。有些人由于毫无价值，甚至连奴隶都当不了。“我看到了老人，”他写道，“年幼的女孩、儿童和婴儿，体形瘦小、肤色苍白、弱不禁风，乞讨着他们的面包，而且他们宁愿成为撒拉森人的奴隶，也不愿被饿死。”[6]不少幸存者皈依了伊斯兰教。1323 年，有一位名叫皮埃尔（Pierre）的骑士被史料提及，他成了马穆鲁克苏丹的侍从。穆斯林唯一记录下来的伤亡数字少得令人难以置信：7 位 206
埃米尔，6 位其他职衔的指挥官和 83 名正规军，尽管这个数字中军官与士兵的比例高得异乎寻常。攻城战肯定对正规军和大批志愿军都造成了损失，但除此之外，我们无法推测。

胜利者对最后的屠杀行为几乎很少有良心上的自我反省。一个世纪前发生的那些事件被穆斯林铭记在心，穆斯林作家捕捉到了它们的回声。“在我看来，”阿拉伯历史学家尤尼尼（al-Yunini）写道，“这是对他们从殉道者、苏丹萨拉丁手里夺取阿卡之后所作所为的回报。虽然他们赦免了穆斯林居民，但在胜利后背叛了他们，杀死了除少数高阶埃米尔外的所有人。幸存的这些人被他们卖了很多钱，一位埃米尔被卖出 5 万迪拉姆（dirham）甚至更多。因此，异教徒对穆斯林所犯下的恶行由真主予以报复。”[7]“噢，你们这些黄脸的基督徒，”一位诗人写道，“真主的复仇降临到你们身上了！”[8]

一些不可思议的信件被发现，强调这是针对狮心王理查的大屠杀所讨还的公道。阿布·菲达参与了围攻战，充分意识到最后的总攻发生在1291年5月18日（根据基督教历法），试图强调相关事件的对称性，通过将日期推移两个月至1291年7月：“通过一个奇怪的巧合事件法兰克人占领了阿卡，在周五的中午把它从萨拉丁手中夺了过来，这一天是主马达月17日（17 Jumada II[①]，即1191年7月12日），他们俘虏了城里的穆斯林并且将他们杀掉。全能的真主在他的预知中下令，在今年主马达月的17日（1291年6月17日），星期五，该城将被苏丹马利克·阿什拉夫·萨拉赫·丁（哈利勒）征服。所以这次征服就像法兰克人占领它的那天一样，同样，两个苏丹的称号也如此相像。”[9]

在伊斯兰世界，这场围城战催生了种种虚构的故事。一位负责拆毁阿卡城的埃米尔据传发现了一块用希腊语写成的铅板。它在大马士革被人译解，表面上读起来是这样：

> 207 写于公元222年。上面记载说，阿拉伯人先知所在的族群将会践踏此地。他是一位先知，对他而言宗教和法律一目了然，他的宗教是所有宗教中最伟大的，他的法律是所有法律中最伟大的，他清理了世上的不信教者，他的法律将一直存续到时间的尽头。他的族群将拥有波斯人、法兰克人以及其他人的所有地区，如果他们来到公元700年，他的族群将拥有法兰克人的所有土地。[10]

---

① 原文 Jumada II 是回历六月的意思。

更有可能的是，这位“翻译者”向埃米尔兜售了一件伪造的纪念品。

哈利勒对海屯一世关于自己战利品的吹嘘可能有些夸张——很多财宝都被偷偷带走了——但这场掠夺确实很疯狂。许许多多关于有人因为财宝和奴隶而发家致富的传说不胫而走：“其中有些人获利总计达2000个第纳尔，而更多的收入来源于将这些不义之财卖与普通人的做法。一个名叫萨拉杰·丁·扎维扬（Sarraj al-Din Zabyan）的人在阿卡获得了大约1700第纳尔和2.2万迪拉姆的利润。他在三列满载货物的骆驼队的陪同下到达了城镇。”[11]还有大量的大理石柱和建筑材料也被掠走，包括宏伟的哥特式建筑——圣安德鲁教堂的大门，它被开罗的一所伊斯兰大学挪为己用。

6月7日，哈利勒离开阿卡前往大马士革。他在那里受到了群众的热烈欢迎：

> 整座城市都被装饰得焕然一新，绸缎铺在贯穿城内通往总督宫殿的凯旋大道上。这位尊贵的苏丹身后的队列中跟随着280名戴着镣铐的战俘。一名战俘举着一面倒转的法兰克旗帜，另一名战俘则举着一面旗帜和一支长矛，长矛上面悬挂着被杀同袍的头发。阿什拉夫受到了大马士革 208
> 全体居民和沿途乡民的欢迎，乌里玛（法律学者）、清真寺官员、苏菲派谢赫、基督徒和犹太人，所有人都手持蜡烛，即使入城游行是在中午之前进行的。[12]

在开罗，人们又一次为这位所向无敌的英雄举行了凯旋仪式，比第一次更加奢华盛大。哈利勒在他六个月前出征的起点结束了这场仪式——他父亲的墓前，他在那里为自己获得的胜利而感恩。再一次，哈利勒需要通过广泛宣传，对这些事件进行归因论证，将自己与萨拉丁的伟大事迹联系起来。这些论调甚至含蓄地批评了那些对哈利勒来说大有利用价值的前辈——拜巴尔和嘉拉温。“真主将阿卡从异教徒的手中拯救出来，”拜巴尔·曼苏里写道，“通过马利克·阿什拉夫·萨拉赫·丁（哈利勒）之手，一如萨拉赫·丁·优素福·伊本·阿尤布（萨拉丁）第一次征服它一样，而阿卡落入异教徒的手中已经一百零三年之久。没有一位阿尤布王朝的王公或于其后继承他们的突厥苏丹国的统治者能挺身而出，收复阿卡。”[13]

那些满身泥污、逃到塞浦路斯的难民一贫如洗，大多数人几乎都没有什么随身携带的物品。难民的涌入引起了岛上的通货膨胀：“食物非常缺乏，甚至连原来每年以 10 个拜占特出租的房屋，价格也上涨到每年 100 个拜占特。”[14]他们同时也成为慈善——亨利国王提供了一些贫困救济的措施——和蔑视的对象。“他们在塞浦路斯的所有朋友都与他们断绝了关系，提起他们时也没有任何好话”[15]，“推罗的圣殿骑士”写道，他本人可能也遭受过这种痛苦。圣殿骑士团的新任大团长蒂博·戈丹似乎在岛上陷入了深深的沮丧之中。

正是那个希腊修士阿西尼厄斯，一个无意中被卷入阿卡围攻战的朝圣者，在 8 月给教皇尼古拉四世带来了这个可怕的消
209 息。他对于事实做出了一个戏剧性的叙述，而且责怪的对象十分广泛：与异教徒进行交易的威尼斯人和比萨人，自私自利缺乏合作精神的军事修会，临阵脱逃的亨利国王。甚至连教皇因

执迷于西西里的所有权问题而分心，也受到了他当面的批评：“圣父，如果您没有听到我们的悲痛，我将出于内心的痛苦而把它向您坦露。向上帝祈祷，希望您在过去没有如此专注于收复西西里。”这不仅是平民百姓的罪孽，也是因梵蒂冈自身未能好好地对圣地的事业进行援助。他接着说：“上帝没有允许塞浦路斯被异教徒占领，这真是个奇迹。”[16]而这恰恰是那位野心勃勃的苏丹很快就开始考虑的策略。

多年来，阿卡陷落的可能性一直徘徊在成为事实的边缘。在消息灵通的圈子里，这被视为一种挫折，而非最终的结局，所以这一事件并没有激起一个世纪以前失去耶路撒冷所带来的那种程度的悲痛感。如果这是上帝对常人罪恶的惩罚，那么这种现状可能还会有补救的办法。而那些距离此类事件更近且更为现实的人，比如“推罗的圣殿骑士”，则了解得更多。他对马穆鲁克令人生畏的军事技能有第一手的经验。这一次，基督教世界在圣地的海岸上失去了所有的立足点，每一个都被抹去了。教皇尼古拉四世曾计划在 1293 年发起一场大规模的十字军东征，但没过一年他就去世了。在伊拉克旅行的里科洛·德·蒙特·克罗斯也充分认识到伊斯兰教的力量，透过这些事件解读出世界末日来临的可能性，“如果撒拉森人继续为所欲为，重复他们这两年来对的黎波里和阿卡犯下的罪恶的话，那么几年内基督徒将在整个世界都不复存在”。[17]

幸存者有罪说不可避免地盛行起来，对他们的指控也纷来沓至。殉教烈士的称号被加诸那些战斗到底的人，如马修·德·克莱蒙。尼古拉·德·阿纳普则成为圣地十字军运动历史上被教皇封为圣徒的唯一一人。与此同时，怀疑的矛头直指那 210

些活下来的领导人物。像泰坦尼克号的幸存者一样，奥顿·德·格朗松和让·德·格拉伊被控诉“盔甲毫无损伤”[18]就逃之大吉。格朗松还被指控携带大量钱财潜逃，尽管有证据表明他受了重伤。在塞浦路斯，格朗松穷困得连教皇都不得不出面，以便让伦敦圣保罗教堂的主持司铎付给他一笔津贴。让·德·维利耶写完了他的信，他在信中简要地描述了医院骑士团所发挥的作用，并以哀痛的语气暗示他为自己最后幸存下来而满怀歉意。他们几乎战斗到最后一个人。“天可明鉴”，他写道，接着解释了他个人生存下来的情况。这并非出于他自愿，而是上天的意愿：他负伤濒死，被他的仆从们抬上了一艘船。“于是，我和一部分弟兄大难不死，正是出于上帝的选择才如此。在这些弟兄中间大部分人受了重伤，没有康复的希望，我们就这样随船来到了塞浦路斯岛。我们一直留在那里，直到这封信写完的日子，都还沉浸在巨大的悲伤之中。”[19]当圣殿骑士团的大团长博热在战斗中牺牲时，他却活了下来，这对这位医院骑士团的大团长来说也许是一种耻辱。在这种气氛下，亨利二世国王也因与此事有关联而感到内疚，觉得有必要向教皇寻求宽恕。

对于围城期间的行为如何判断仍然是一个热门话题，并经常折射出党派利益。总体而言，编年史家们在这方面倾向于支持医院骑士团，将克莱蒙的战死描绘得英勇无畏，这与博热较为迟缓的反应形成了鲜明对比。但如果追溯过往，那么这两个军事修会都负有不可推卸的责任，因为这两个团体之间的互不协调和自私自利都占了很大的分量。两者都与圣地十字军运动有着独特的联系，尤其是圣殿骑士团，他们作为军事修会的起源，在圣地连续为十字军事业服务了172年而没有中断。随着

那片土地的消失，他们存在的理由受到了质疑。军事修会是十 211
字军东征事业的核心。他们现在很脆弱，很容易受到来自各方关于其自私和虚伪的指责。

在阿卡陷落之后，很多新的十字军东征战略方案被抛出：将军事修会合为一体；动用基督徒在海上的全部力量打击马穆鲁克，通过经济封锁亚历山大港，切断其接收货物的途径，减少其香料贸易、军事奴隶和战争原料的税收收入；放弃以职业化佣兵部队为主进行十字军圣战的总体号召，转以军事修会为核心，佐以欧洲各王室首脑提供的国家层面的支持。这些方案中内容最详尽的当属马里诺·萨努多·托尔塞洛的专著，这位威尼斯政治家曾于1286年造访阿卡。他对滋养着马穆鲁克王朝的贸易路线有着深刻的了解。他深思熟虑，周密地设计出一套战略，包括回到路易九世的伟大十字军计划上来——首先攻打埃及。教廷征收教会税来资助这些事业，历任教皇都为此召开会议。有一段时间，普罗大众对十字军征战的热情高涨。1309年，成千上万来自欧洲各地的农民和市民前往地中海各处港口，乞求发动一场全面的十字军东征，但由于缺乏教皇的支持，这些呼吁很快就消失了。

十字军运动需要伟大国王们的领导。英格兰的爱德华一世和法兰西的腓力四世都曾做出承诺，但都没能履行。总是有比这个目标更重要的国家优先事务需要处理：敌对势力需要铲平，地方战争需要取胜，矛盾纠纷需要解决。圣殿骑士团和医院骑士团的大团长都对合并的想法不屑一顾。一项海洋战略能否实施最终取决于威尼斯和热那亚的参与与否，而这两个国家都不愿意放弃与伊斯兰世界有利可图的贸易关系。为十字军计划征收的税金消失在教皇的金库里。协调一致的世俗领导力和政治意愿的缺乏，以及惊人的成本，都妨碍了实际行动。一位编年史家曾对 14 世纪初的教皇克雷芒五世（Clement Ⅴ）尖刻地评论道：“教皇横征暴敛，而他的侄子侯爵大人也从中分
212 得了一杯羹，（法兰西的）国王和其他一道领取十字架的君主并没有出发，而撒拉森人依然在那里安然生活，我想他们可以不受打扰地一直睡下去。”[20] 到了 1370 年，所有关于收复圣地的具体计划都夭折了。

然而，耶路撒冷的梦想不是那么容易就破灭的。在塞浦路斯岛上，贵族妇女们身着黑衣、为圣地的沦丧哀悼，竟长达一个世纪。这座城市继续在欧洲贵族的骑士幻想中占有一席之地，而收回耶路撒冷的理论计划也在数百年里层出不穷。在瓦斯科·达·伽马（Vasco da Gama）第一次航行到印度时的葡萄牙国王曼努埃尔一世（Manuel Ⅰ），是一个沉溺于救世主的梦想而无法自拔的人，他设想出一个对当时正在走下坡路的马穆鲁克王朝进行钳形攻势的计划。他试图说服英格兰、法兰西和西班牙的国王通过地中海向圣地发动一次海上十字军东征，而与此同时，一支葡萄牙舰队将从印度洋发起进攻。他雄心勃勃，设想对麦地那发起一次突袭，劫走穆罕默德的尸体，并以其作为交换赎回耶路撒冷。这样的计划通通悄声无息地破产了。到 16 世纪初，奥斯曼帝国成为基督教所有军事力量的焦点，重新夺回圣地的希望已经悄然溜走。

面对着威胁自身存在的挑战，医院骑士团精明地对其角色进行了重新定位。从塞浦路斯撤退后，他们包围了希腊岛屿中的罗德岛，并于 1308 年占领此地，他们设法将自己包装成基督教再征服运动的急先锋，对穆斯林发动了海盗战争，并一度

在土耳其海岸的博德鲁姆（Bodrum）站稳了脚跟。作为“基
督教之盾”，他们又生存了五百年，先是在罗德岛，然后在马
耳他，与奥斯曼帝国奋战不止。条顿骑士团则退回他们的第二
前线，与欧洲东北部的异教徒作战。而圣殿骑士团则不那么灵
活变通。他们不再发挥作用；作为一个国中之国，他们不受信
任，而且也富有得令人艳羡。在法兰西，这个教团的心腹区 213
域，国王腓力四世对他们虎视眈眈。他们的覆亡是如此的突然
而富有戏剧性，在偶像崇拜、异端巫术和滥行鸡奸的罪名指控
下，王国开始于 1307 年对其成员展开围捕。公开审判和刑讯
逼供确保了他们的毁灭。他们在阿卡进行英勇抵抗的证据则毫
无价值。到了 1314 年，他们的命运走到了终点，最后一位大
团长被烧死在火刑柱上，发出最后一声挑衅的吼叫：“上帝自
知谁是谁非，何人有罪。错判吾等之人，必将厄运临头！上帝
将为吾等复仇！”[21]不到一年，腓力四世与教皇都离开了人世。

圣殿骑士团的消亡——他们的地位在日渐整合成各个民族国家的欧洲显得冗余而又问题繁多——是西方基督教世界意识形态逐渐改变的一种征候。在宗教人士中，圣地的崩溃标志着某种精神危机。认为基督教将最终战胜伊斯兰教的信念再也不能维持下去。在更广阔的范围内，信仰正在发生缓慢的转变。人们不再那么容易被早期引发大规模十字军东征的那种单一热忱打动，也不再那么相信赎罪的承诺。无论如何，十字军圣战的冲动可以在离家更近的地方得到满足：在普鲁士和立陶宛的森林里对付异教徒，或是在伊比利亚半岛的平原和山区对付摩尔人。指向圣地的十字军东征已经成为由意大利航海共和国的船队搭载前往那里的职业军队的业务，然而这项事业所需的士兵和船只都无处可寻。欧洲的君主们忙于自己的战争。英格兰

和法兰西正被卷入一场持续百年的战争。而威尼斯人和热那亚人，他们总是受到与伊斯兰世界进行贸易的诱惑而违背自己的诺言，继续投身于旷日持久的贸易竞争。教廷本身也因支持其在西西里的十字军代言人对抗神圣罗马帝国和兜售赎罪券的盈利行为蒙上了污点。

214 13 世纪的世界与 11 世纪时的相比已经大为不同。欧洲正在逐渐从谋求生存的悲观主义中脱身而出。一场商业革命见证了货币流通代替了以物易物，封建依附关系缓慢衰落，城市人口日益增长，新金融工具——银行、保险和汇票——的发明花样迭出，这些发明促进了贸易扩张和物质繁荣，其蓬勃之势唯有黑死病（Black Death）① 大流行方能减缓。在波斯，蒙古王朝皈依了伊斯兰教，基督教世界失去了一个潜在的盟友。二百年来，由教皇乌尔班最开始点燃的星星之火一直在闪闪燃烧。争夺圣地的吸引力抓住了人们的想象力——它融合了令人神往的中世纪骑士精神，通过“为基督而战”的口号合法化的武装入侵，对救赎和赎罪的承诺，对耶稣曾经奔走过的土地的生动再塑，凡此种种。但从长远来看，十字军东征是不可持续的。补给线过长，外部支援太过分散，以及耶路撒冷王国的内部分歧太大而无法确立长期性战略并建立常备军。最终，失败不可避免。

哈利勒寄给亚美尼亚基督教王国的信并非空洞的威胁。第二年他就入侵并洗劫了海屯一世王国的部分地区，但是国王本

---

① 黑死病是 1347—1353 年席卷整个欧洲的鼠疫大瘟疫，夺走了 2500 万欧洲人的性命，占当时欧洲总人口的 1/3。

人避免了信中预示给他的命运。同时，苏丹膨胀的自信和狂妄的野心注定会给他带来灾祸。他构想出一场从蒙古人手中夺取巴格达的宏大战役，并下令建造 100 艘舰船来征服塞浦路斯。这两个计划都没有任何结果。这样的方案疏远了主要的埃米尔们，他们对他的缺乏判断力感到震惊，认为哈利勒对他们自己和马穆鲁克这个国家来说是一种危险。他在阿卡围攻战期间对拉津的怀疑终于得到了证实。1293 年 12 月，包括拉津在内的一群埃米尔密谋杀害了他。此时流落到塞浦路斯的“推罗的圣殿骑士”得到了一些相关描述，这一事件给阿卡陷落的故事画上了句号：

> 碰巧的是，在一天外出打猎的时候，他们袭击并杀死 215
> 了哈利勒。首先发难的是他的舅舅贝达拉（Baydara），也就是他母亲的兄弟，但这次刺杀的效果不佳，因为并不是致命的一击。然后一个叫作拉津的埃米尔又给了他一刀，并对贝达拉说：“你杀人的样子不像是一个想成为苏丹的人，但我会让你看看这富有男子气概的一击。”他挥向哈利勒的一刀是如此凶狠，以至于后者被劈成两半，基督就是这样为哈利勒犯下的罪恶向他复了仇。[22]

随着哈利勒遇刺身亡，马穆鲁克苏丹国陷入了一个混乱血腥的时期，使得拜巴尔和嘉拉温那稳定而又残酷的统治时期更像是个黄金时代。苏丹的大位在五年内易手了三次。拉津本人成为苏丹后，在 1296—1298 年执政，直到他也死于刺客的刀下。在所有参与了阿卡围攻战的埃米尔中，博热的双面间谍法赫里看起来是最幸运的一个。尽管哈利勒对其疑心重重，他似乎在1306年平静地在自己的床上去世。“推罗的圣殿骑士”消失在塞浦路斯，直到最后也寂寂无闻。他对历史事件的记载在1314年中止。

在这一重大事件中最后幸存的主角之一是奥顿·德·格朗松。他于1328年以90岁的高龄在瑞士与世长辞。他代表自己的主人和亲密朋友——英格兰国王爱德华一世，在圣地出生入死了一辈子。1271年，将近六十年前，他追随爱德华左右，在阿卡四处出击。之后，他又同圣殿骑士团和医院骑士团一道深入亚美尼亚基督教王国①进行了一次时运不济的冒险，后于1292—1293年抵抗马穆鲁克军队的入侵。他被下葬在洛桑大教堂（Lausanne Cathedral），其墓前的披甲人像是那些曾经在阿卡战斗过的人中唯一留存于世的肖像。耐人寻味的是，在阿卡陷落五十年后，朝圣者鲁道夫·冯·苏德海姆偶然邂逅了两个住在死海附近、会说法语的砍柴老人。让人没想到的是，他们是圣殿骑士。他们为苏丹工作，娶妻生子。他们和他们的家人被带回欧洲，在阿维尼翁（Avignon）的教皇宫廷受到款待，他们在那里茫然失措，言辞间夹杂着异国音调，仿佛是来自一块失落世界的活化石。

① 13—14世纪，各十字军国家逐渐崩溃，蒙古汗国伊斯兰化，奇里乞亚亚美尼亚王国最终失去盟友。在内部宗教冲突和马穆鲁克王朝的不断进攻下，该王国最终于1375年灭亡。

尾声　蛇之居所

根据叙利亚贵族阿布·菲达的记载，阿卡的教堂和城墙都被拆毁了。整座城市被夷为平地。大量的石块被倾倒在港湾里使其无法再被船只使用。这些举措的目的是不给将来的十字军留下任何立足点，但破坏远没有穆斯林声称的那么彻底。基督教朝圣者和游客仍然能够前往圣地和耶路撒冷，而阿卡也不断有人造访。 216

当鲁道夫·冯·苏德海姆于1340年经过此地时，很多建筑依然清晰可见，尽管撒拉森人试图“将所有的城墙、高塔、城堡及其塔楼完全推倒，地基以上片瓦不留，以免基督徒重建它们。然而，他们几乎在任何地方都没能将这些建筑拆除到只有一人高的程度，所有的教堂、城墙和塔楼，以及许多城堡和宫殿几乎完好无损，而且如果上帝乐意的话，只需多加细心便可将它们修复到以前的状态”。[1]他能够详细地描绘出城墙和塔楼，并在他的脑海里重现这座城市在其鼎盛时期的怀旧景象。

217 一支小规模的守备部队驻扎在这里，依靠栖息在废墟中的鸽子和鹧鸪为生。奇怪的是，早在 1304 年，威尼斯人就与当地总督签订了在阿卡定居和从事贸易的协议，尽管几乎没有证据表明他们将此协议付诸实践。慢慢地，这座城市大部分的残垣断壁被从海滩吹来的沙子覆盖，但数百年来，它的教堂和宏伟宫殿的废墟如同幽灵般存在，仍然是过往船只的地标。就像奥兹曼迪亚斯（Ozymandias）① 的画像一样，它的残迹让过往的游客心驰神往，魂牵梦萦。

维罗纳的詹姆斯（James of Verona）于 1335 年来到此处，为其过往“哀叹不已”。现在这里成了一个荒无人烟的地方，“只有毒蛇和野兽在此安家”，一些撒拉森人也定居于此，但他仍然能够看到“许多精美的塔楼、宫殿和大型建筑”[2]。关于城墙，络绎不绝的游客留下了宝贵的、有时却是相互矛盾的描述。弗朗西斯科·苏里亚诺（Francesco Suriano）在 1460 年这样描述道：“有三段城墙，互相之间留出劲弩（攻城弩）发射的空间，护城壕沟以切割好的石块筑成绝壁的形状，壕沟内的高塔相距 40 步远，并配有非常坚固的堡垒。”围城战的证据仍然随处可见。他看到“离城不远的地方有一个半英里长的土堤，是用来防御敌军炮火的。直到今天，当年炮击留下的石弹看起来就像大地上的羊群一样”。[3]1697 年来到这里的亨利·蒙德雷尔（Henry Maundrell）也注意到这些“至少 13 或 14 英寸”直径的石弹分布在地面上，“这是当年用来轰炸这座

---

① 奥兹曼迪亚斯（Ozymandias）是古埃及第十九王朝著名法老拉美西斯二世的希腊语名字，其执政时期是埃及新王国最后的强盛年代，他在埃及各地都留下了自己的雕像。诗人雪莱曾写下传世名篇《奥兹曼迪亚斯》，其中的意境与本文所述颇为相符，为便于理解，读者可参考杨绛先生的译文。

城市所用的弹药的一部分”。[4]尽管在另外一位英国游客乔治·桑兹（George Sandys）看来，这个地方已是满目疮痍，但他也将其描述为“坚固的双层封闭空间，以壁垒和塔楼加以强化；每道城墙前都有一条由石块整齐排列筑成的壕沟，下方有各式各样的秘门暗道……但是，那几段巨大的城墙都坍塌成石堆，横七竖八地堆叠在地基上”。[5]理查德·波科克（Richard Pococke）于 1738 年在此游览，认为阿卡的防御工事非常现代化：“双层城墙的设计加上一条石块堆砌成的壕沟；内城墙由半圆形的棱堡守护着。”[6]不过这是一座鬼城，到处都是摇摇欲坠的建筑。房屋的地窖里积满了雨水，于是整个地方散发出一股可怕的恶臭。时不时地，这个地方就会被浓重的瘴气掩盖起来。从 17 世纪晚期开始，艺术家们开始到这里来寻找浪漫的
东方元素。1682 年，荷兰艺术家科内利斯·德·布鲁因 218
（Cornelis de Bruijn）画出了一些现存的建筑。三年后，法国艺术家格拉维耶·德·奥迪耶尔（Gravier d'Ortieres）被路易十四派到阿卡，在一艘船的甲板上创作了一幅整个城市的全景图。狭长的画卷中着重描绘了海岬上的一座教堂遗迹，还有医院骑士团的主体建筑群——依然给人以深刻印象的宫殿、塔楼和残破的拱门，以及城墙外零零散散、支离破碎的废墟，一直延伸到哈利勒搭建起他那顶红帐篷的山脚下。

到了 18 世纪末，这些建筑大多已经消失，或是被重建，或是被改作他用。中世纪城墙的剩余部分被拆毁，其石料用来建造新的建筑以及 1799 年击退拿破仑的防御工事。新的清真寺和商队旅馆拔地而起；教堂、意大利人的仓库和塔楼的地基已被并入奥斯曼帝国的建筑当中。

如今，从老城区令人印象深刻的城墙俯瞰，你可能会在现代阿卡城区的街道中想象出防御设施和城外扎营的军队，但是
219 这种表象极具欺骗性，因为这些城墙建于 18 世纪晚期和 19 世纪早期，中世纪城墙连同沿线的塔楼、石砌沟渠和带有不祥名字的塔楼都已不复存在。只有一段城墙下延伸出的一小段还能有迹可循。昔日的十字军城市已变成一系列诱人的碎片，隐没在后世在其原址上建造的奥斯曼帝国建筑之中，但通向各处小广场的蜿蜒小巷可能追随着十字军的痕迹，而这些痕迹又遵循着早期的阿拉伯布局。海墙边的一大块岩石是比萨人港湾建筑留下的印记；而另外一根孤零零矗立在海边的残柱，则是所谓的苍蝇之塔残留下来的全部，它在过去曾经守卫着港口的入口。阿卡是一个蜂窝状的历史建筑群，各个时期的建筑后来居上，推陈翻新。阿拉伯时代的建筑建立于希腊罗马遗址之上，随后被十字军时代的建筑取而代之，而后者又被奥斯曼帝国的

海上视角的阿卡，由格拉维耶·德·奥迪耶尔创作的画作，展现出医院骑士团要塞的大部分以及圣约翰教堂的骨架

建筑所代替。地面之下，别有洞天，一层叠着一层。许多房屋都有拱形的地窖和地宫，还有一些中空的墓室尚未被发掘，这是人类的居住生活在日积月累之下形成的证据。在圣殿骑士团城堡曾经屹立之处的街道对面，有一扇门通向幽暗之处，那里有一座他们全盛时期的财富纪念碑。一条300米长的石头隧道，光影朦胧，流水潺潺，从地下穿城而过。行走于地下深处，隧道靠近港口的另一端豁然开朗。沿着如今的城墙向上而行，可以看到医院骑士团总部大院的部分建筑矗立不倒，这是一个由柱厅、拱室和庭院组成的大杂院，入口处躺着一些巨大的石球，很可能是由哈利勒的弩炮发射过来的。

那座令人印象深刻、圣殿骑士们曾在其中背水一战的城堡已经完全消失，取而代之的是一片浅海滩涂，在那里，城堡的地基轮廓还清晰可见。这是一个坐看风生水起、船来船往的好去处，在这里，守卫者们曾经徒劳地向西看去，望眼欲穿。在这里，你可以听到教堂的钟声和祈祷的召唤。人们来到此处海墙，在灯塔边啜饮咖啡，在海滨漫步，相约会友。载着游客踏浪逐波、环绕海湾疾驰如飞的快艇上传出一阵阵爆发力极强的阿拉伯流行音乐。它们在急转弯时翻腾起惊涛骇浪。冲浪者尖声呼啸。天黑以后，万籁俱寂，只剩下浪涛拍岸之声，水果摊依然灯火通明，灯塔与明月交相辉映。

圣地十字军运动简要大事记

1095 年	教皇乌尔班二世在法兰西布道，号召进行十字军东征。
1096—1099 年	第一次十字军东征。
1099 年	十字军围攻并洗劫耶路撒冷。
1104 年	鲍德温国王攻占阿卡。
1147—1149 年	第二次十字军东征。
1171 年	萨拉丁成为埃及统治者，开创阿尤布王朝。
1171—1185 年	萨拉丁巩固了阿尤布王朝对巴勒斯坦和叙利亚的统治。
1187 年	萨拉丁在哈丁击败一支十字军军队，攻占阿卡并重新夺回耶路撒冷。
1189—1192 年	第三次十字军东征，由法兰西的腓力·奥古斯都、神圣罗马帝国的腓特烈一世和英格兰的理查一世率领。
1189—1191 年	十字军围攻阿卡。
1192 年	理查与萨拉丁议和，理查未能收复耶路撒冷，启程回国。
1202—1204 年	第四次十字军东征，大军从威尼斯出发，但中途却改道攻占基督教城市君士坦丁堡。
1217—1219 年	第五次十字军进攻埃及，但在尼罗河三角洲被击败。

1228 年	腓特烈二世通过协议重新收回耶路撒冷。
1239—1241 年	香槟的特奥巴尔德和康沃尔的理查发起小规模的十字军冒险活动。
1244 年	花剌子模人洗劫耶路撒冷。圣城最终沦陷。
1245 年	教皇英诺森四世向蒙古帝国派遣特使。
1247 年	法兰西的路易九世计划发动十字军东征。
1248—1254 年	第七次十字军东征
1248 年	路易入侵埃及。他的军队在尼罗河三角洲被击败，本人被俘。
1248—1250 年	阿尤布王朝灭亡。军事奴隶马穆鲁克夺得埃及的统治权。
1250 年代	拜巴尔作为马穆鲁克巴赫利亚军团的领袖开始崛起。
1258 年	蒙古大军洗劫巴格达。
1259 年	马穆鲁克首领忽都斯取得埃及控制权。
1260 年	蒙古大军在旭烈兀的率领下洗劫阿勒颇并占领大马士革。马穆鲁克在阿音扎鲁特击败蒙古军队。忽都斯被刺杀，拜巴尔成为马穆鲁克苏丹。
1260—1264 年	拜巴尔加强对权力的控制并对军队进行改革。
1265—1271 年	拜巴尔开始有计划、有步骤地摧毁十字军城堡。阿卡多次遭到袭击。
1268 年	拜巴尔占领安条克。
1270 年	第八次十字军东征。路易九世进攻突尼斯并死于当地。

1271 年	英格兰的爱德华参加十字军并来到阿卡。拜巴尔占领骑士堡。
1277 年	拜巴尔死亡。嘉拉温取得马穆鲁克苏丹国的统治权。
1289 年	嘉拉温占领的黎波里。
1290 年	阿卡发生的屠杀穆斯林事件为嘉拉温提供了战争借口。马穆鲁克军队进行动员。嘉拉温去世，哈利勒继位。
1291 年	哈利勒进攻并摧毁了阿卡。海外之地的十字军据点全部沦陷。
1293 年	哈利勒被一群马穆鲁克埃米尔刺杀。

阿卡陷落之实证考

本书有赖于两个世纪以来学者们对十字军的研究成果。 222
1291年的这一系列事件的影响遍及整个欧洲，一代又一代的历史学家孜孜不倦地搜寻报告、信件、编年史、教堂和国家的记录，以基督教的视角来看，这些史料都涉及海外之地最后的崩溃。尽管如此，来自目击者的事实描述的文献数量依然少得可怜。当然，这其中最重要的一部是出自所谓的“推罗的圣殿骑士”之手，我对他的记述也多有引用。“推罗的圣殿骑士”本身就是一个令人着迷的人物，情报人员兼阿拉伯语翻译的神秘角色，使他能够有渠道了解一些内幕，包括阿卡统治集团核心层的决策过程以及马穆鲁克世界的信息。他时而透露内情，时而故作谨慎：“如果我愿意，我可以告诉你他们是谁。”他所描述的一些事件，比如一名英国士兵被希腊火击中后惨死，以及博热受到了致命伤害，都表明他当时是作为目击者在场的。然而，他并没有暗示他本人曾参与其中。他参加战斗了吗——没有迹象表明他曾参战——还是他只不过是一个文书？他是怎么从燃烧中的城市里逃出来的？他从现场消失在黑暗中。他的记载是现存于世的史料中最详细的，不过这一优势可能会歪曲史实的客观性，使之对圣殿骑士团有利，并且夸大了博热的致命伤势对最后崩溃的重要性。

除了“推罗的圣殿骑士”之外，我对另外两部匿名作家

的编年史也颇为倚重，这两部作品似乎收集了许多幸存者的记
223 述：一部名为《阿卡灭城记》（*Excidium Aconis*），另一部直接以作者的名字命名为《撒迪厄斯》（*Thadeus*）。此外，还有一些零零散散的文书，如医院骑士团大团长让·德·维利耶的信件，希腊修士阿西尼厄斯向教皇的报告，以及其他编年史和记录中具有启发性的细节。

关于这些事件的记述，伊斯兰版本的史料我则很少选用。西方对这些材料的开创性分析始于唐纳德·利托（Donald Little）的论文，他回顾了所有可用的资料，创建了一套真实可靠、归属明确的系谱图。我发现这是一本极有价值的指南，可以帮助我寻找阿拉伯方面的资料并了解那些史学家对1291年事件的观点。不过正如他所指出的那样，尽管这些史料对围城“前后”的政治、决策和后果提供了大量信息，但在军事问题上却没有多大帮助。这其中有一些珍贵的自传性质的目击者描述，包括阿布·菲达所描述的将投石机拖运到围城阵地的过程，拜巴尔·曼苏里设计了一个巧妙的屏障以阻挡守军弩炮对围城工作的攻击火力，以及一名在战役最后被困在圣殿骑士团塔楼里的匿名士兵为了生存而困兽犹斗的故事。在伊斯兰方面的史料中，对围城期间各个事件的叙述和排序是混乱且令人困惑的。我们从基督徒的史料里了解到更多关于马穆鲁克的战斗技巧——特别是在最后的总攻中——远比我们从阿拉伯的史料那里了解到的要多。尽管如此，通过将这些史料中描述的事件与“推罗的圣殿骑士”和其他人的事件描述进行交叉引用，我相信有可能给出一个平衡合理的解释。

除了纸面记录之外，地面之上和之下也均有史据。在阿卡城区，不同历史时期的住民遗迹层层堆积、界限模糊，这正是

一个迷人之处，但正如我在尾声中指出的那样，若想将其分辨清楚是异常困难的。一个根本问题在于，在所有关于 1291 年事件的史料记载中，对于那些被不断提到的塔楼和外堡，内城墙和外城墙，以及壕沟和凸起的作用，我们没有足够可靠的信息来确定它们的准确位置和外貌，只能基于一个被广泛接受的概念之上：它们所遵循的设计理念与其他许多位于圣地的十字 224
军要塞所采用的城防结构和防御策略是共通的。

至于城墙和塔楼的相对位置和识别，我们在很大程度上依赖于马里诺·萨努多·托尔塞洛的著作，他在 1286 年造访了这座城市，当时那里正赶在马穆鲁克大军杀来之前拼命地进行着最后阶段的塔楼建造工作。不同版本的地图根据他的叙述被绘制出来，其中的一幅在本书第 XX 页，使我们能够定位那些主要的建筑，尽管这样也有可能产生误导。萨努多地图的一个版本把诅咒之塔放在了外城墙上，尽管它很明显应该是在内城墙上，萨努多自己肯定知道这一点，因为当他身处阿卡的那段日子里，为了保护诅咒之塔而兴建的国王之塔正处于施工阶段，就在阿卡城陷落不久之前。诅咒之塔在心理上的重要性，正如马修·帕里斯（Mathew Paris）的地图（见彩插 2）所表现的那样，有时会碾轧现实。在这幅地图上，诅咒之塔是圆形的，在本书扉页也是如此。我们有充分的理由相信，当时存在着在战略重要的位置上选择圆形防御结构的偏好；尽管建造这种建筑要比方形塔楼更费力，但工兵们认为通过地道使它们坍塌要比后者更困难。不幸的是，现在还没有考古实据来佐证这种说法。

大部分城墙，连同一些塔楼和石块堆砌成的壕沟，在 18 世纪还能清晰地被看到；而且游客对遗址观光的描述，以及艺术家的描绘，都提供了宝贵的证据，即使这些证据多少有些矛盾。例如，我们从弗朗西斯科·苏里亚诺的观察记录中了解到，哈利勒的军队建造了一道长长的土垒以保护其营地，并且数个世纪后仍然有惊人数量的炮弹散落在遗址上，“像是一大群羊”，这为投石机的大规模运用提供了切实证据，但城墙和塔楼本身，以及阿卡外城墙的准确走向，我们仍然难以掌握。在我游览阿卡的时候，以色列文物管理局（Israel Antiquities Authority）的丹尼·西翁（Danny Syon）将 18 世纪城墙底部的一小段石头建筑指给我看，那是十字军时代的原始建筑在地面上仅存的部
225 分。数十年的考古工作发掘出了惹人注目的城墙、壕沟和塔楼、商店、街道和房屋，但由于新阿卡的城市发展，现代城区已经覆盖了一个世纪前还能在航空照片上看到的地面部分，这样一来，历史上曾经存在的蒙穆萨尔郊区和城墙线已经完全消失了。

这种现象的后果之一就是，考古学家和历史学家一直在争论十字军时代的阿卡面积到底有多大，特别是它的外墙向东延伸到距离图伦（哈利勒就是在这座小山上运筹帷幄）有多远，以及这些城墙都在什么地方与海岸交会。关于这一问题各类观点或趋于最大面积，或偏向最小面积。1997 年，本杰明·科达尔（Benjamin Kedar）提出了一个很有说服力的主张，证明阿卡的规模远远超出此前的想象。除了一些考古证据外，支持这一观点的人还参考了格拉维耶·德·奥迪耶尔于 1689 年绘制的加长全景图，其中部分截图转载于本书第 243 页和第 246 页。这幅图似乎显示出建筑废墟离图伦非常之近，尽管有人反驳说城外原本就有独立的建筑、桥梁等，而且格拉维耶的视角也未必准确。在决定如何简化但保留必要的地图信息来帮助读

者理解书中所描述的事件的过程中，我最终遵循了多数派的立场，以丹尼斯·普林格尔（Denys Pringle）绘制的一幅地图为基础，这幅地图基于科达尔的研究，使阿卡朝东向图伦的足迹延伸了，虽然无法完全确定，但在缺乏考古证据的情况下，这已经是最完整可靠的版本了。总而言之，本书前页的地图是合理且没有争议的，关于城墙的迂回曲折，塔楼和城门的相对位置，以及马穆鲁克军队各单位的部署，这些都与当时的史料记载相符。

经过数十年的考古工作，在工程建设以及抢救性发掘过程中，一些当时发生的战斗的证据得以重见天日：城墙最北端的一座圆形塔楼的地基（比萨人必定是由此出发，开始了他们在围城初期的两栖奇袭作战），护城壕沟的几段残迹和偶尔在其他处发现的塔楼碎片。1991 年，在新阿卡建造一座法院的过程中，一座方形塔楼的遗迹被人们发现并发掘，其地基部分 226
的墙体厚度达 3 米，这座塔楼在过去应是毁于大火之中。一堆堆烧焦的梁柱和破碎的陶器见证了其最后的毁灭。有人认为这座塔位于城墙的外围，靠近最易遭受敌军攻击的凸起部分，它很可能就是威尼斯人之塔。2004 年，在 18 世纪的城墙内又进行了一次类似的考古发掘，考古人员发现在马穆鲁克军队最后总攻的直接路线上有大量的建筑物被烧毁，这些证据表明了“这片土地燃起了熊熊大火”，正如“推罗的圣殿骑士”所讲述的那样。在这座城市的不同地点都发现了这种遭受破坏的地层，散落着被打碎的 13 世纪的陶器和玻璃、硬币、碳化的木头和倒塌的屋顶——时光封存的证据表明十字军时代的阿卡在 1291 年 5 月突然完全停止了城市发展的脚步。这些被遗弃的废墟随后被风沙掩埋了数百年，直到奥斯曼帝国时期，新的建筑在原址上拔地而起，这座城镇才得以复兴。

考古学家还发现了箭头、可能是陶罐油掷弹的碎片，以及大量各种尺寸的炮兵石弹。在不同的地点都发现了被集中存放的石弹，有的地点位于城内，有的地点可能位于原城墙外，这些地方似乎是为炮击准备的弹药库。有一张照片以截面的形式展现了其中一处地点的发掘工作。对这些投射物的仔细检查揭示了它们的不同尺寸和地质学信息，由此我们可以推断马穆鲁克军队是从遥远的地方征集石料的。其中一些石弹的尺寸相当大，但许多更小的石弹（肯定是用来轰击城墙的）可能没有留存下来或已经被建筑物当作石料取用。在这座城市被大火吞噬后，在那些仍能为世人所见的残迹中，最令人印象深刻的当数医院骑士团总部大院的建筑群，包括其大厅和地下室以及在城市下方修建的隧道，这条隧道可能连接着圣殿骑士团城堡和海港。关于十字军时代的阿卡及其最终的毁灭，仍有许多秘密被深埋在地下。

关于人名的说明

在这本书中，关于个人名字的习惯问题，我走了一些捷径，227
目的是让读者在翻动书页间能更容易地识别人物角色。基督徒的人名里通常都包括一个个人的名字，比如“雅克”，然后是他们的家族出身地，比如“德·维特里”（“维特里的”）。人们通常用他们的个人名字或全名来称呼他们，而不是仅用他们出身的城镇。然而，在瞬息万变的事件节奏中，用这种方式来称呼人名往往显得很笨拙，有时甚至令人困惑，所以你会发现尼古拉·德·阿纳普、奥顿·德·格朗松、让·德·格拉伊等人的名字经常被缩减到只剩下他们的出身地。于是维特里、阿纳普、格朗松和格拉伊不时地出现，笔者希望借此能让读者于电光石火之间跟上节奏。另外，我决定尽可能避免使用英语化的名字，于是采用了马修·德·克莱蒙（Matthieu de Clermont）而不是克莱蒙的马修（Matthew of Clermont）的形式，以求将这些人的真实身份原汁原味地呈现给读者。在这一点上我无法宣称自己做到了完全一致。将理查称为 *Cœur de Lion*（狮心王的法语形式）可能会更加准确，因为他几乎不讲英语，这可能会让读者更好地了解这个人是谁，但我当然还是坚持使用了 Lionheart（狮心王的英语形式）。塞浦路斯的亨利后来成为阿卡的统治者，而不是亨利·德·塞浦路斯（Henri de Chypre）①，诸如此类。我自始至终的目标都是试图

① Chypre 是塞浦路斯在法语中的名字。

在可读性与过往情怀之间找到一种平衡。

至于穆斯林的名字，情况就更加让人晕头转向了。我确信，在看到像赛义夫·丁·巴克塔穆尔·西拉达尔这种人物介
228 绍时，西方读者包括我自己的目光一定会变得呆滞沉重的。拜巴尔的全名叫作马利克·扎希尔·鲁克·丁·拜巴尔·邦杜克达里（al-Bunduqdari）。这一大长串名字经常包括他们父亲的名字（如“伊本”——某某人之子）、职业名称（“西拉达尔”——掌管军备的埃米尔）、尊称（“鲁克·丁”——信仰支柱）、出身地的名字或是他们主人的名字（“曼苏里”——出自常胜之王，曼苏里·嘉拉温的军团）。本书中有好几个人的名字中都带有曼苏里——甚至一台配重式投石机的名字也叫曼苏里！

马穆鲁克经常有一个源于突厥语的名字。埃及狮王拜巴尔，实际上是“大黑豹”的意思。一如基督徒名字的处理方法，我决定对穆斯林的名字进行缩减。在第一次介绍之后，我就尽可能地将这些名字简化为一个词，如拉津、拜巴尔等，希望读者能够将书中的旅程继续坚持下去。（不幸的是，我们确实在书中找到了两个带有拜巴尔的名字：苏丹拜巴尔和拜巴尔·曼苏里）。至于萨拉赫·丁，我很快就将其改为萨拉丁。我选择在主文本中弃用阿拉伯名字的变音符号，因为它们会使行文语言变得更加复杂。总的来说，我对名字的处理方法并不完全一致，但我希望这样能够帮助读者对书中人物和他们的出身有一个连续性的了解。

参考书目

原始文献

Abu'l-Fida. *The Memoirs of a Syrian Prince*, ed. and trans. P.M. Holt, Wiesbaden, 1983.

Aḥmad ibn 'Alī al-Maqrīzī. *Histoire des sultans mamlouks*, trans. M. Quatremère, 2 vols, Paris, 1837–45.

Al-Jazari. *La Chronique de Damas d'al-Jazari*, ed. and trans. J. Sauvaget, Paris, 1919.

Albert of Aachen. *Historia Ierosolimitana*, ed. and trans. Susan B. Edgington, Oxford, 2007.

Arab Historians of the Crusades, ed. Francesco Gabrieli, London, 1969.

Badr al-Dīn al-Ainī. *Iqd al-Jumān fi Tārīkh Ahl al-Zamān*, ed. Muhammad Amin, Cairo, 1987.

Bartholomei de Cotton. *Historia Anglicana*, ed. Henry Richard Luard, London, 1859.

Bartolomeo de Neocastro. *Historia Sicula, 1250–1293*, ed. Giuseppe Paladino, Bologna, 1921–22.

Baybars al-Manṣūrī. *Zubdah al-Fikra fi al-Tārīkh al-Hijrah*, ed. D.S. Richards, Beirut, 1998.

Cartulaire général de l'ordre des Hospitaliers de S. Jean de Jérusalem, vol. 3, *1261–1310*, ed. J. Delaville Le Roux, Paris, 1899.

Chroniques d'Amadi et de Strambaldi, ed. René de Mas Latrie, Paris, 1891–93.

Crusade and Christendom, ed. and trans. Jessalyn Bird, Edward Peters and James M. Powell, Philadelphia, 2014.

Crusader Syria in the Thirteenth century: The Rothelin Continuum of the History of William of Tyre with Part of the Eracles of Acre Text, ed. and trans. Janet Shirley, Aldershot, 1999.

Excidium Aconis, as *Excidii Aconis Gestorum Collectio*, in *The Fall of Acre, 1291*, ed. R.B.C. Huygens, Turnhout, 2004, pp. 46–96.

Fulcher of Chartres. *A History of the Expedition to Jerusalem, 1095–1127*, trans. Frances Rita Ryan, Knoxville, 1927.

Ibn al-Athir. *The Chronicle of Ibn al-Athir*, trans. D.S. Richards, Aldershot, 2006–08.

Ibn al-Furat. *Ayyubids, Mamlukes and Crusaders*, trans. U. and M.C. Lyons, Cambridge, 1971.

Ibn ʿAbd al-Zāhir, Muḥyī al-Dīn. *Tashrīf al-ayyām wa-al-ʿuṣūr fī sīrat al-Malik al-Manṣur*, Cairo, 1961.

Ibn Jubayr. *The Travels of Ibn Jubayr*, trans. R.J.C. Broadbent, London, 1952.

Ibn Khaldun. *The Muqaddimah*, vol. 2, trans. Franz Rosenthal, London, 1958.

Jacques de Vitry. *Lettres de Jacques de Vitry*, ed. R.B.C. Huygens, Leiden, 1960.

Jean de Joinville. *Histoire de Saint Louis*, ed. and trans. M. Natalis de Wailly, Paris, 1874.

Joinville and Villehardouin: Chronicles of the Crusades, ed. and trans. Caroline Smith, London, 2008.

Les Gestes des Chiprois, in *Recueil des historiens des croisades: Documents arméniens*, vol. 2, Paris, 1906, pp. 651–872.

Les Registres de Nicolas IV, vol. 2, ed. Ernest Langlois, Paris, 1905.

Ludolph von Suchem. *Description of the Holy Land, and of the Way There*, trans. Aubrey Stewart, London, 1895.

Matthew Paris. *Matthew Paris's English History: From the Year 1235 to 1273*, 3 vols, trans. J.A. Giles, London, 1852–54.

Maundrell, Henry. *A Journey from Aleppo to Syria*, London, 1810.

Muntaner, Ramon. *The Chronicle of Muntaner*, trans. Lady Goodenough, London, 1921.

Rashīd al-Dīn Tabib. *The Illustrations to the World History of Rashid al-Din*, Edinburgh, 1976.

Sanudo Torsello, Marino. *The Book of the Secrets of the Faithful of the Cross*, trans. Peter Lock, Ashgate, 2011.

Shafi‘ b. ‘Alī. *Ḥusn al-Manāqib al-Sirriyyah al-Muntaza‘a min al-Sīrah al-Ẓāhiriyyah*, Riyadh, 1974.

Thadeus. *Ystoria de desolatione et conculcatione civitatis Acconensis et tocius terre sancte*, in *The Fall of Acre, 1291*, ed. R.B.C. Huygens, Turnhout, 2004, pp. 97–164.

The Chronicle of Lanercost, 1272–1346, ed. and trans. Sir Herbert Maxwell, Glasgow, 1913.

The Chronicle of the Third Crusade: The Itinerarium Peregrinorum et Gesta Regis Ricardi, trans. Helen J. Nicholson, Aldershot, 2001.

The Conquest of Jerusalem and the Third Crusade, ed. and trans. Peter W. Edbury, Aldershot, 1998.

The Seventh Crusade, 1244–1254: Sources and Documents, ed. and trans. Peter Jackson, Aldershot, 2007.

The 'Templar of Tyre': Part III of the 'Deeds of the Cypriots', trans. P. Crawford, Aldershot, 2003.

‘Umar ibn Ibrāhīm al-Awsī al-Anṣārī. *A Muslim Manual of War*, ed. and trans. George T. Scanlon, Cairo, 1961.

Usāmah Ibn-Munqidh. *An Arab-Syrian Gentleman and a Warrior*, trans. Philip K. Hitti, New York, 1929.

Walter de Hemingburgh. *The Chronicle of Walter of Guisborough*, ed. Harry Rothwell, London, 1957.

现代文献

Amitai-Preiss, Reuven. *Mongols and Mamluks: The Mamluk-Ilkhanid War, 1260–1281*, Cambridge, 1995.

— 'The Conquest of Arsuf by Baybars: Political and Military Aspects', *Mamlūk Studies Review*, vol. 9, no. 1, 2005, pp. 61–84.

— 'Diplomacy and the Slave Trade in the Eastern Mediterranean', *Oriente Moderno,* vol. 87, 2008, pp. 349–68.

Asbridge, Thomas. *The Crusades: The War for the Holy Land*, London, 2010.

Barber, Malcolm. *The Trials of the Templars*, Cambridge, 2012.

Boas, Adrian J. *Archaeology of the Military Orders*, Abingdon, 2006.

Chevedden, Paul E. 'The Hybrid Trebuchet: The Halfway Step to the Counterweight Trebuchet', in Joseph F. O'Callaghan, Donald J. Kagay and Theresa M. Vann (eds), *On the Social Origins of Medieval Institutions*, Leiden, 1998, pp. 179–222.

— 'Fortifications and the Development of Defensive Planning during the Crusader Period', in Donald J. Kagay and L.J. Andrew Villalon (eds), *The Circle of War in the Middle Ages*, Woodbridge, 1999, pp. 33–44.

— 'The Invention of the Counterweight Trebuchet: a Study in Cultural Diffusion', *Dumbarton Oaks Papers*, no. 54, 2000, pp. 71–116.

— 'Black Camels and Blazing Bolts: The Bolt-Projecting Trebuchet in the Mamluk Army', *Mamlūk Studies Review*, vol. 8, no. 1, 2004, pp. 227–78.

Chevedden, Paul E., Les Eigenbrod, Vernard Foley and Werner Soedel. 'The Trebuchet', in *Scientific American*, July 1995, pp. 66–71.

Clifford, Esther. *A Knight of Great Renown*, Chicago, 1961.

Cobb, Paul. *The Race for Paradise*, Oxford, 2014.

Concina, Chiara. 'Unfolding the Cocharelli Codex: Some Preliminary Observations about the Text, with a Theory about the Order of the Fragments', *Medioevi: Rivista di letterature e culture medievali*, no. 2, 2016, pp. 89–265.

Crowley, Roger. *Constantinople: The Last Great Siege*, London, 2005.

— *City of Fortune*, London, 2012.

D'Souza, Andreas. 'The Conquest of 'Akkā (690/1291): A Comparative Analysis of Christian and Muslim Sources', *The Muslim World*, vol. 80, no. 3–4, 1990, pp. 234–49.

DeVries, Kelly. *Guns and Men in Medieval Europe, 1200–1500*, Aldershot, 2002.

Dichter, B. *The Maps of Acre, an Historical Cartography*, Acre, 1973.

— *The Orders and Churches of Crusader Acre*, Acre, 1979.

— *Akko: Sites from the Turkish Period*, Haifa, 2000.

Ellenblum, Ronnie. *Crusader Castles and Modern Histories*, Jerusalem, 2009.

Favreau-Lilie, Marie-Louise. 'The Military Orders and the Escape of the Christian Population from the Holy Land in 1291', *Journal of Medieval History*, vol. 19, no. 3, 1993, pp. 201–27.

Folda, J. *Crusader Manuscript Illumination at Saint-Jean D'Acre, 1275–1291*, Princeton, 1976.

France, John (ed.). *Acre and Its Falls*, Leiden, 2018.

Fulton, Michael S. 'The Development of Prefabricated Artillery during the Crusades', *Journal of Medieval Military History*, vol. 13, 2015, pp. 51–72.

— 'Mining as a Medieval Siege Tactic: The Siege of Edessa', *Medieval Warfare*, vol. 7, no. 1, 2017, pp. 48–53.

— *Artillery in the Era of the Crusades*, Leiden, 2018.

Hamblin, William J. 'Perspectives on the Military Orders during the Crusades', *Brigham Young University Studies*, vol. 40, no. 4, 2011, pp. 97–118.

Hartal, Moshe et al. 'Excavation of the Courthouse Site at 'Akko', *'Atiqot*, vol. 31, 1997, pp. 1–207.

Hill, Donald R. 'Trebuchets', *Viator*, vol. 4, 1973, pp. 99–104.

Hillenbrand, Carol. *The Crusades: Islamic Perspectives*, Edinburgh, 1999.

Holt, P.M. 'Qalāwūn's Treaty with Acre in 1283', *English Historical Review*, vol. 91, no. 361, 1976, pp. 802–12.

— 'The Treaties of the Early Mamluk Sultans with the Frankish States', *Bulletin of the School of Oriental and African Studies*, vol. 43, no. 1, 1980, pp. 67–76.

— *Early Mamluk Diplomacy (1260-1290): Treaties of Baybars and Qalāwūn with Christian Rulers*, Leiden, 1995.

Hosler, John D. *The Siege of Acre, 1189–1191*, London, 2018.

Housley, Norman. *The Later Crusades, 1274–1580*, Oxford, 1992.

Humphreys, R.S. 'The Emergence of the Mamluk Army', *Studia Islamica*, no. 45, 1977, pp. 67–99.

— 'Ayyubids, Mamluks, and the Latin East in the Thirteenth Century', *Mamlūk Studies Review*, vol. 2, 1998, pp. 1–18.

Irwin, Robert. 'The Mamluk Conquest of the County of Tripoli', in Peter W. Edbury (ed.), *Crusade and Settlement*, Cardiff, 1985, pp. 246–9.

— *The Middle East in the Middle Ages: The Early Mamluk Sultanate*, London, 1986.

— *Mamluks and Crusaders*, Aldershot, 2010.

Jackson, Peter. 'The Crisis in the Holy Land in 1260', *English Historical Review*, vol. 95, no. 376, 1980, pp. 481–513.

Jacoby, David. 'Crusader Acre in the Thirteenth Century: Urban Layout and Topography', *Studi Medievali*, vol. 3, no. 20, 1979a, pp. 1–45.

— 'L'Expansion occidentale dans le Levant: les Vénitiens à Acre dans la seconde moitié du treizième siècle', in idem, *Recherches sur la Méditerranée orientale du XIIe au XVe siècle*, London, 1979b, pp. 225–64.

— 'Montmusard, Suburb of Crusader Acre: The First Stage of Its Development', in B.Z. Kedar, H.E. Mayer and R.C. Smail (eds), *Outremer: Studies in the Crusading Kingdom of Jerusalem*, Jerusalem, 1982, pp. 205–17.

— *Studies on the Crusader States and on Venetian Expansion*, Northampton, 1989.

— 'Three Notes on Crusader Acre', *Zeitschrift des Deutschen Palästina-Vereins*, vol. 109, no. 1, 1993, pp. 83–96.

— 'Pilgrimage in Crusader Acre: The Pardouns d'Acre', in Yitzhak Hen and Amnon Linder (eds), *De Sion exibit lex et verbum domini de Hierusalem: Essays on Medieval Law, Liturgy, and Literature in Honour of Amnon Linder*, Turnhout, 2001, pp. 105–17.

— 'Aspects of Everyday Life in Frankish Acre', in Benjamin Z. Kedar and Jonathan Riley-Smith with Michael Evans and Jonathan Phillips (eds), *Crusades: Volume 4*, London, 2005, pp. 73–105.

— 'Ports of Pilgrimage to the Holy Land, Eleventh–Fourteenth Century: Jaffa, Acre, Alexandria', in Michele Bacci and Martin Rohde (eds), *The Holy Portolano: The Sacred Geography of Navigation in the Middle Ages*, Munich, 2014, pp. 51–71.

Jones, Dan. *The Templars*, London, 2017.

Kedar, B.Z., H.E. Mayer and R.C. Smail (eds). *Outremer: Studies in the Crusading Kingdom of Jerusalem*, Jerusalem, 1982.

Kedar, Benjamin Z. 'The Outer walls of Frankish Acre', *'Atiqot*, vol. 21, 1997, pp. 157–80.

Kennedy, Hugh. *Crusader Castles*, Cambridge, 1974.

Khamisy, Rabei G. and Michael Fulton. 'Manjaniq Qarabugha and Thirteenth-Century Trebuchet Nomenclature', *Studia Islamica* vol. 111, no. 2, 2016.

Killigrew, Ann E. and Vered Raz-Romeo (eds). *One Thousand Nights and Days: Akko through the Ages*, Haifa, 2010.

King, E.J. *The Knights Hospitallers in the Holy Land*, London, 1931.

Little, Donald P. 'The Fall of Akka in 690/1291: The Muslim Version', in M. Sharon (ed.), *Studies in Islamic History and Civilization*, Jerusalem/Leiden, 1986, pp. 159–81.

Marshall, Christopher J. 'The French Regiment in the Latin East, 1254–91', *Journal of Medieval History*, vol. 15, 1989, pp. 301–7.

— *Warfare in the Latin East, 1192–1291*, Cambridge, 1992.

Mas Latrie, M.L. de. *Histoire de l'île de Chypre*, Paris, 1861.

Mayer, L.A. *Saracenic Heraldry*, Oxford, 1933.

Meyvaert, Paul. 'An Unknown Letter of Hulagu, Il-khan of Persia, to King Louis IX of France', *Viator*, vol. 11, 1980, pp. 245–60.

Michaud, M. *Histoire des croisades*, vol. 5, Paris, 1828.

Morris, Marc. *A Great and Terrible King*, London, 2008.

Morton, Nicolas. *The Teutonic Knights in the Holy Land*, Boydell, 2009.

Musarra, Antonio. *Acri 1291: La Caduta degli stati crociati*, Bologna, 2017.

Nicholson, Helen. 'Images of the Military Orders, 1128–1291', PhD thesis, University of Leicester, 1989.

— *Templars, Hospitallers and Teutonic Knights: Images of the Military Orders, 1128–1291*, Leicester, 1993.

— *The Knights Hospitallers*, Woodbridge, 2001.

— *The Knights Templar*, London, 2010.

Nicolle, David. *The Mamluks, 1250–1517*, Oxford, 1993.

— *Medieval Siege Weapons (2)*, Oxford, 2003.

— *Acre 1291: Bloody Sunset of the Crusader States*, Oxford, 2005.

— *Crusader Warfare*, 2 vols, London, 2007.

— *Fighting for the Faith*, Barnsley, 2007.

— *Mamluk 'Askari, 1250–1517*, Oxford, 2014.

Northrup, Linda. *From Slave to Sultan*, Stuttgart, 1998.

Prawer, Joshua. *The Latin Kingdom of Jerusalem*, London, 1973.

— 'Military Orders and Crusader Politics in the Second Half of the XIIIth Century', in Josef Fleckenstein and Manfred Hellmann (eds), *Die geistlichen Ritterorden Europas*, Sigmaringen, 1980, pp. 217–29.

Pringle, Denys. 'Town Defences in the Crusader Kingdom of Jerusalem', in Ivy A. Corfis and Michael Wolfe (eds), *The Medieval City under Siege*, Woodbridge, 1995, pp. 69–121.

— *The Churches of the Crusader Kingdom of Jerusalem*, vol. 4, Cambridge, 2009.

— *Pilgrimage to Jerusalem and the Holy Land, 1187–1291*, London, 2012.

Rey, Emmanuel Guillaume. *Étude sur la topographie de la ville d'Acre au XIII siècle*, Paris, 1879.

Riley-Smith, Jonathan. *The Knights of St John in Jerusalem and Cyprus, c. 1050–1310*, London, 1967.

— *Knights Hospitaller in the Levant, c. 1076–1309*, London, 2012.

Riley-Smith, Jonathan (ed.). *The Atlas of the Crusades*, London, 1991.

Röhricht, Reinhold. *Geschichte des Königreichs Jerusalem, 1100–1291*, Innsbruck, 1898.

Runciman, Stephen. *A History of the Crusades*, 3 vols, 1964.

Sadeque, Syedah. *Baybars I of Egypt*, Dacca, 1956.

Schein, Sylvia. 'The Patriarchs of Jerusalem in the Late Thirteenth Century', in B.Z. Kedar, H.E. Mayer and R.C. Smail (eds), *Outremer: Studies in the Crusading Kingdom of Jerusalem*, Jerusalem, 1982, pp. 297–305.

— 'The Image of the Crusader Kingdom of Jerusalem in the Thirteenth Century', *Revue belge de philologie et d'histoire*, vol. 64, no. 4, 1986, pp. 704–17.

— *Fideles Crucis: The Papacy, the West, and the Recovery of the Holy Land, 1274–1314*, Oxford, 1991.

Schlumberger, Gustave. *La Prise de Saint-Jean-d'Acre en l'an 1291 par l'armée du soudan d'Égypte*, Paris, 1914.

Shagrir, Iris. 'The Fall of Acre as a Spiritual Crisis: The Letters of Riccoldo of Monte Croce', *Revue belge de philologie et d'histoire*, vol. 90, no. 4, 2012, pp. 1,107–20.

Smail, R.C. *The Crusaders in Syria and the Holy Land*, London, 1973.

Stickel, Edwin. *Der Fall von Akkon*, Frankfurt, 1975.

Thorau, Peter. *The Lion of Egypt*, London, 1992.

Tschanz, David. 'History's Hinge: 'Ain Jalut', *Saudi Aramco World*, July/August 2007, pp. 24–33.

Tyerman, Christopher. *God's War: A New History of the Crusades*, London, 2006.

Ziadeh, Nicola A. *Damascus under the Mamluks*, Norman, 1964.

注　释

书中所有的引文均来自第一手资料。引文的来源见“参考文献”部分列出的书目。使用的缩写如下：

GDC：*Les Gestes des Chiprois*, *in Recueil des histoires des croisades*: *Documents arménians*, vol. 2, Paris, 1906.

卷首引言

1. Pringle（2012）, p. 127.

序曲

1. Ibid.
2. Asbridge, p. 452

第一章　天国复立

1. Jacques de Vitry, pp. 77 – 97.
2. Jacoby（2005）, pp. 82 – 3.
3. Ibn Jubayr, p. 318.
4. Pringle（2012）, pp. 62 – 3.
5. Hillenbrand, p. 222.
6. Ibid. p. 204.
7. Nicholson（2010）, p. 85.
8. Irwin（1986）, p. 6.
9. Ibn Khaldun, pp. 257 – 8.
10. Thorau, p. 17.

第二章　尼罗惨案

1. Jean de Joinville, p. 82.
2. Ibid. , p. 86.

3. Ibid. , p. 88.

4. Crowley (2012), p. 37.

5. Asbridge, p. 552.

6. Jean de Joinville, p. 90.

7. *The Seventh Crusade*, p. 131.

8. Ibid. , p. 98.

9. Jeande Joinville, p. 100.

10. *The Seventh Crusade*, p. 141.

11. Ibid. , p. 139.

12. Ibid.

13. Jean de Joinville, p. 112.

14. Ibid. , p. 115.

15. Ibid.

16. Ibid. , p. 116.

17. Jean de Joinville, p. 118.

18. *Crusader Syria*, p. 95.

19. *The Seventh Crusader*, p. 144.

20. *Crusader Syria*, p. 96

21. Ibid. , p. 96.

22. *The Seventh Crusade*, p. 144.

23. Ibid. , p. 145.

24. *Crusader Syria*, p. 97.

25. Jean de Joinville, pp. 120 – 2.

26. Ibid. , p. 124.

27. Ibid. , p. 126.

28. Ibid. , p. 128.

29. Ibid. , p. 130.

30. Ibid. , p. 132.

31. Ibid. , p. 158.

32. Ibid. , p. 160.

33. Ibid. , p. 166.

34. ibid. , p. 164.

35. *The Seventh Crusade*, p. 161.

36. Jean de Joinville, p. 160.

37. Ibid. p. 164.

38. Ibid. , p. 174.
39. Ibid. , p. 176.
40. *The Seventh Crusade*, p. 102.
41. Ibid. , p. 144.
42. Ibid. , p. 160.
43. Jean de Joinville, p. 192.
44. *The Seventh Crusade*, p. 167.
45. Ibid. , p. 170.

第三章　双雄对决

1. Joinville, p. 178.
2. Ibid. , p. 267.
3. Tschanz, p. 24.
4. *Crusader Syria*, p. 117.
5. Jackson, p. 495.
6. Mathew Paris, vol. 3, p. 251.
7. Jackson, p. 505.
8. Tschanz, p. 24.
9. Thorau, p. 76.
10. Amitai-Preiss (1995), p. 41.

第四章　埃及狮王

1. Thorau, p. 105.
2. Hillenbrand, p. 237.
3. Ibn al-Furat, p. 58.
4. *GDC*, p. 756.
5. Amitai-Preiss (2005), p. 68.
6. Ibn al-Furat, p. 70.
7. Amitai-Preiss (2005), p. 73.
8. Ibn al-Furat, p. 75.
9. Ibid. , pp. 77 – 8.
10. Ibid. , p. 78.
11. Hillenbrand, p. 230.
12. Ibid. , p. 231.

13. Ibn al-Furat, pp. 89 –90.
14. *GDC*, p. 764
15. Ibn al-Furat, pp. 123 –5.
16. Ibid, p. 116.
17. Ibid. , p. 148.

第五章　小犬吠獒

1. Prawer (1980), p. 217.
2. Morris, p. 69.
3. Asbridge, p. 641.
4. Psalm 137, verse 5.
5. Crowley (2012), p. 27.
6. *Arab Historians of the Crusade*, pp. 318 – 19.
7. Kennedy, p. 162.
8. Morris, p. 99.
9. *GDC*, p. 793.
10. Ludolph von Suchem, pp. 50 –3.
11. Jean de Joinville, pp. 277 –88.
12. Pringle (2009), p. 24

第六章　征讨敌国

1. *GDC*, p. 802.
2. Ibid. , p. 802.
3. Ibid. , pp. 802 –3.
4. Abu'l-Fida, p. 14.
5. *GDC*, p. 803.
6. Ibid. , pp. 803 –4.
7. Ibid. p. 804.
8. Abu'l-Fida, p. 15.
9. Ibid.
10. Holt (1995), p. 91.
11. Ibid. , p. 73.
12. Ibid. , p. 135.
13. *Excidium Aconis*, p. 49.

14. *GDC*, p. 805.
15. Ibid.
16. Sanudo Torsello, p. 367
17. *Excidium Aconis*, p. 50
18. Ibid.
19. *GDC*, p. 805.
20. Ibid.
21. Holt（1995）, p. 84.
22. *Arab Historians of the Crusades*, p. 331.
23. Shāfi ‘b. ‘Alī, pp. 285 – 6.

第七章　求战心切

1. Ibn ‘Abd al-Ẓahir, p. 177.
2. Ibid.
3. Badr al-Dīn al-Ainī, p. 55.
4. Ibn ‘Abdal-Ẓāhir, p. 178.
5. Ibid.
6. Ibid.
7. *GDC*, p. 807.
8. Nicolle（2005）, p. 22.
9. Ibn ‘Abd al-Ẓahir, p. 178.
10. *GDC*, p. 807.
11. Ibid.
12. Ibid.
13. Ibid.
14. Ahmad ibn ‘Alīal-Maqrīzī, p. 109.
15. Abu'l-Fida, p. 16.
16. Ibid.
17. Little, p. 170.
18. Schlumberger, p. 29.
19. Ibid.
20. Baybars al-Mansūrī, p. 278.
21. al-Jazari, p. 4.
22. Ibid.

23. *Excidium Aconis*, p. 64.
24. Ibid., pp. 64 – 5.

第八章　红篷大帐

1. Ibid., p. 68.
2. *GDC*, p. 808.
3. Dichter (1973), p. 32.
4. *GDC*, p. 808.
5. Ibid.
6. Ibid.
7. King, p. 301.
8. Baybars al-Mansūrī, p. 278.
9. Dichter (1973), p. 45.
10. Ibid., p. 47.
11. Ludolph von Suchem, pp. 50-51.
12. 'Umar ibn Ibrāhīm al-Awsī al-Ansūsrī, pp. 116 – 17.
13. Ibid., p. 118.
14. Kennedy, p. 100.
15. Dichter (1973), p. 33.
16. Chevedden (2004), p. 250.
17. *GDC*, p. 807.
18. *GDC*, p. 807.
19. *Excidium Aconis*, pp. 60 – 1.
20. Marshall (1992), p. 82.
21. 'Umar ibn Ibrāhīm al-Awsī al-Ansūsrī, p. 118.
22. King, p. 301.
23. 'Umar ibn Ibrāhīm al-Awsī al-Ansūsrī, p. 117.
24. Chevedden (2004), p. 251.
25. *GDC*, p. 808.
26. Badr al-Dīn al-Ainī, pp. 57 – 8.

第九章　"电闪雷鸣"

1. Abu'l-Fida, p. 16.
2. Chevedden (2000), p. 96.

3. Badr al-Dīnal-Ainī, p. 61.
4. ‘Umar ibn Ibrāhīm al -Awsīal -Ansūsrī, p. 117.
5. Ibid.
6. *GDC*, pp. 808 – 9.
7. Ibid. , p. 809.
8. *Chroniques d'Amadiet de Strambaldi*, p. 221.
9. Thadeus, pp. 101 – 2.
10. *The Chronicle of Lanercost*, p. 79.
11. Baybars al-Mansuri, p. 279.
12. *Thadeus*, p. 101.
13. *Excidium Aconis*, p. 65.
14. Usāmah Ibn-Munqidh, p. 100.
15. Ibid. , pp. 102 – 3.
16. Kennedy, pp. 104 – 5.
17. *GDC*, p. 810.

第十章　偷袭敌营

1. Abu'l-Fida, pp. 16 – 17.
2. Ibid, p. 17.
3. *GDC*, p. 810.
4. Ibid.
5. Abu'l-Fida, p. 17.
6. *GDC*, p. 810.
7. Badral-Dīn al-Ainī, p. 60.
8. Ibid. , p. 59.
9. *GDC*, p. 810.
10. Abu'l-Fida, p. 17.
11. Badr al-Dīnal-Ainī, p. 60.
12. ‘Umar ibn Ibrāhīm al-Awsī al-Ansūsrī, p. 118.
13. Badr al-Dīn al-Ainī, p. 59.
14. Ibid.
15. *GDC*, p. 810.
16. *The Chronicle of Lanercost*, p. 80.
17. Ibid.

18. *GDC*, p. 810.
19. Dichter (1979), p. 102.
20. Jacoby (1979a), p. 11.
21. Ibid.
22. Dichter (1979), pp. 32 – 3.
23. *GDC*, pp. 810 – 11.
24. Bartolomeo de Neocastro, p. 132.

第十一章 求和未成

1. Ibid.
2. Ibid.
3. *GDC*, p. 811
4. Ibid.
5. Little, p. 174.
6. *GDC*, p. 811.
7. Ibid.
8. Ibid.
9. Ibid.
10. al-Jazari, p. 5.
11. *GDC*, p. 811.
12. Ibid.
13. Baybars al-Mansuri, pp. 279 – 80.
14. *GDC*, p. 811.
15. *Excidium Aconis*, p. 69.
16. Ibid. , p. 71.
17. Ibid. , p. 73.
18. *GDC*, pp. 811 – 12.
19. Ibid. , p. 812.
20. *Excidium Aconis*, p. 76.
21. Ibid. , pp. 78 – 80.
22. Ibid, p. 80.
23. *GDC*, p. 812.

第十二章 看这伤口

1. GDC, p. 812.

2. *Excidium Aconis*, p. 84.

3. Ibid, p. 82.

4. Ibid. , p. 83.

5. Ibid. , p. 86.

6. *GDC*, p. 812.

7. Jean de Joinville, p. 112.

8. *GDC*, p. 812.

9. Ibid.

10. Ibid.

11. Ibid.

12. *Excidium Aconis*, p. 89.

13. Ibid. , p. 90.

14. King, p. 302.

15. *GDC*, p. 812.

16. Ibid. 'pp. 812 – 13.

17. *Excidium Aconis*, pp. 88 – 9.

18. King, p. 302.

19. *GDC*, p. 813.

20. *Excidium Aconis*, p. 86.

21. *GDC*, p. 814.

22. King, p. 302.

23. *GDC*, p. 814.

24. Ibid.

25. Ibid.

26. Ibid.

27. Ibid. , pp. 813 – 14.

28. Ibid. , pp. 815 – 16.

29. *Excidium Aconis*, p. 91.

30. Ibid.

31. *GDC*, p. 814.

第十三章　悲惨时日

1. Ibid.

2. King, p. 302.

3. *GDC*, p. 815.

4. Muntaner, p. 468.

5. Ibid. , pp. 468 – 9.

6. Thadeus, pp. 102 – 3.

7. Ibid. , p. 103.

8. Ibid. , pp. 125 – 6.

9. *GDC*, p. 815.

10. Badr al-Dīnal-Ainī, p. 61.

11. *GDC*, p. 814.

12. Badr al-Dīn al-Ainī, pp. 61 – 2.

13. Thadeus, pp. 108 – 9.

14. Ibid. , p. 90.

15. *GDC*, p. 805.

16. Ibid.

17. Abu'l-Fida, p. 17.

18. *GDC*, pp. 814 – 15.

19. Ibid. p. 816.

20. Ibid. , p. 816.

21. Nicolle (2005), p. 83.

22. Little, p. 175.

23. *GDC*, p. 816.

24. Ibid. , p. 817.

25. Little, p. 175.

26. *GDC*, p. 817.

27. Nicholson (2010), p. 86.

28. Nicolle (2005), p. 84.

29. *GDC*, p. 816 – 17.

第十四章 "一无所有"

1. Bartholomeide Cotton, pp. 215 – 17.

2. Nicolle (2005), p. 89.

3. *GDC*, p. 818.

4. Shagris, p. 1, 118.

5. Nicolle (2005), p. 89.

6. Prawer (1973), p. 456.
7. Little, p. 177.
8. Nicolle (2005), p. 89.
9. Abu'l-Fida, p. 17.
10. Badr al-Dīn al-Ainī, pp. 62 – 63.
11. Ibid., p. 62.
12. Nicolle (2005), pp. 87 – 8.
13. Baybars al-Mansūrī, p. 280.
14. *GDC*, p. 818.
15. Ibid.
16. Schein (1991), p. 113.
17. Ibid., p. 126.
18. King, p. 302.
19. Ibid.
20. Housely, p. 30.
21. Jones, pp. 397 – 8.
22. *GDC*, p. 821.

尾声　蛇之居所

1. Ludolph von Suchem, p. 60.
2. Pringle (2009), p. 25.
3. Ibid., p. 27.
4. Maundrell, p. 106.
5. Ibid.
6. Ibid., p. 28.

图片来源

正文插图

第 1 页，穆斯林骑兵。From David Nicolle, *Horse Armour in the Medieval Islamic Middle East* , https://journals. openedition. org/cy/3293.

第 8 页，狮心王理查的印章。From Guy Laking, *A Record of European Armour and Arms through Seven Centuries* , vol. 1 (London 1920) .

第 10 页，阿卡主教雅克·德·维特里的印章。From N. Makhouly, *Guide to Acre* (Jerusalem 1941) .

第 18 页，一幅阿卡的中世纪地图。From B. Dichter, *The Maps of Acre, an Historical Cartography* (Acre 1973) .

第 27 页，路易九世的印章。From Frederick Perry, *St Louis* (Lond-on 1901) .

第 30 页，十字军进攻达米埃塔。From M. Natalis de Wailly (trans.), *Jean, Sire de Joinville: Histoire de Saint Louis* (Paris 1874) .

第 47 页，马穆鲁克与蒙古人的马上白刃战。From David Nicolle, *Horse Armour in the Medieval Islamic Middle East*, https://journals. openedition . org/cy/3293.

第 59 页，抬爪的狮子。From Leo Mayer, *Saracenic Heraldry: A Survey* (Oxford 1933) .

第 63 页，马穆鲁克骑兵训练。© Artist Oliver Poole from *Kitab al-makhzun*, Oriental Institute Library, Academy of Sciences, St Petersburg.

第 77 页，在自己帐篷中的拜巴尔。© Artist Oliver Poole from the *Cantigas de Santa Maria*, thirteenth century.

第 82 页，十字军发起袭击作战。From T. A. Archer, *The Crusades: the Story of the Latin Kingdom of Jerusalem* (London 1894) .

第 89 页，山堡。From Emmanuel Rey, *Étude sur la Topographie de la*

Ville d' Acre au XIII siècle（Paris 1879）.

第 101 页，一座献给阿卡某石匠的纪念碑。From B. Dichter, *The Orders and Churches of Crusader Acre*（Acre 1979）.

第 104 页，热那亚的纹章。From B. Dichter, *The Orders and Churches of Crusader Acre*（Acre 1979）.

第 121 页，穆斯林骑兵。From David Nicolle, *Horse Armour in the Medieval Islamic Middle East*, https://journals. openedition. org/cy/3293.

第 132 页，打击即将降临。© Artist Oliver Poole from Rashīd al-Dīn Tabib, *The Illustrations to the World History of Rashīd al-Dīn*（Edinburgh 1976）.

第 136 页，一名马穆鲁克士兵。© Artist Oliver Poole from Abu Ma' shar al Balki 的论文，Bibliothèque Nationale de France.

第 151 页，马穆鲁克的各类纹章。From Leo Mayer, *Saracenic Heraldry：A Survey*（Oxford 1933）.

第 153 页，中世纪手抄本上的一个片段。From Philip Warner, *Sieges of the Middle Ages*（London 1964）.

第 157 页，机械式配重投石机的操作过程。From Ralph Payne-Gallwey, *A Summary of the History, Construction and Effects in Warfare of the Projectile-throwing Engines of the Ancients*（London 1907）.

第 165 页，无间断轰炸。© Artist Oliver Poole from Rashīd al-Dīn Tabib, *The Illustrations to the World History of Rashīd al-Dīn*（Edinburgh 1976）.

第 169 页，正在冲锋中的骑士们。From Guy Laking, *A Record of European Armour and Arms through Seven Centuries*, vol. 2（London 1920）.

第 181 页，阿卡港湾区的困难之处。From T. A. Archer, *The Crusades：the Story of the Latin Kingdom of Jerusalem*（London 1894）.

第 184 页，全副武装的骑士们。From Guy Laking, *A Record of European Armour and Arms through Seven Centuries*, vol. 2（London 1920）.

第 191 页，阿卡攻城战。© Artist Oliver Poole from J. Folda, *Crusader Manuscript Illumination at Saint-Jean D' Acre, 1275 - 1291*（Princeton 1976）.

第 199 页，欧洲弓箭手。From Ralph Payne-Gallwey, *The Crossbow*（New York 1903）.

第 201 页，圣殿骑士团的印章。From B. Dichter, *The Orders and Churches of Crusader Acre* (Acre 1979).

第 202 页，声浪之墙。© Artist Oliver Poole from Rashīd al-Dīn Tabib, *The Illustrations to the World History of Rashīd al-Dīn* (Edinburgh 1976).

第 215 页，穆斯林骑兵。From David Nicolle, *Horse Armour in the Medieval Islamic Middle East*, https://journals.openedition.org/cy/3293.

第 217 页，海中的死亡场景。© Artist Oliver Poole from J. Folda, *Crusader Manuscript Illumination at Saint-Jean D' Acre, 1275 - 1291* (Princeton 1976).

第 227 页，从一座塔楼遗迹中发掘出来的陶瓷碎片。Israel Antiquities Authority.

第 230 页，圣安德鲁教堂的墙壁。From Cornelis de Bruijn, *Reyzen door de vermaardste Deelen van Klein Asia* (Delft 1698).

第 243 页，17 世纪阿卡地区荒凉的废墟。From Gravier d' Ortières, Bibliothèque Nationale de France.

第 246 页，海上视角的阿卡。Gravier d' Ortières, Bibliothèque Nationale de France.

彩色插图

1. 阿卡围攻战，1181—1191 年。

2. 马修·帕里斯绘制的地图。The Parker Library, Corpus Christi College, Cambridge.

3. 1320 年的阿卡地图。这幅阿卡地图选自马里诺·萨努多·托尔塞洛的著作《十字架信徒的秘密之书》（约 1320—1325 年），彼得罗·维斯孔特（活跃于 1310—1330 年）以不透明颜料作于羊皮纸上。British Library, London, UK. All Rights Reserved. © Alamy Stock Photo

4. 路易九世离开本国发动十字军东征。选自 14 世纪史籍《圣路易的生平与奇迹》。© Alamy Stock Photo

5. 蒙古人与马穆鲁克人。© Alamy Stock Photo

6. 马穆鲁克骑兵。© Alamy Stock Photo

7. 拜巴尔的狮子纹章。© Alamy Stock Photo

8. 医院骑士团总部的食堂。Lev. Tsimbler/ CC - BY - SA - 3. 0.

9. 圣殿骑士团建造的隧道。(由罗杰·克劳利本人提供)

10. 一座阿卡教堂的大门。Martyn Smith / CC - BY - 3. 0.

11. 奥托·德·格朗松的雕像。AJ Marshall / CC - BY - SA - 4. 0.

12. 陶器碎片。Courtesy of the Israel Antiquities Authority.

13. 阿卡的鸟瞰图。israeltourism / CC - BY - SA - 2. 0.

14. 从阿卡发掘出的炮兵石弹。Courtesy of the Israel Antiquities Authority.

15. 马穆鲁克攻陷的黎波里城，1289 年 4 月。© Alamy Stock Photo

16. 医院骑士团大团长大元帅马修·德·克莱蒙守卫阿卡城墙，1291 年。Collections de Versailles.

地图

地图一　13 世纪时的十字军国家

地图二　阿卡围攻战，1291

地图三　埃及与尼罗河三角洲。

(此书地图系原文插图)

索　引

（索引中页码为原书页码，即本书页边码）

图书在版编目(CIP)数据

诅咒之塔：阿卡之战与十字军运动的终结 /（英）罗杰·克劳利（Roger Crowley）著；谭琦译. -- 北京：社会科学文献出版社，2021.11

书名原文：Accursed Tower：The Crusaders' Last Battle for the Holy Land

ISBN 978-7-5201-8690-2

Ⅰ.①诅… Ⅱ.①罗… ②谭… Ⅲ.①十字军东侵-研究 Ⅳ.①K560.7

中国版本图书馆CIP数据核字（2021）第144723号

地图审图号：GS（2021）4491号

诅咒之塔

——阿卡之战与十字军运动的终结

著　　者 / ［英］罗杰·克劳利（Roger Crowley）
译　　者 / 谭　琦

出 版 人 / 王利民
组稿编辑 / 董风云
责任编辑 / 李　洋
责任印制 / 王京美

出　　版 / 社会科学文献出版社·甲骨文工作室（分社）（010）59366527
地址：北京市北三环中路甲29号院华龙大厦　邮编：100029
网址：www.ssap.com.cn
发　　行 / 市场营销中心（010）59367081　59367083
印　　装 / 南京爱德印刷有限公司

规　　格 / 开　本：889mm×1194mm　1/32
印　张：10.375　插　页：0.5　字　数：232千字
版　　次 / 2021年11月第1版　2021年11月第1次印刷
书　　号 / ISBN 978-7-5201-8690-2
著作权合同登记号 / 图字01-2021-1250号
定　　价 / 62.00元